本書出版得到國家古籍整理出版專項經費資助

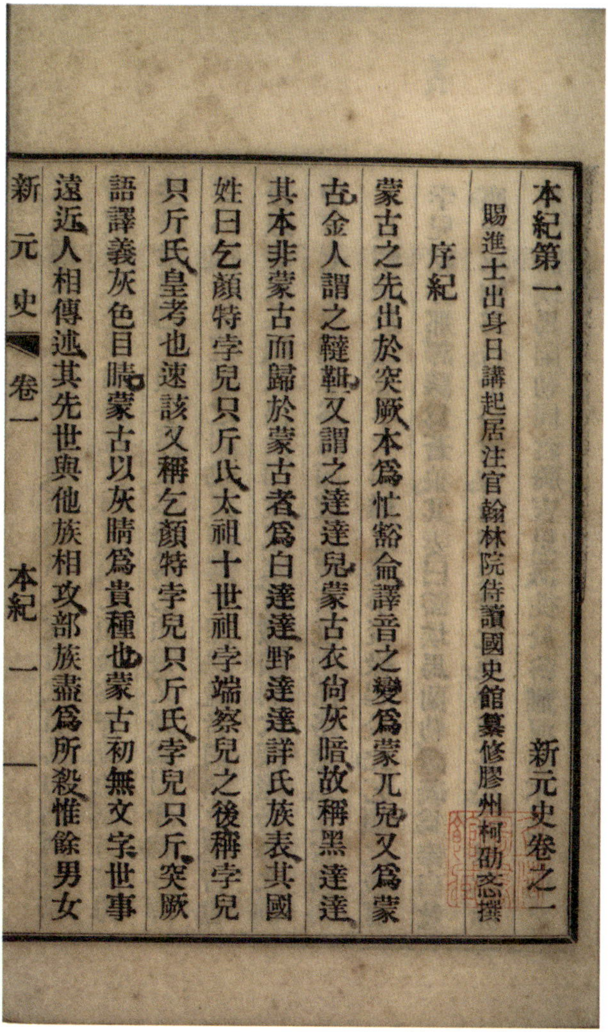

本紀第一　新元史卷之一

賜進士出身日講起居注官翰林院侍讀國史館纂修膠州柯劭忞撰

序紀

蒙古之先出於突厥本爲忙豁侖譯音之變爲蒙兀兒又爲蒙古金人謂之韃靼又謂之達達兒蒙古衣尚灰暗故稱黑達達其本非蒙古而歸於蒙古者爲白達達野達達詳氏族表其國姓曰乞顏特孛兒只斤氏太祖十世祖孛端察兒之後稱孛兒只斤氏皇考也速該又稱乞顏特孛兒只斤氏孛兒只斤突厥語譯義灰色目睛蒙古以灰睛爲貴種也蒙古初無文字世事遠近人相傳述其先世與他族相攻部族盡爲所殺惟餘男女

新元史　卷一　本紀　一

1917 年鉛印本（上海圖書館藏）　書影一

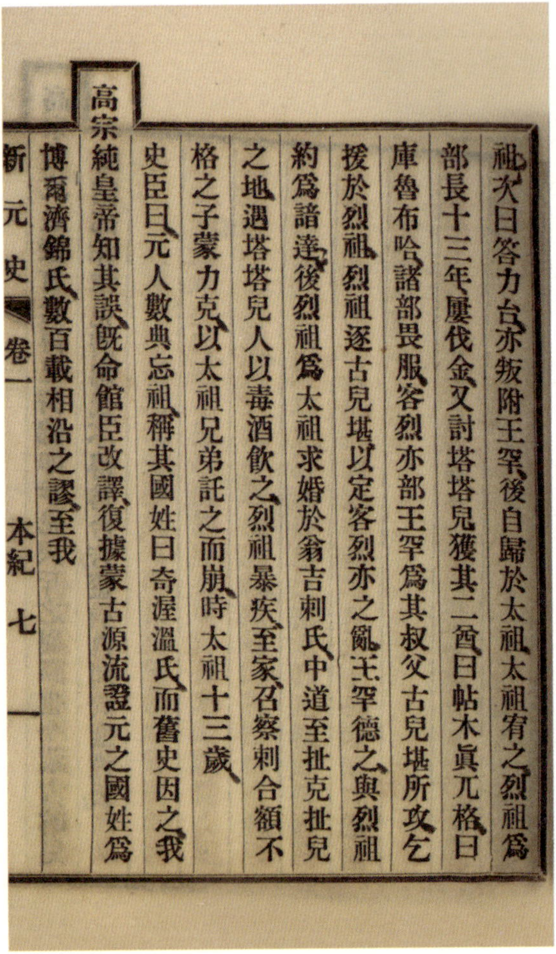
祖次曰答力台亦叛附王罕後自歸於太祖太祖宥之烈祖爲
部長十三年屢伐金又討塔塔兒獲其二酋曰帖木眞兀格曰
庫魯布哈諸部畏服客烈亦部王罕爲其叔父古兒堪所攻乞
援於烈祖烈祖逐古兒堪以定客烈亦之亂王罕德之與烈祖
約爲諳達後烈祖爲太祖求婚於翁吉剌氏中道至扯克扯兒
之地遇塔塔兒人以毒酒飲之烈祖暴疾至家召察剌合額不
格之子蒙力克以太祖兄弟託之而崩時太祖十三歲
史臣曰元人數典忘祖稱其國姓曰奇渥溫氏而舊史因之我
高宗純皇帝知其誤既命館臣改譯復據蒙古源流證元之國姓爲
博爾濟錦氏數百載相沿之謬至我

新元史　卷一　本紀　七

1917 年鉛印本（上海圖書館藏）　書影二

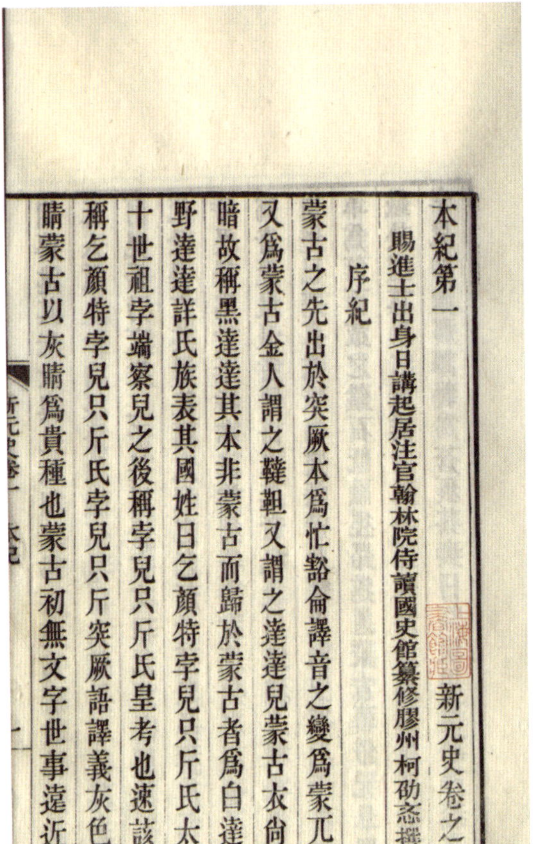
新元史卷之一

賜進士出身日講起居注官翰林院侍讀國史館纂修膠州柯劭忞撰

本紀第一

序紀

蒙古之先出於突厥本爲忙豁侖譯音之變爲蒙兀兒又爲蒙古金人謂之韃靼又謂之達達兒蒙古衣尚灰暗故稱黑達達其本非蒙古而歸於蒙古者爲白達達野達達詳氏族表其國姓曰乞顏特孛兒只斤氏太祖十世祖孛端察兒之後稱孛兒只斤氏皇考也速該又稱乞顏特孛兒只斤氏孛兒只斤突厥語譯義灰色目睛蒙古以灰睛爲貴種也蒙古初無文字世事遠近人

新元史卷一　本紀　一

退耕堂開雕初刻本（上海圖書館藏）　書影一

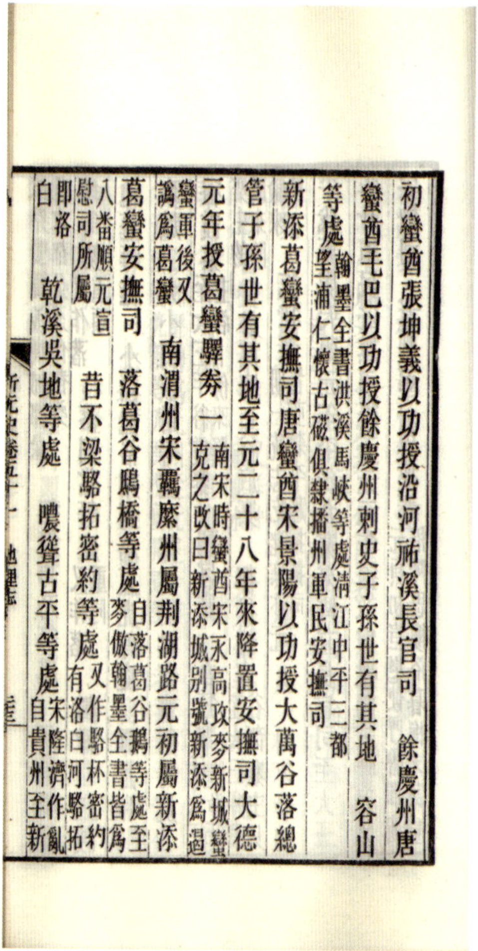

初蠻酋張坤義以功授沿河祐溪長官司　餘慶州唐蠻酋毛巴以功授餘慶州刺史子孫世有其地　容山等處翰墨全書洪溪馬峽等處淸江中平三都望浦仁懷古磁俱隸播州軍民安撫司

新添葛蠻安撫司唐蠻酋宋景陽以功授大萬谷落總管子孫世有其地至元二十八年來降置安撫司大德元年授葛蠻驛券一南宋時蠻酋宋永高攻麥新城蠻克之改曰新添城別號新添爲過蠻軍後又譌爲葛蠻　南渭州宋羈縻州屬荊湖路元初屬新添葛蠻安撫司　落葛谷鵾橋等處自落葛谷鵝等處至麥傲翰墨全書皆爲八番順元宣慰司所屬　昔不梁駱拓密約等處又作駱杯密約有洛白河駱拓即洛白　乾溪吳地等處　噥聳古平等處宋隆濟作亂自貴州至新

新元史卷五十一　地理志

退耕堂開雕初刻本（上海圖書館藏）　書影二

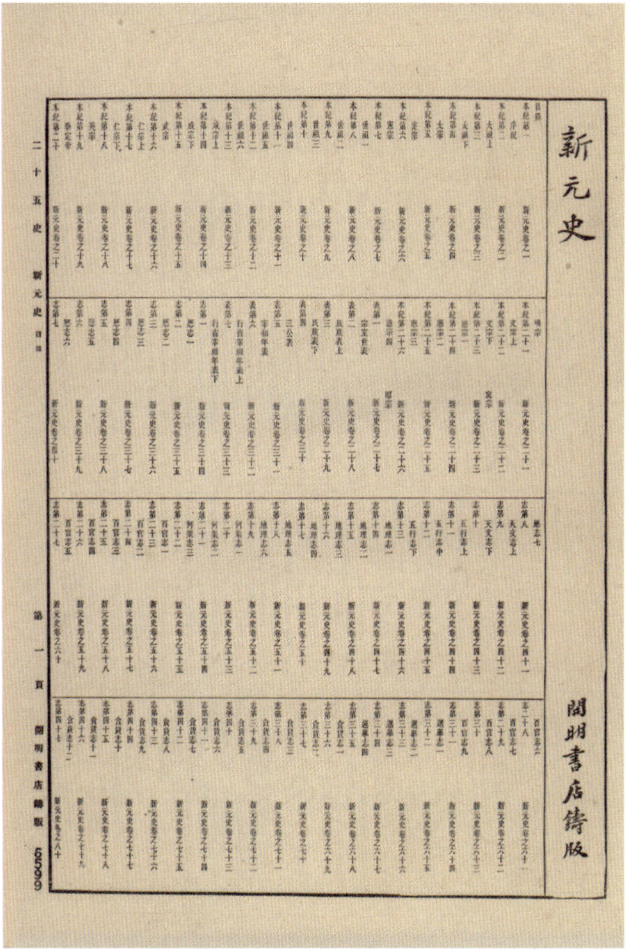

新元史

目錄

本紀第一 序紀 新元史卷之一
本紀第二 太祖上 新元史卷之二
本紀第三 太祖下 新元史卷之三
本紀第四 太宗 新元史卷之四
本紀第五 定宗 新元史卷之五
本紀第六 憲宗 新元史卷之六
本紀第七 世祖一 新元史卷之七
本紀第八 世祖二 新元史卷之八
本紀第九 世祖三 新元史卷之九
本紀第十 世祖四 新元史卷之十
本紀第十一 世祖五 新元史卷之十一
本紀第十二 世祖六 新元史卷之十二
本紀第十三 成宗上 新元史卷之十三
本紀第十四 成宗下 新元史卷之十四
本紀第十五 武宗 新元史卷之十五
本紀第十六 仁宗上 新元史卷之十六
本紀第十七 仁宗下 新元史卷之十七
本紀第十八 英宗 新元史卷之十八
本紀第十九 泰定帝 新元史卷之十九
本紀第二十 明宗 新元史卷之二十
本紀第二十一 文宗上 新元史卷之二十一
本紀第二十二 文宗下 寧宗 新元史卷之二十二
本紀第二十三 惠宗一 新元史卷之二十三
本紀第二十四 惠宗二 新元史卷之二十四
本紀第二十五 惠宗三 新元史卷之二十五
本紀第二十六 惠宗四 昭宗 新元史卷之二十六
表第一 宗室世表 新元史卷之二十七
表第二 氏族表上 新元史卷之二十八
表第三 氏族表下 新元史卷之二十九
表第四 三公表 新元史卷之三十
表第五 宰相年表 新元史卷之三十一
表第六 行省宰相年表上 新元史卷之三十二
表第七 行省宰相年表下 新元史卷之三十三
志第一 歷志一 新元史卷之三十四
志第二 歷志二 新元史卷之三十五
志第三 歷志三 新元史卷之三十六
志第四 歷志四 新元史卷之三十七
志第五 歷志五 新元史卷之三十八
志第六 歷志六 新元史卷之三十九
志第七 歷志七 新元史卷之四十
志第八 天文志上 新元史卷之四十一
志第九 天文志下 新元史卷之四十二
志第十 五行志上 新元史卷之四十三
志第十一 五行志中 新元史卷之四十四
志第十二 五行志下 新元史卷之四十五
志第十三 地理志一 新元史卷之四十六
志第十四 地理志二 新元史卷之四十七
志第十五 地理志三 新元史卷之四十八
志第十六 地理志四 新元史卷之四十九
志第十七 地理志五 新元史卷之五十
志第十八 地理志六 新元史卷之五十一
志第十九 河渠志一 新元史卷之五十二
志第二十 河渠志二 新元史卷之五十三
志第二十一 河渠志三 新元史卷之五十四
志第二十二 百官志一 新元史卷之五十五
志第二十三 百官志二 新元史卷之五十六
志第二十四 百官志三 新元史卷之五十七
志第二十五 百官志四 新元史卷之五十八
志第二十六 百官志五 新元史卷之五十九
志第二十七 百官志六 新元史卷之六十
志第二十八 百官志七 新元史卷之六十一
志第二十九 百官志八 新元史卷之六十二
志第三十 百官志九 新元史卷之六十三
志第三十一 選舉志一 新元史卷之六十四
志第三十二 選舉志二 新元史卷之六十五
志第三十三 選舉志三 新元史卷之六十六
志第三十四 選舉志四 新元史卷之六十七
志第三十五 食貨志一 新元史卷之六十八
志第三十六 食貨志二 新元史卷之六十九
志第三十七 食貨志三 新元史卷之七十
志第三十八 食貨志四 新元史卷之七十一
志第三十九 食貨志五 新元史卷之七十二
志第四十 食貨志六 新元史卷之七十三
志第四十一 食貨志七 新元史卷之七十四
志第四十二 食貨志八 新元史卷之七十五
志第四十三 食貨志九 新元史卷之七十六
志第四十四 食貨志十 新元史卷之七十七
志第四十五 食貨志十一 新元史卷之七十八
志第四十六 食貨志十二 新元史卷之七十九
志第四十七 新元史卷之八十

二十五史 新元史 目錄 第一頁 開明書店鑄版 6599

開明書店鑄版

開明書店《二十五史》本　書影一

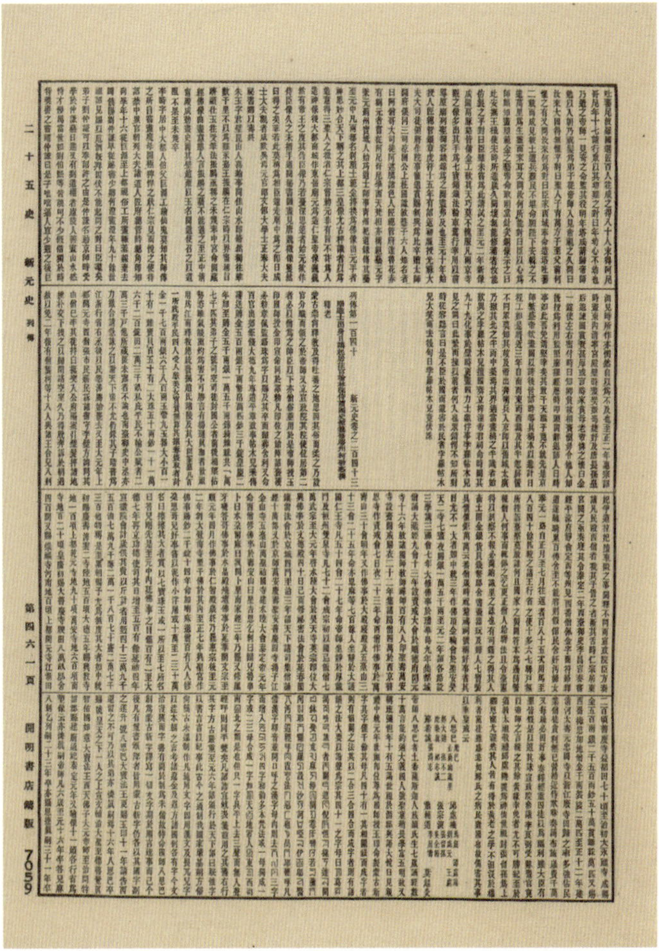
二十五史 新元史 列傳 第四六一頁 開明書店鑄版 7059

開明書店《二十五史》本　書影二

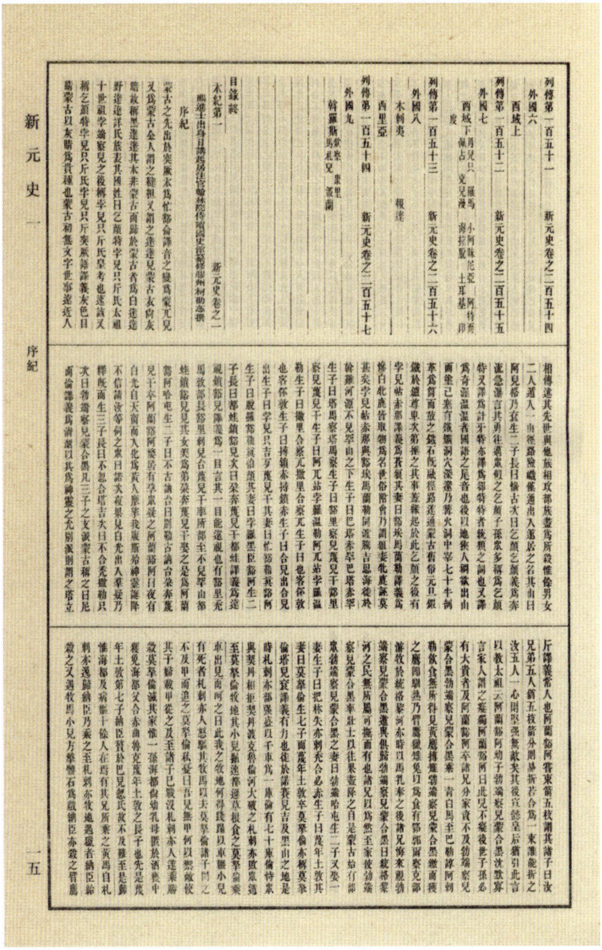

上海書店、上海古籍出版社《元史二種》本　書影一

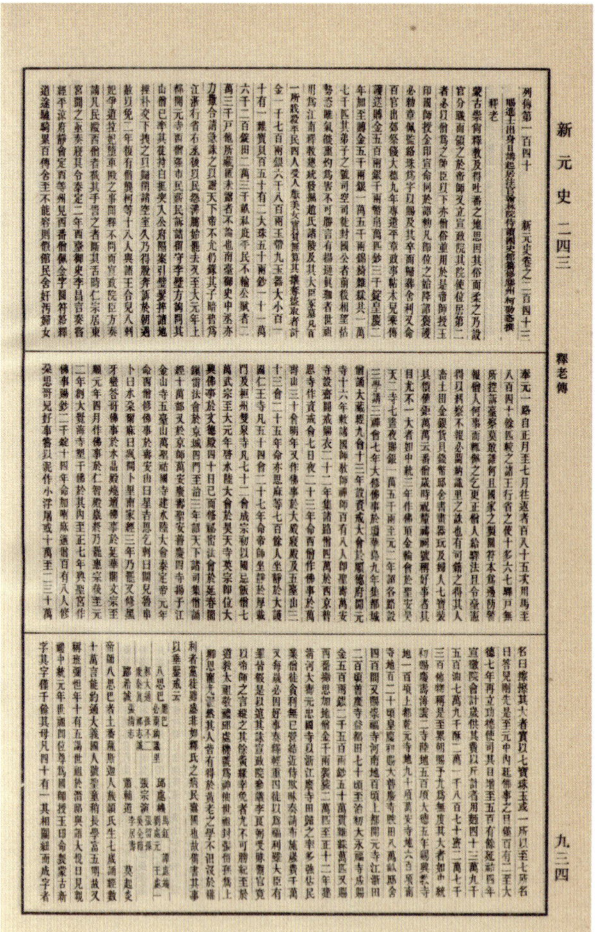
新元史　二四三　　釋老傳　　九二四

列傳第一百四十　新元史卷之二百四十三
賜進士出身日講起居注官翰林院侍讀國史館協修膠州柯劭忞撰
釋老
蒙古崇尚釋教及得吐番之地思因其俗而柔之乃設官分職而領之於帝師又立宣政院其院使位居第二者必以僧爲之帝臣以下亦僧俗並用於是帝師授王印國師授金印宣命同於詔勅凡即位之始降詔褒護必勅章佩監絡珠爲字以賜及其卒而歸葬舍利又命百官出郭祭餞大德九年專遣平章政事鐵木兒乘傳護送賻金五百兩銀千兩幣帛萬匹鈔三千錠皇慶二年加至賻金五千兩銀一萬五千兩錦綺雜綵共一萬七千匹其弟子之號司空司徒封國公者前後相望怙勢恣睢氣燄熏灼爲害不可勝言有楊璉真珈者世祖用爲江南釋教總統發掘趙氏諸陵及其大臣冢墓凡百一所戕殺平民四人受人獻美女寶貨無算其攘奪盜取者計金一千七百兩銀六千八百兩玉帶九玉器大小百一十有一雜寶貝百五十有二大珠五十兩鈔一十一萬六千二百錠田二萬三千畝私庇平民不輸公賦者二萬三千戶他所藏匿未露者不論也南臺御史中丞亦力撒合請急誅之以謝天下帝不允仍錄其子暗普爲江浙行省左丞後以民怨沸騰始罷去又至大元年上都開元寺西僧強市民薪民訴諸留守李璧方詢問其山僧已率其黨持白梃突入公府隔案引璧髮捽諸地捶朴交下拽之以歸閉諸空室久乃得脫奔訴於朝遇赦以免二年復有僧龔柯等十八人與諸王合兒八剌妃爭道拉妃墮車毆之事聞釋不問而宣政院臣方奏請凡民毆西僧者截其手詈之者斷其舌時仁宗居東宮聞之亟奏寢其令泰定二年西臺御史李昌言嘗經平涼府靜會定西等州見西番僧佩金字圓符絡繹道途騎從百數傳舍至不能容則假館民舍奸污婦女

泰元一路自正月至七月往返者百八十五次用馬至八百四十餘匹較之諸王行省之使十多六七驛戶無所控訴臺察莫敢誰何且國家之製圓符本爲邊防警報僧人何事而輒佩之乞更正僧人給驛法且令臺憲得以糾察不報必蘭納識里之誅也有司籍之得其人畜土田金銀貨貝錢幣邸舍書畫器玩及婦人七寶裝具價值鉅萬萬云番僧歲時祝贊禱祠號稱好事者其目尤不一大者如中統二年作佛頂金輪會於聖安寺天二寺七晝夜賜銀一萬五千兩至元二十二年詔各路設三壇請三藏會七年大修佛事於瓊華島九年建都城僧請大藏經九會十三年設資戒大會於順德府開元寺十六年敕諸國師教師禪師百有八人即聖壽萬安寺設齋圓戒賜衣二十二年集諸路僧四萬於西京普恩寺作資戒會七日夜二十三年命西僧作佛事於萬壽山三十會明年又作佛事於大殿寢殿及五臺山三十三會二十五年命亦思麻等七百餘人坐靜於大護國仁王寺凡五十四會二十七年命帝師坐靜於厚載門及桓州雙泉寺凡七十二會成宗初以國忌飯僧七萬武宗至大元年替水陸大會於昊天寺英宗即位大興佛事於文德殿四十日已而修秘密法會於延春閣鎮雷法會於京城四門至治三年詔天下諸司集僧誦經十萬部又於京師萬安慶壽聖安普慶四寺揚子江金山寺五臺山萬聖祐國寺建水陸大會泰定帝元年命西僧修佛事於壽安山曰星吉思乞刺曰闊兒魯弗卜曰水朵兒麻曰颯閣卜里書家經三年乃罷又修黑牙蠻答哥佛事於水晶殿燒壇佛事於延華閣文宗至順元年四月作佛事於仁智殿[illegible]乃罷惠宗後至元二年創大覺海寺塑千佛於其內至正七年興聖宮作佛事賜鈔二千錠十四年命加喇麻選僧百有八人修朵思哥兒好事皆以泥作小浮屠或十萬至二三十萬

名曰擦擦其大者實以七寶珠玉或一所以至七所名曰答兒剛先是至元中內廷佛事之目僅百有二至大德七年再立功德使司其目增至五百有餘延祐四年宣徽院會計歲供其費以斤計者用麪四十三萬九千五百油七萬九千酥二萬一千八百七十蜜二萬七千三百他物稱是至累朝賜予尤爲無度其大者如中統初賜慶壽海雲二寺陸地五百頃大德五年賜興教寺地一百頃上都乾元寺地九十頃萬安寺地六百頃南寺地百二十頃皇慶初賜大普慶寺腴田八萬畝邸舍四百間又賜崇福寺河南地百頃上都開元寺江浙田二百頃普慶寺益都田七十頃至治初大永福寺成賜金五百兩銀二千五百兩鈔五十萬貫幣綵萬匹又賜西番搠思加拔僧金千兩幣綵二萬匹至正十二年建清河大壽元忠國寺以浙江廢寺田歸之率多強奪民業僧徒貪利無已營結近侍欺昧奏請布施莊費千萬又每歲必因好事奏釋輕重囚徒以爲福利雖大臣有罪皆假是以逭其誅宣政院參議李良弼受賕鬻官竟以帝師之言縱之其餘[illegible]者尤不可勝紀至於道教太祖敕[illegible]爲神仙世祖封[illegible]爲上卿見寵大官然其人皆有得於黃老之學不汨沒於權利者蓋往往[illegible]非如釋氏之病民蠹國也故備書其事以垂鑒戒云

八思巴　膽巴　必蘭納識里　邱處機　馬鈺　譚處端　劉處元　王處一
郝大通　孫不二　張宗演　張留孫　吳全節
鄧希誠　蕭輔道　李居壽　奚起宗

帝師八思巴者土番薩斯迦人族款氏生七歲誦經數十萬言能約通大義國人號聖童稍長學富五明故又稱班彌怛年十有五謁世祖於潛邸與語大悅日見親禮中統元年世祖即位尊爲國師授玉印命製蒙古新字其字僅千餘其母凡四十有一其相關紐而成字者

上海書店、上海古籍出版社《元史二種》本　書影二

# 本書整理人員名録

總校：張京華　黄曙輝

覆校：李偉國

分校：張京華　周建剛　湯軍　石强　鄭娉

# 出版前言

《新元史》，民國柯劭忞（一八四八—一九三三）撰。柯氏字鳳蓀，又字鳳笙，號蓼園，山東膠州人。清同治九年舉人，光緒十二年進士，曾任翰林院日講起居注。宣統二年選爲資政院議員，出任山東宣慰使，兼督辦山東團練大臣。民國三年，選爲參政院參政、約法會議議員，均辭未就。任清史館總纂，又代理館長，纂修《清史稿》，總閱全書，删正各朝本紀，並撰《天文》、《時憲》、《災異》三志，《儒林》、《文苑》、《疇人》各傳，另有趙爾巽修、柯劭忞纂《清史藝文志》四卷單印本。卒於民國二十二年。

《新元史》是柯劭忞最重要的一部著作。關於柯氏的學術成就、《新元史》的得失和學術界的評議等問題，張京華教授的前言作了詳細論述。而另一些重要問題，如柯氏何時萌生編撰想法，何時開始搜集材料，何時撰寫，何時初具規模，何時成書，何時排印、刊刻，何時被定爲二十五史之一，何時修訂再印，等等，有的没有明確的説法，有的若明若暗，有的言人人殊。今略作梳理。

## 一、《新元史》的編撰過程

柯劭忞治史，開始時重點並非元史，牟小東《記近代史學家柯劭忞》：

一次，劭忞先生與家兄潤孫閒談。劭忞先生問家兄：「你知道我平生用功最多的是哪一部書？」家兄那時剛剛問學，如何能瞭解柯先生用功最多的是哪部書？先生說：「我四十歲之前，集中精力爲《文獻通考》校注。不只校勘出《通考》刻本之誤，也校出馬貴與編撰之誤。自有《通考》以來，不用說校，就是從頭到尾讀一遍者，不知有誰？後來由於捻軍戰事影響，稿本全失，遂改治元史。」家兄曾問柯先生何以不撰《新宋史》而著《新元史》？先生說：「只將舊史删改而找不到新材料去增補，則大可不必另撰新史。《宋會要》我見不到，何從撰《新宋史》？」徐松自《永樂大典》中抄出《宋會要》，柯先生當然知道，而《宋會要輯稿》的影印出版，則是柯先生歸道山以後的事。（《史學史研究》一九九三年第一期）

可見，他之所以研究《文獻通考》而不撰寫《新宋史》，是因爲没有見到《宋會要》等大量的新材料。

柯氏光緒十二年年近四十，中進士入翰林，得以閱讀大量元史新材料。牟小東文云，時《永樂大典》尚有八千册存於翰林院，其中有無刻本流傳的元代各家文集及元《經世大典》，遂抄録其中有關元史材料。稍後又得讀柯逢時所藏《經世大典》原本二三十册，於是有了撰寫《新元史》的基礎。後又得洪鈞《元史譯文證補》，並翻譯洪氏所未及見到的東西方學者的著作。又博訪《四庫全書》未收之秘笈和元碑拓本等等，參互考證。採摭乾隆時錢大昕以來各家研究《元史》的成果，訂誤補遺。

至光緒末，《新元史》已有部分稿子。魯海《柯劭忞與新元史》：

> 晚清陳代卿在《節慎齋文存》的《北遊小記》中記柯劭忞：「光緒甲辰六月初二，余由津門乘火車入都……居停主人爲柯鳳蓀少司成，余權膠州時所得士也，時方十四齡，文采斐然……四十餘年，見余猶執弟子禮不倦，其血性有過人者。鳳蓀樸學，不隨風氣爲轉移。著有《新元史》，嘗得歐洲秘藏歷史，爲中土所無。余在京見其初稿，以爲奇書秘傳，未知何時告成，俾余全睹爲快也。」（《史學月刊》一九八一年第六期）

光緒甲辰爲光緒三十年，即一九〇四年。陳代卿記述的「初稿」，可以理解爲已經開始寫作的稿子。

中國古代的「正史」定爲《史記》等二十四史，是清乾隆纂修《四庫全書》期間的事。至清末的宣統初年（一九〇九年），曾有過欲將魏源《元史新編》列入正史的官方舉措，柯劭

朝廷將《元史新編》列入正史，遂有清末「欽定正史」之舉措。這是中國君主專制王朝

舊《五代史》同列正史，以傳之天下後世」。不久有翰林院編修袁勵准正式上奏，呈請

中其族祖魏源遺志，謂「倘當代大君子爲加鑒定，上呈乙覽，俾得與新、舊《唐書》，新、

源旋亦身故，未克實現。至光緒三十一年，魏光燾請人將《元史新編》整理刊行，並復

呈，「而期朝廷列爲正史，以補舊《元史》之不足」。嗣以草稿初成，兼之時局變化，魏

九十五卷刊行於世。魏源在日，有仿《新唐書》、《舊唐書》前例並存之意，曾托人代

年（一九〇五），方由族孫魏光燾請歐陽俌與鄒代過二人「伏案數年」，重加整理，勒爲

撰著《元史新編》。惜草稿初成，其人即捐塵世，直至半個世紀後的清末光緒三十一

之功。鴉片戰爭以後，近代思想家魏源處乖離之世，有感而發，遂以一己之力，發憤

稿》一百卷，成書者雖僅《氏族表》三卷與《藝文志》四卷，但於後世元史研究亦多開創

采證碑誌，俱鑿鑿可從」。乾隆年間，又有公推「一代儒宗」的錢大昕計劃重修《元史

《元史類編》四十二卷，晚清李慈銘一度推譽其爲「於舊史具有增削，斷制亦多審當，

《元史》刊行不久即遭物議，入清後學者更以糾訛重修爲志。清初邵遠平曾撰

王建偉《清末決定元史新編未能列入「正史」的關鍵文獻》：

高成了此次事件實際上的主角，也反映了其時《新元史》初具規模。

的最後一次「欽定正史」。(《文獻》二〇一六年五月第三期)

王建偉發現相關原始檔案一則,正是在清末「欽定正史」事件中決定《元史新編》最終命運的關鍵文獻,前賢迄未引用。此件原始文獻現藏於中國第一歷史檔案館「軍機處録副奏摺」案卷中,題爲「奏:孫家鼐等,《元史新編》校閱已竣呈繳原書並附呈《校勘記》由」:

國史館總裁、大學士臣孫家鼐等謹奏,爲《元史新編》簡員校閱已竣,謹將原書呈繳,並附呈《校勘記》一册,恭折仰祈聖鑒事。

竊臣等於上年九月初九日准軍機處交片:本日翰林院編修袁勵准呈進故員魏源重修《元史》,奉旨「著南書房會同國史館詳閲具奏,欽此」,欽遵於十二月二十四日奏派學部丞參上行走柯劭忞暫充國史館幫提調,俾勘定魏源《元史新編》是否能列入正史,奉旨「依議,欽此」。今該員已將《元史新編》校閲完竣,並撰《校勘記》一册附於原書之後,呈請具奏前來。

臣等公同覆閲,竊謂自遷、固以後,因舊史陋不足觀,或奉敕別爲一書,或出於私家之撰述,如宋祁、歐陽修之《新唐書》及修之《新五代史》,皆義例精嚴,足證舊史之紕繆,文章之美,又遠出舊史之上,故須爲正史,人無異辭。至柯維騏之《宋史新編》,

用力雖勤，論者終廁於別史，良以《宋史》固嫌蕪冗，然柯氏之書取材不出舊史之外，文筆又未必逾於舊史，宜其不能爲正史也。魏源長於史學，尤精輿地，所撰《海國圖志》、《聖武記》諸書久已傳播海内，以《元史》過於草率，别撰《元史新編》，以補前人之未及。然卷内有目無書者不止一處，蓋猶是未成之稿。源删掇舊史，具見剪裁，增皇子諸王傳及太祖、太宗、憲宗平服各國傳，苦心搜討，最爲詳贍。其《氏族表》、《藝文志》全本之錢大昕，《宰相表》訂訛補漏多採錢氏《考異》之説，《河渠》、《食貨》諸志提綱挈領，芟除冗漫，亦較舊史爲愈，洵卓然可傳之巨制。然其書乃别史體裁，間與正史不合。如列傳標分各目，曰功臣、文臣、武臣、相臣、言臣，一部《二十四史》，從無此例。源意在以事分人，實已大偭史法，與邵遠平《元史類編》以宰輔、庶官等目分題者何以異？《欽定四庫全書》隸《元史類編》於别史，則此書亦别史也。又元太祖之事蹟，莫詳於洪鈞所撰之《元史譯文證補》，其書本之元人拉施特書，爲中國未見之秘笈。源所撰《太祖本紀》，以拉施特書校之，訛漏殊多，均應改定。至《世祖本紀》以下，全用《元史類編》原文。遠平删節舊史，謬誤叢出，或存其事而删其日，使甲日之事移於乙日，或將甲乙丙三日之事並於一日，甚至將正月之事而移至於秋冬，連篇累牘，幾於糾不勝糾。此本紀之可議者也。舊史列傳，蕪者宜芟，闕者尤宜補。博考元人文集及現存之石刻，名將如張興祖見於姚燧所撰之碑，如寧玉見於閻復所撰之碑；名臣如陸垕見於陸文圭所撰之墓誌，如高克恭見於鄧文原所撰之行狀。其人皆舊傳所無。又舊傳略而碑誌詳者，如虞集所撰之姚天福碑，危素所撰之哈喇解家傳，趙孟頫所撰之阿魯渾薩里碑，程鉅夫所撰之昔里鈐部先世述。似此者尤不勝枚舉，源書一概不登，採摭未免儉陋。至如泰赤烏，太祖之族人，而與西夏、高昌諸國同列一傳。赤老温愷赤與赤老温，一爲劄剌爾氏，一爲遜都臺氏，而誤爲一人。有《奸臣傳》，而無《叛臣》、《逆臣傳》。外國宜爲傳，不列於傳而列於志。《儒林》、《文苑》、《忠義》、《孝義》諸傳，一卷之中區分子目，曰儒林一、儒林二，從一至於六七。列傳之末，往往云某人碑其神道，某人撰其志銘，皆有乖於史法。此列傳之可議者也。《氏族表》宜據《蒙古部族考》補之，《地理志·西北地附録》宜據洪鈞附録《釋地》補之，《百官志》删内宰司、修内司及上都留守司，尚供總管府等之官屬，《選舉志》删會試各行省中選之名額，《禮志》删祀南郊禮節，《樂志》删郊祀樂章。刑法爲朝廷大政，而志竟無之，使一代典章制度闕而不完。此表、志之可議者也。臣等管窺所及，竊謂源書入之别史，實在《宋史新編》之上，入之正史，則體例殊多未合，尚非《新唐書》、《新五代史》之比。臣等爲慎重史事起見，公論攸關，不敢臆爲軒輊。編修袁勵准請將魏源

《元史新編》列入正史之處，應毋庸議。臣等愚昧之見，是否有當，伏乞皇上聖鑒訓示。

再，史館幫提調柯劭忞以校閲事竣，呈請銷差。臣等查該員别無經手事件，自應准其銷差。合併聲明。謹奏。

宣統元年八月二十九日

這份由孫家鼐、榮慶、鹿傳霖、陸潤庠、朱益藩、吴士鑒、鄭沅等人具銜的奏折，其評述《元史新編》部分，顯然出之於「國史館幫提調」柯劭忞之手。其否決《元史新編》列入正史的理由，可以概括爲第一猶是未成之稿，第二觀其體例乃是别史，第三所用材料尚有重大缺漏，第四體例和撰寫方面也存在諸多問題。這份「理由」，可以視爲柯氏自己編《新元史》的取材和編例。

據王建偉研究，《元史新編》奉旨交南書房會同國史館閲辦，起先並非即交柯氏勘查，而是由史官惲毓鼎主持，於光緒三十四年九月底擬出覆奏草稿，謂「分正體、補缺、匡謬、正訛四段，而折重於平服各國傳、外國傳、宗室世系表，以特表其長」。但後來以種種原因發生變故，國史館方再奏請柯劭忞爲幫提調重新審閲。此爲《元史新編》最終未能列入「正史」的關鍵節點。光緒三十四年十二月二十六日惲毓鼎《澄齋日記》載「史館總裁奏以柯充史館幫提調，專任閲看魏氏《新編》……今日特來訪，請余助理其事」云云。《澄齋日記》還説，柯劭忞已「精研《元史》垂二十年」，且「成本紀若干卷」，本爲審讀《元史新編》的絶佳人選。

前述柯氏四十歲之前治學重點在《文獻通考》，如從四十歲開始將治學重點轉向元史，至宣統元年年過六十，已用力二十年之久，且能寫出對《元史新編》的如此全面的評議，其《新元史》已有詳細綱目并已撰寫相當一部分稿子是毫無疑義的。學界或認爲柯氏以一位正在撰寫《新元史》的學者，否定《元史新編》列入正史的動議，難逃瓜田李下之嫌，但另一方面也可以説明柯氏作爲元史專家對魏氏著作的評述是中肯的，且其時柯氏的《新元史》已初具規模。

民國初年，柯氏《新元史》稿初成。房學惠《羅振玉友朋書劄》披露《一九一三年二月十五日柯劭忞致羅振玉》：

弟之《元史》稿冬間亦粗成，七八卷刊清，食貨諸志見亦脱稿矣，容得便寄上，嚴爲指摘是荷。（《文獻》二〇〇五年四月第二期）

又《一九一三年柯劭忞致羅振玉》：

弟近撰《元史》諸志，粗已就緒，欲得公所刊《海運》書一閲，至以爲叩。

又，弟近得明初人所著張陳明方諸載記，係明鈔本，似國初撰《明史》諸公未見，此書亦可謂秘笈矣。（同上）

又：

承示欲助貲刊鄙著《元史》，感戢無似，但愧不敢當耳！擬脱稿即郵寄公與静庵閱之，再議剞劂，今固不敢領此款也。近得文芸閣所鈔《經世大典》數册，内馬政、鹽法、倉庾俱完整，若刊入叢書，亦一佳事矣。（同上）

這幾通書札明示，在一九一三年，柯氏的《新元史》已接近完成，羅振玉表示將出資幫助其刊行。

大約在兩三年以後，即一九一五至一九一六年間，《新元史》終於完稿。由王宇、房學惠《柯劭忞致羅振玉手札廿三通》（《文獻》二〇〇一年一月第一期）所揭載的柯氏諸信札，可以考見柯劭忞《新元史》成稿及初次排印的時間。文中所録之第四札云：

頃由瑞臣兄處送來惠款三百元，以爲刊書之費，至爲感泐。惟公旅食東瀛，亦非饒裕，弟殊增愧赧矣。拙著付梓須明年春間，此項存弟處恐便隨手用去，益無以副公之原期，擬與瑞臣妥商，先存於翰文齋韓君處，明年開梓，以便陸續取用，較爲妥便。高誼雲天，必不敢辜負此意也。

信中有「拙著付梓須明年春間」云云，據其以下數札，《新元史》開排的那一年「梧生」去世，梧生即柯氏的兒女親家徐坊，徐坊逝世於一九一六年，則此信乃一九一五年所寫，其時《新元史》應已接近完稿，羅振玉兑現早先的承諾，惠款三百元，以爲刊書之費，説明羅氏對此書的重視。「瑞臣」是寶熙的字。寶熙（一八七一—？），滿洲正藍旗人，愛新覺羅氏，字瑞臣，前後在清廷、民國任官，曾任僞滿洲國的内務處長。

其第七札云：

> 敝著《新元史》共二百五十六卷，其體例大概仿班、范二史，與後來諸史稍不同。目録刊成，當先呈左右。

「目録刊成」云云，説明已開始刊刻。但其書實爲二百五十七卷，此處謂二百五十六卷，説明後來有補充或分合未定。

其第八札云：

> 《新元史》已一律告竣，共二百五十七卷。梧生與壽民兩兄任訂書之事。擬先就排木板，印五百部，費省而工邇。梧生近患肝氣，事逆中□。俟其痊癒，不難料理就緒也。自惟疏□，幸賴友朋之力成此一書。而左提右挈，公之力尤多。涵泳高義，尤深感泐矣。

大奸隕世，實快人心。而時事搶攘，阽危百出，不知遼東皂帽何日言於東海，言詐□痞慨。

「大奸」當指袁世凱，一九一六年改元，即皇帝位，六月卒。據此，此札當寫於一九一六年六月。「東海」是徐世昌的號。徐世昌（一八五五—一九三九）天津人，字卜五，號菊人，又號東海。一九一八年由安福國會選爲總統，一九二二年卸任。

其第六札云：

敝著排印僅十餘卷，約歲杪可完，但校刊太疏，容奉呈教正。

其第五札云：

弟之拙著已排印五十餘卷，全書共二百七十卷，今秋或可竣工。校刊弟自任之。忙迫已亟，幾於日不暇給矣。前索《經世大典》抄本，弟有二册在亂書堆中，無從尋覓，以至遲遲不作報書。今撿得一册，托轉世兄寄呈。尚有一册，容撿出即當續寄也。

傕、汜構亂於卓殛之後，可爲歎息。幼安歸國之期恐仍需時日矣。

「傕汜構亂於卓殛之後」應指一九一六年六月袁世凱死後的亂象，「今秋或可竣工」云云説明此信即寫於其年六月，「幼安」是謝介石的字。謝介石，張勳復辟時被授爲外務部右丞。二百七十卷當爲約數。

其第九札云：

前奉手翰，敬悉興居康豫，至以爲慰。弟一切均記□粗通。惟梧生於八月一日去世，良友□□，□□無似，並時事紛紜，目見耳聞，俱增歎吒，益覺無聊賴耳。

附上《高麗史》一卷、《安南志略》三卷，乞詧入。《志略》尚有一本，因二小兒抄一副本，校讎未竟，容續行奉上。元楊仲益國《氏族葬圖》及《經世大典》抄本一册並奉呈。《族葬圖》關於元一代掌故，似可刊入叢書。《大典》抄本内有《謚法考》，極爲珍秘。惟此係文學士芸閣所輯，《大典》所載，本之《元志·因革禮》。又王圻《續通考》載元謚法，王亦采自《因革禮》，不採自《大典》，芸閣均未之知。乞公録一副本，將此本寄還。又乞勿遽行付梓。俟忞得暇，取《續通考》，詳加考訂，作《元謚法考》，寄呈教正，再付梓不遲也。此外尚有《大典》抄本數册，倉促不及撿出，容再寄。

弟頹力衰顔，壯心未已，不甘作遁世一流人也。梧生亡，吾黨又少一人，想聞此噩耗，亦爲涕零。世無忠孝人，但亟圖自私自利耳。唐之季世，政於今日相同，公以爲然否？

拙作《元史》，梧生本任行管刊刻，今已下世，此事須著壽民□□任之。今歲杪可付梓也。

徐坊卒於一九一六年八月一日，此信應寫於其後不久。《新元史》刊刻之事，本由徐坊主事，現在準備請「壽民」擔任，壽民其人無考。信中還提到了多種與元史相關的圖書資料，也很重要。

其第十札云：

敝著《新元史》共二百五十七卷，見已排印訖，均裝訂，二月内即可竣事，容再寄呈教正。

此爲第十札，未明標時間。寫於一九一六年秋後的第九札謂徐坊已下世，《新元史》刊刻之事須著壽民任之，此札謂已排印完成，則應在其後之一九一七年。文章作者考證，札十一—十三言賑災等事。一九一七年，華北遭水災，羅振玉鬻物助賑，友朋相助籌款，柯參與其中，故這三通書札均爲一九一七年所寫。作者將第十札繫於三書之前，可證他認爲此信寫於此前或此期間，故知《新元史》鉛印本於一九一七年完工。這裏寫的「共二百五十七卷」是準確的。

十上第四行第十八至二十一字作「奇十察克」，旁有△符號，天頭書「欽察」。刻本作「欽察」。卷七葉八下第六行第二十四字作「章」，旁有插入符號，天頭書「平」字。刻本作「平章」。同卷同葉第七行第二十字作「辛」，旁有△符號，天頭書「幸」字。刻本作「幸」。《地理志六》（卷五十一）葉二十二上「下桑亘」，無改動，當作「直」。表部分基本無改動。

這些改動，應是當時購藏此書者據《勘誤》所爲。

鉛印本之後，又有木刻本，即退耕堂本。退耕堂爲徐世昌的齋名和刻書處名。徐世昌與柯劭忞爲同年進士，又同時入翰林。在那個時代，鉛排印書是新的技術，但讀書人仍看重傳統的木刻本，木刻本的成本要比鉛排本高得多。這一次是徐世昌資助了柯劭忞。徐氏序云：「余既爲付梓，又序其簡端，以諗承學之士，庶幾以余言爲不謬乎？」

關於此本的刊刻時間，有一九一九、一九二〇、一九二一、一九二二年等多種説法。《新元史》木刻本前有「教育部呈文」和「大總統令」各一道，然均未署日期。

「教育部呈文」有云：「本年十一月七日，准公府秘書廳函開柯劭忞所著《新元史》一部，奉諭交部閲看等因。」「本年」是那一年呢？呈文末署「署教育次長代理部務傅嶽棻」，查劉壽林編《辛亥以後十七年職官年表》（中華書局，一九六六年，第五六—七二頁），傅嶽棻於一九一九年六月五日任此職。其年五月四日，「五四」運動爆發，因聽聞政府有撤換之意，北京大學校長蔡元培於九日晨辭職出京。蔡元培的辭職使學潮再起波瀾，北京教育界開始了長達數月的挽留蔡元培的運動。在挽蔡的過程中，北大聯合其他學校組織了北京專門以上學校職教員聯合會。教育部總長傅增湘因主張慰留蔡元培而承受巨大壓力，先是離部出走，後又呈請辭職。十五日傅的辭呈被照准，次長袁希濤十六日起暫行代理部務。北京學生於六月三日上街分頭講演，導致政府大規模逮捕，使得處於國務院與各教職員、學生間的袁希濤左右爲難。五日傅嶽棻就教育次長職，同日令胡仁源署北大校長。蔡元培於九月十二日返京，十三日，傅嶽棻即拜訪蔡元培，但此後數日政府方面輿論卻報導傅嶽棻訓令各學校一致上課，如學生聯合會再有蠢動立即解散；北京大學限二十日上課，如再不上課，即嚴行查辦或解散一部分。蔡元培雖已返京復職，但能支持多久，則很難預料。在此情形下，北大浙籍教職員馬叙倫、周作人、朱希祖、康寶忠等人可能即有意驅傅，但必須師出有名，就是借發「現」以驅傅。所謂發「現」，就是要求教職員薪俸全部或大部分發現大洋。罷傅一事，雖由靳雲鵬擔保，但此事經教職員一再交涉，因安福部的干涉而始終未能做到。一直到直皖戰爭結束，安福部倒臺，靳雲鵬再次組閣，纔做到了驅傅的承諾。（詳見《中山大學學報》[社會科學版]二〇一一年第三期何樹遠《五四時期北京教職員聯合會的挽蔡驅傅運動》）

傳嶽棻於至一九二〇年八月十一日去職。據此可確定呈文遞交於一九一九年年底。據教育部呈文，閱看《新元史》以決定可否列入正史，乃由公府秘書廳奉諭交辦，教育部呈大總統文謂「擬請特頒明令，將柯劭忞所著《新元史》仿照前例與《元史》一併列入正史，用廣流傳，以光册府」，大總統令的頒布距此不會太久。

前已述及，一九一七年鉛印本之後，應即開始籌備木刻本的工作，由鉛排本到木刻本，柯氏一定有所修改，前述上海圖書館藏鉛印本中之批改，在木刻本中均已照改，即爲證據。至一九一九年教育部呈文之時，應已大體刻成，至一九二〇年補刻大總統令和教育部呈文後印行，其事或就在傅嶽棻去職之前。徐世昌一九一八年至一九二二年任總統，時間是相合的。據筆者在上海辭書出版社圖書館所見，退耕堂開雕本有徐序在前和「大總統令」在前兩種印本，或與此有關。

上海圖書館藏有四部「退耕堂開雕」本《新元史》，均爲初刻本。外形高三二二毫米，寬二一三毫米；版心高二二二毫米，寬一五四毫米。行款半頁十行，行二十一字。其中一部編號四〇二三〇三—六二，前有内封。標明第一册的内容有序、命令、呈文和目録。上海辭書出版社圖書館藏有兩部「退耕堂開雕」本《新元史》，其中一部原爲蔣氏密韻樓藏書，封面藍紙黄綾包角，扉頁正面爲書名，背面爲「退耕堂開雕」版記，目録前首爲徐世昌序，下爲「大總統令」和「教育部呈文」，另一部封面白色，裝訂較爲簡單，目録前首爲「大總統令」和「教育部呈文」，下爲徐世昌序。財産登記時間爲民國十九年六月六日，距初刻出印已近十年，應爲初刻之後印本。

退耕堂開雕本又有所謂庚午重訂本。庚午年爲民國十九年，即一九三〇年，時柯劭忞已八十三歲，在經過修訂以後，印行《新元史》新版本。此本現在上海頗難見，據内容差異辨別，上海圖書館與上海辭書出版社均無藏。北大圖書館有《新元史》的鉛印本、民國九年「退耕堂開雕」本、民國十九年本，但著録上没有提到有「庚午重訂本」字樣。

一九三五年上海開明書店縮小影印出版《二十五史》，《新元史》所用底本即爲經作者最後修訂的「庚午重訂本」，一九八九年上海古籍出版社、上海書店聯合出版《元史二種》，其中的《新元史》實際上也是用的「庚午重訂本」，其底本來自上海圖書公司，《出版説明》謂「《新元史》版本，初稿爲鉛印本，刊於一九二〇年前，錯字多，不足據。定稿有天津徐氏退耕堂刻本，開明書店《二十五史》即據以影印」，殆因學界習稱之「庚午重訂本」原書中並無相應版記或刻印時間標注，而「退耕堂開雕」版記則仍其舊，行款亦與初刻相同（實際上絕大多數印版仍用舊版），故當時做如此叙述。

開明書店籌劃影印《二十五史》之時間距庚午年即一九三〇年及柯劭忞逝世之一九

三三年甚近。開明書店版一九三五年出版，一九三六年葉聖陶爲開明書店撰寫的廣告，説到「庚午重訂本」（見葉至善、葉至美、葉至誠編《葉聖陶集》第十八卷《廣告集》中，《開明版新元史》一則，注明原文於一九三六年十二月一日刊出）：

明代編修《元史》，工作非常潦草。當時參與其事的人，不通曉蒙古文，對於元代的典章文物不很了了，只是胡亂抄録一陣，以致舛誤百出。一般批評都説各史中間《元史》最爲荒蕪，應該加以修訂或考證，這就給了一部分學者提出了一個用功的目標。他們用功的結果，自然成了著作，最著名而成書最後的是柯劭忞的《新元史》。《新元史》立例非常謹嚴，所取材料有許多是一般人所未見的；跟《元史》的草草成書正相反背。這部書對於《元史》，恰同《新五代史》對於《五代史》，《新唐書》對於《唐書》一樣；在傳統上，又曾被列爲正史；我們在取得了它的出版權以後，就把它跟《二十四史》結集在一起，合稱《二十五史》。我們所依據的是庚午重訂本，也就是最後的定本。庚午是民國十九年，這個本子印成之後，不到幾年，柯氏就逝世了。

除了《二十五史》以外，匯印的全史都無《新元史》。先前木刻的《新元史》售價很貴，而且不易買到。因此，我們特地把《二十五史》裏的《新元史》另印單本，供應文化界的需求。備有《二十四史》的一定樂於聽到這個消息，因爲有了這一部書，他所有的全史是完璧了。史學家跟元史研究者必然歡迎這個普及本,是我們所敢斷言的。

值得注意的是,廣告中提到,「我們在取得了它的出版權以後,就把它跟《二十四史》結集在一起,合稱《二十五史》。我們所依據的是庚午重訂本,也就是最後的定本。庚午是民國十九年,這個本子印成之後,不到幾年,柯氏就逝世了」,《二十四史》都是古人的著作,其中最晚的《明史》成於清乾隆間,都已經没有版權問題,但《新元史》是當代學者的著作,必須從作者或其繼承人那裏取得出版權。也有文章説柯氏後人一直在跟開明書店争版權。

所以不能將開明書店出版《新元史》看作是一般的古籍影印(複製),正如葉聖陶先生在所擬廣告中所説的,「木刻的《新元史》售價很貴,而且不易買到」,開明書店是用影印的方式出版了一部當時的新的著作,而且通過這種方式,使《新元史》得到了較爲廣泛的傳播,要知道,開明書店版的《二十五史》在當時是可以稱爲暢銷書的。

柯氏一九一三年至一九一七年致羅振玉信札的刊布已經使我們得以弄清了以前一直十分模糊的《新元史》成稿和初次印行的時間,相信隨著新資料的不斷出現,「退耕堂開雕」的刊刻過程和「庚午重訂本」的修訂刊印過程一定也可以更爲清楚的。

## 三、《新元史》幾種主要版本的優劣

以明確標注爲「庚午重訂本」的開明書店本與上海古籍出版社和上海書店的《元史二種》相較，僅有極細微的差異，而以這兩種本子與上海圖書館所藏四部及上海辭書出版社圖書館所藏兩部相較，則確實可見修訂的情形。

### （一）增補内容

以《新元史》卷五一志第十八《地理志六》爲例：

「播州軍民安撫司」條之「二十九年，改隸湖廣行省，領播州軍民都鎮撫司」下，加了數行小字注文「播州宣慰使楊鑑降明，所領安撫司二，曰草塘，曰黄平。是黄平、草塘二處俱設安撫司，舊志略。所領長官司六，曰真州，即珍州，曰播州，曰餘慶，曰白泥，曰容山，曰重安。惟重安不見舊志」，對《元史》卷六三志第十五《地理志六》的相應内容有較多的補充。

「新添葛蠻軍民安撫司」，原無「軍民」二字，《元史》同上亦無「軍民」二字，然其卷一六本紀第十六《世祖十三》至元二十八年十二月己巳有「立葛蠻軍民安撫司」，卷一七本紀第

## 二、《新元史》的排印和刻印

據上所述，新元史的第一個版本是完成于一九一七年的鉛排本。

今上海圖書館、北京大學圖書館等處均藏有此本。上圖所見共五十九册，二百五十七卷。館方書目著録有《勘誤》一卷，而實物未見。書外形高一九七毫米，寬一二二毫米；版心高一四二毫米，寬一零七毫米。每半葉十行，行二十四字。單魚尾。上面魚尾上題「新元史」，下題卷數、本紀（表、志、列傳）、葉數；下面魚尾上下空白。

第一册爲目録。目録首頁，首行頂格題「新元史目録」，次行空一格小字題「賜進士出身日講起居注官翰林院侍讀國史館纂修膠州柯劭忞撰」。

此本有校改痕跡，如卷一葉一下第八行第七字「議」，有筆跡劃去「言」旁，并於該行天頭書「義」字。刻本作「義」（葉一下，第十行，第七字）。又同卷葉三上第三行第二十字「兔」，有筆跡將上部改作「刀」，加點，天頭書「兔」字。刻本作「兔」（葉三上，第九行，第十一字）。又同卷葉五上第九行第十三字「針」，旁有△符號，天頭書「釘」字。刻本作「釘」（葉六上，第一行，第六字）。卷一末「史臣曰」一段下，又有「高宗」二段，「高宗」二字高二字，刻本則高一字；三「博爾濟錦」，「爾」字皆係後貼上，原似作「宛」，難以認清。卷四葉十七《世祖十四》至元二十九年正月丙午又有「從葛蠻軍民安撫使宋子賢請」云云，《全元文》卷五六六陸文圭七《中奉大夫廣東道宣慰使都元帥墓誌銘》載揚珠布哈「大德元年除嘉議大夫、葛蠻軍民安撫使」。均可證柯氏修改有據。

「平伐等處軍民安撫司」，「軍民安撫司」爲重訂所加，《元史》卷六三志第十五《地理志六》相應記述亦無，武宗本紀中有。

「平伐等處軍民安撫司」下「密秀丹張」，下增添注文「丹張即前單張，各郎西即前葛浪洞，草堂即前草塘，恭溪、焦溪、林種俱見前。疑諸地前屬播州，後屬平伐，遂重複如此」，對諸地名的重複提出了疑問。此下有地名「上桑置」「下桑直」，其中的「置」字初刻作「直」是，「下桑直」下有注文「元初置桑直縣安撫司」云云，庚午重訂部分重刻時將「上桑直」刻成「上桑置」，顯爲涉下而誤。

「不賽因大王位下」注文「旭烈兀四世孫」，原爲小字單行，重訂改爲雙行，以與全書體例相符。

## （二）删削内容

「退耕堂開雕」初刻本卷二三四列傳第一百三十一《儒林一》有《張樞傳》，卷二四一列傳第一百三十八《隱逸》又有《杜本傳》又附「張樞」，内容與《元史》卷一九九列傳第八十六《隱逸》之《張樞傳》大體相同。庚午重訂本删去了《隱逸》中《杜本傳》附「張樞」，同時删去了書前目録中的「張樞」，而未及删去卷前目録中的「張樞」。

## (三)修改内容

「退耕堂開雕」初刻本卷一九九列傳第九十六《愛薛傳》：「愛薛，西域人，祖不阿里，父不魯麻失。愛薛通拂菻語及星曆醫學。」庚午重訂本改爲：「愛薛，拂菻人，祖不阿里，父不魯麻失。愛薛通拂菻語及星曆醫學。」《元史》作：「愛薛，西域弗林人，通西域諸部語，工星曆醫藥。」據清洪鈞《元史譯文證補》二十七《西域古地考二》(清光緒刻本)「拂菻」條：「拂菻之名，唐時始見，《舊唐書》云『拂菻國，一名大秦，在西海之上』《元史》『愛薛，西域茀菻人』，是元時猶有此稱。漢大秦爲古之羅馬，今之義大利。東晉時羅馬分王居黑海西，今土耳其都城之地，轄治東境，别之曰東羅馬。羅馬國亡而東羅馬獨存，明時始爲土耳其所滅。其都城名康思灘丁諾潑里斯，康思灘丁，王名，蓋始建城者，潑里斯猶言城，諾爲連屬字，猶華文之字，今亦省文稱諸潑爾，東羅馬本國之書則稱康思灘丁諾潑凝，其地土人省文，惟稱潑凝，急讀之音如潑菻，阿剌比人稱之爲拂菻。本屬城名，假爲國號。唐時阿剌比人滅波斯，侵印度，環葱嶺地悉歸役屬，方言流播，遂入中華。此《唐書》拂菻所由來也。」按：西域有廣狹兩義，狹義專指葱嶺以東而言，廣義則凡通過狹義西域所能到達的地區都在内。「退耕堂開雕」初刻本作「西域人」，失之籠統，《元史》「西域弗林人」，「西域」爲廣義，亦不甚精確，庚午重訂本遂改爲「拂菻人」。

「退耕堂開雕」初刻本卷二三七列傳第一百三十四《文苑上》「范桲」，目録及正文均誤作「范桲」，庚午重訂本已改正。

「退耕堂開雕」初刻本卷二三九列傳第一百三十六《篤行上》類傳小序「《周官》以六行教萬民，曰孝弟睦婣任恤」，庚午重訂本「弟」改爲「友」，是。

庚午重訂本總體優於初雕本，但以兩者相較，也存在少量初雕本不誤而庚午重訂本反誤之例，原因是修訂時出現新的錯誤、修訂後版面之限制以及原版殘損等等。如：

「退耕堂開雕」初刻本卷四三志第十《五行志上》，至正二十四年，「正月，保德州民家豬生豚，一首二身八蹄二尾。又海鹽趙氏宰豬，小腸忽如蛇，宛延而走，及里許方止」。庚午重訂本末脱「止」字。應爲原版日久殘損。

「退耕堂開雕」初刻本卷五一志第十八《地理志六》「思州軍民安撫司，宋思州，元置安撫司」，庚午重訂本誤作「元置安撫思」。又「白泥等處，元初，蠻酋楊正寶，以功授白泥司副長官」，庚午重訂本誤作「泊泥」。又：「上桑直……下桑直。」庚午重訂本誤作「上桑置」。疑爲部分重刻時涉上下文而誤。

「退耕堂開雕」初刻本卷二一〇列傳第一百七《老的沙傳》「時哈麻與脱脱有隙」，庚午重訂本作「與哈麻與脱脱有隙」。挖改有誤。

「退耕堂開雕」初刻本卷二一八列傳第一百十五《余闕傳》「推官黄秀倫，經歷楊恒」，庚午重訂本改爲「推官黄禿倫歹，歷楊恒」。「黄秀倫」改爲「黄禿倫歹」，是，然「經歷楊恒」之「經」字不可省，此顯爲在改一字、補一字時誤挖去了「經」字。

「退耕堂開雕」初刻本卷二三七列傳第一百三十四《文苑上》卷前目録「洪希文」，庚午重訂本誤作「洪无文」。應爲「希」字殘損，誤補「无」字。

「退耕堂開雕」初刻本卷二三八列傳第一百三十五《文苑下》顧德輝「集唱和詩十卷，爲《草堂雅集》」，庚午重訂本作「集唱和詩十三」，按當作「集唱和詩十三卷」，初刻本誤作「十卷」，重訂本補「三」字，占「卷」字位，遂脱「卷」字。

開明書店《二十五史》本所用爲庚午重訂本，但與同爲庚午重訂本的《元史二種》本相較，也出現少量差錯，原因應出於印製前的剪貼、描修等技術環節。如：

《元史二種》本卷五七志第二十四《百官志三》「二十二年，權置山北道廉訪司於惠州」，開明書店版誤作「三十二年」。按下文有「二十三年」、「二十五年」，又同書《惠宗本紀四》二十二年九月「甲辰，權置山北道廉訪司於惠州」，《元史·百官八》亦云：「二十二年九月，權置山北廉訪司於惠州。」

《元史二種》本卷八六志第五十三《禮志六》「一曰迎香。……至日質明，有司具香酒樓輿」，開明書店版誤作「主日」。

《元史二種》本卷二一二列傳第一百九《崔敬傳》「直而不許，即惠宗亦無以罪之」，開明書店版誤作「直而不許」。

《元史二種》本卷二二六列傳第一百二十三《徐壽輝傳》「閏三月」，開明書店鑄版誤作「門三月」。

《元史二種》本卷二三八列傳第一百三十五《文苑傳下》王逢「至正中，作《河清頌》，台臣薦之」。開明書店版誤作「台臣萬之」。同卷：郭鈺「牛衣以當長夜遂成痁瘧」。開明書店版誤作「遂成店瘧」。

《元史二種》本卷二四三列傳第一百四十《釋老》目録「王處一」，開明書店版脱「一」字。

《元史二種》本卷二四五列傳第一百四十二《列女中》《吴妙寧傳》「啃異而去」，開明書店版「喈」誤作喈。

《元史二種》本卷二四八列傳第一百四十五《雲南湖廣四川等處蠻夷傳》「五月，宋氏復令平浪巡檢歐陽濯龍」，開明書店版誤作「歌陽濯龍」。

除以上版本以外，「退耕堂開雕」初刻本，一九五六年臺灣《二十五史》編刊館有景印本。一九七五年臺灣藝文印書館有《二十五史》仿古線裝縮印。一九八八年中國書店有三欄縮印影印本，仿古線裝六函六十册，單頁，係借故宫博物院藏板刷印，原版「退耕堂開雕」改署「北京市中國書店刷印」。一九九八年天津古籍出版社有《二十四史外編》本。

基於以上論述，這次校點整理，以庚午重訂本爲底本，「退耕堂開雕」初刻本爲校本，參校以《元史》、《續文獻通考》(王圻)、元人碑傳、文集等，遇有異同之處，凡可判定爲《新元史》明顯訛誤者，適當改字出校，餘以異同校列之，或不出校勘記，以儘量保持《新元史》原著面貌。

柯氏另撰有《新元史考證》五十八卷，對撰寫《新元史》過程中所遇「事有異同」者略加考證，説明去取之由，也起到了交代《新元史》主要取材的作用。今亦加以標點整理，附於書後。

另攝製本書鉛印本、退耕堂開雕初刻本、庚午重訂本等各版本之書影若干幀，冠於書前，供研究參考。

《新元史》出於一人之手，卷帙浩繁，至爲不易，難免存在一些問題。如雖然校訂了《元史》的一些錯訛，但卻又增加了一些謬誤，柯氏門人陳漢章撰《新元史本證》，指出了《新元史》的許多互相矛盾和錯誤的地方，可作參考。至於有些學者認爲應補缺的卻没有補，如《藝文志》，則乃柯氏有意爲之，前引牟小東《記近代史學家柯劭忞》云：

家兄牟潤孫早年曾受學於柯先生，他曾問柯老：「您著《新元史》，爲什麽没有《藝文志》？」柯老説：「你知道不知道《漢書藝文志》所根據的是漢中秘藏書目？我找不到元内府藏書目，何從爲之撰《藝文志》。」由此可見，《新元史》中没有《藝文志》，柯先生是有充分理由的。

柯氏蓋因未見元代官方藏書目録，不願勉强拼湊，闕則闕之也。

《新元史》問世以後，章太炎説：「柯書繁富，視舊史爲優，列入正史可無愧色。」王國維、梁啟超以此書未叙體例及取材爲憾。其實，此書的體例雖未作概括，而全書結構一遵諸正史，還是嚴謹而清晰的。上文所引柯氏於宣統初年所作對魏源《元史新編》的評述，也可以看作對《新元史》編例的表達。至於取材，王國維、梁啟超只是認爲柯氏應於書前作出交代而已，此點《新元史考證》已經作了補救。有人認爲由於該書所引用的材料，一概不注明出處，致使學者不敢引用，則亦過矣。試問二十四史中有哪一部是事事注明出處的？柯氏在評述魏源《元史新編》時有云：「列傳之末，往往云某人碑其神道，某人撰其志銘，皆有乖於史法。」此爲史家之通例，亦爲柯氏之例。

總體而言，《新元史》後出轉精，其體例較爲嚴謹，其採擇文獻有超越前人之處，特别是在明《永樂大典》只剩下不到一千卷的今天，似不能斷言「凡他能接觸到的材料，今天人們都能看到，可以直接利用第一手材料，不需要轉引《新元史》中的轉手材料」，要知道柯氏當時是翻檢過多達八千卷的《永樂大典》的。

這次本社整理出版，對於此書得到更充分的利用，從而推動元史研究的進一步發展，是有意義的。

李偉國

二〇一七年元月

# 整理前言

## 一

《新元史》共二百五十七卷。其中本紀二十六卷，表七卷，志七十卷，列傳一百五十四卷。書成，由教育部呈送大總統，由大總統頒令，「准仿照《新唐書》、《新五代史》前例，一併列入正史」。故而雖非史館所出，但體制上仍爲奉敕欽定傳統，比同天子王官之書。其後即與《清史稿》一同增入正史「二十四史」之列，是爲「二十六史」，有以也。

編纂者柯劭忞，字鳳蓀，又字鳳笙，號蓼園，山東膠州人。同治九年舉人，光緒十二年進士，爲翰林院庶吉士，升編修。出任湖南學政，回京任國子監司業、翰林院日講起居注。光緒三十二年，赴日本考察教育，回國任貴州提學使，回京任學部丞參，補右參議，遷左丞，及京師大學堂經科監督。宣統二年選爲資政院議員，出任山東宣慰使，兼督辦山東團練大臣，回京任典禮院學士，賜紫禁城騎馬，宣統皇帝伴讀。民國三年，選爲參政院參政、約法會議議員，均辭未就。任清史館總纂，又代理館長，纂修《清史稿》，總閱全書，删正各朝本紀，並撰《天文》、《時憲》、《災異》三志，《儒林》、《文苑》、《疇人》各傳，另有趙爾巽修、柯劭忞纂《清史藝文志》四卷單印本。任東方文化事業總委員會委員長暨中方首席代表，編纂《續修四庫全書總目提要》。晚年倡議校刻《十三經》，立石曲阜，事未畢，臨終猶以爲憾。卒於民國二十二年，張爾田爲撰《清故學部左丞柯君墓誌銘》。又王森然撰《柯劭忞先生評傳》，王桐齡撰《介紹柯鳳孫先生〈新元史〉》，柳詒徵撰《柯劭忞傳》，徐一士撰《談柯劭忞》，崔振化撰《柯劭忞軼事》等。

著作除《新元史》、《清史稿》外，有《春秋穀梁傳注》十五卷，《新元史考證》五十八卷，《譯史補》六卷，合爲《柯劭忞先生遺著》三種，民國二十四年北京大學研究院文史部編，北京大學出版組印行。又有《蓼園詩鈔》五卷，《蓼園詩續鈔》二卷，廉泉編，民國十三年上海中華書局出版。又有《爾雅注》、《文獻通考校注》、《文選補注》、《説經札記》、《蓼園文集》等，未刊印。

## 二

昔張之洞謂「由小學入經學者，其經學可信」，「由經學入史學者，其史學可信」，「以經學史學兼詞章者，其詞章有用」。柯劭忞一生治學，身兼小學、經學、史學、詞章四段，其途徑次第恰如張之洞所言。

張爾田《墓誌銘》云：「七歲能韻語，父老驚爲奇童，乃益自憤發勵於學。鄒魯聖人之邦，號樸學藪，地壯，盡得其書而讀之，於天文、曆算、輿地、聲韻、訓故，靡不綜貫。其學由博而精，蘄於有用。然一以經爲歸，無歧騖也。」此即由小學入經學也。

又云：「國朝儒者，諸經皆有説，獨《穀梁》無完書。君以爲《公羊》闡微言，《穀梁》章大義。《穀梁》魯學也，治之宜先。宋氏三科與邵公異，此《穀梁》家所特聞。不先通此，非常異義可怪之言作，其罪至於誣聖。成《穀梁補箋》若干卷，《春秋》之誼大明。」此即柯氏治學之骨幹，所謂「其經學可信」也。

又云：「遜位詔下，君痛哭，解組去。會史館開，館長趙公與有舊，聘君總纂。君自顧儒臣，國亡無所自蓋，修故國之史即以恩故國，其職也。」此即「由經學入史學」也。

又云：「君於文，師梅郎中，疏樸古澹。尤工於詩，奄有漁洋、竹垞之長，晚年所刻《蓼園集》是也。」此即「以經史之學兼詞章」也。

吴宓由「中國學術系統」而論柯氏詠史詩，與張之洞用心略同，故可爲張爾田作一注脚。吴氏《空軒詩話》云：

陳寅恪《王觀堂先生挽詞》中「北門學士邀同死」，指膠州柯鳳孫先生劭忞。往者王静安先生嘗語宓云：「今世之詩，當推柯鳳老爲第一，以其爲正宗，且所造甚高也。」宓曾由姜叔明（忠奎）君道引，進謁柯先生二次。民國二十二年八月三十一日，柯先生溘逝，宓撰文一篇，題曰《悼柯鳳孫先生》，述先生學行，謂若論中國學術系統（經史子集）、人格規範，柯先生乃純乎其純者。生平精力所注，厥在經學，於《穀梁》所得尤深。又撰成《新元史》二百五十七卷，精勤宏博，至堪欽服。其詩集名《蓼園詩鈔》，民國十三年南湖居士廉泉先生編，以體分爲五卷。柯先生詩法盛唐，專學杜工部，光明俊偉，純正中和，如其爲人。柯先生遵照中國學術系統，視詩爲末藝小道，然詩實能表現先生之精神、思想、學術、行事，此亦中國文學之正宗觀念也。集中重要之作，有關史事者，爲卷二之《哀城南》、《後哀城南》（庚子義和拳殺戮士大夫），卷三之《三哀詩》（甲午殉難死職之三將）、《歷歷》（宣統朝攝政王）、《憶昨》（張文襄公之洞）、《歎息》（辛亥四川鐵路案引起革命）、《昔者》（辛亥武昌及沿江革命）、《漢家》（辛亥三十六鎮陸軍之倒戈）、《資江》（哀端方）、《垂簾》（隆裕太后下詔遜國宣布共和）、《瀛台》、《團城》、《北海》、《歲暮懷人詩》（王静安等），卷四之《丙午過膠州故居》（德人取占膠澳地）、《詠史三首》（庚子之亂）、《讀〈三國志・董卓傳〉》等，卷五之《挽奉新張忠武公勳》等。

此言中國學術以系統與人格爲首要，詩文則爲末藝小道。然則末藝小道正當歸本於系統與人格，既能歸本於系統與人格，則末藝小道亦將同其偉大而不朽。古昔《學記》有言：「三王之祭川也，皆先河而後海，或源也，或委也，此之謂務本。」柯氏《新元史》之作，正合古人原委本末之義。民國十五年，《新元史》出版後僅四年，李思純著《元史學》，謂元史學積明、清兩代，延六百餘年，凡四五波折，而後大成。其言曰：

屈指以計中國既往之元史學家，不能不以柯氏爲集其大成。蓋錢大昕、洪鈞二氏之作，僅當名之曰專著，而非全史。何秋濤、李文田、沈曾植之作，僅當名之曰校讎考證，而非造史。邵遠平、屠寄之作，固可稱造史矣，而所造僅成一部分之史，未能全部改造。魏源庶幾全部改造矣，而又限於時代，限於材料，聞見未廣，漏略極多。惟柯劭忞出，然後其書兼具全部改造與詳備博洽之二種長處。中國元史學之有柯劭忞，正如集百川之歸流以成大海，集衆土之積累以成高峰。蓋斯學自康乾來，如果樹放花，初作蓓蕾。道咸之間，則嫩芽漸吐，新萼已成。至同光之間，千紅萬紫，爛漫盈目。及柯劭忞氏之著作成，而後繁花刊落，果實滿枝矣。柯氏之著此書，費時四十餘年，曾耗半生之精力以從事。其書以中華民國十一年出版，政府明令列入正史之中，蓋明、清兩代凡六百餘年之一切學者士大夫所耗竭心力而未完成者，柯氏以半生之力，集其大成，可謂偉矣。

## 三

《新元史》纂成以後，據云梁啟超、王國維、陳垣諸人均有批評。

蕭一山《清代通史·清代學者著述表》載：「曩在梁任公先生座次，逢王靜安先生，譚及此書，均以未叙體例及取材爲憾。」

徐中舒《追憶王靜安先生》載：「先生謂《元史》乃明初宋濂諸人所修，體例初非不善，惟材料不甚完備耳。後來中外秘笈稍出，元代史料漸多，正可作一部《元史補正》，以輔《元史》行世，初不必另造一史以掩原著也。」

梁啟超《中國近三百年學術史》云：「柯著彪然大帙，然篇首無一字之序，無半行之凡例，令人不能得其著書宗旨及所以異於前人者在何處？篇中篇末又無一字之考異或案語，不知其改正舊史者爲某部分？何故改正？所根據者何書？著作家作此態度，吾嘗舉此書記載事實是否正確，以問素治此學之陳援庵垣，則其所序批評，似更下魏著（引者注：指魏源《元史新編》）一等也，吾無以判其然否。」

李思純《元史學》載：「關於改造元史之事，吾曾聞陳垣援庵討論及之。陳氏於柯劭忞『改造全史』之事，不甚同意，而其意則傾向於『爲舊元史作注作補』之法。……陳氏之言如此，竊以爲甚當。蓋吾人若不能以歐美新史體改造元史，則必以注、補爲正當之方法。同時吾讀柯劭忞之《新元史》，覺柯氏誠不屑注、補舊史，而毅然出於改造。然其所改造成功之新元史，既不能盡採新材料，亦未能應用新史體，似於篤舊與圖新，俱有所未至也。」

諸人所批評，見仁見智，大致不能認同《新元史》之仍爲傳統史學之舊體，而批評其不能如現代學者著述之新體。按柯劭忞、王國維諸人介乎新舊交替之間，處境均乎不免尷尬。「以豨韋氏之流觀今之世，孰能不波？」然而時代弔詭爲一事，學者之願力爲又一事。有史家，有史官；有史學，有史著。史家與史官之别不可以道里計。我國歷史傳統，乃是以史官之史著，構成核心骨幹；乃是以一種内在化的用心與筆法，支撑起一種制度。要之，我國歷史傳統乃是一種制度性的存在，世官世疇，綿歷久遠。换言之，我國歷史傳統即其制度性本身，即可證明其存在的真實性與合理性，初不必依賴後世揭示「五十凡」與「三科九旨」而後有以自立也。現代史家、史學之學術標準，愈析愈細，論者談之容易，然而實不能入於其中，有如以李唐之暴發户、趙郡之假冒牌，窺視崔、盧、李、鄭之真門庭，何所聞而來，何所見而去，大略皮相與想象居多也。

王森然《評傳》云：

其治元史，乃由經以及史，亦以清同光間風氣，治西北史地（尤以元史）爲新奇時髦之學問。然柯先生勤搜窮所得，不爲零篇專題之貢獻，而必宏大其體裁，精嚴其義例，醇美其文章，以撰成《新元史》二百五十七卷，與二十四史並列分席；不憚辛勞，舍易就難，亦中國學術之大幸也。往年王靜安先生談及《新元史》，頗惜柯先生不用新法，作成零篇，或作爲舊《元史》之校勘增訂本，致《新元史》更待校注。或又譏《新元史》無索引，檢查不易。凡此固亦甚是；然苟知中國學術系統之重要，及古來中國學者著述之精勤不苟，歷數十年若一日，此種精神，此種願力，唯宏偉之柯先生有之也。

王森然論説「中國學術系統」之重要，竟與吴宓同一眼光，可謂辟見。

王森然《評傳》又云：「民國成立，爲宣統侍講，以孤忠自鳴，隱居不仕，以著述自娱。……雖經袁、徐、段諸氏屢聘其出山，終清高自持，不求仕進。」

徐一士《一士類稿》亦云：「鳳蓀樸學，不隨風氣爲轉移。」

柯氏所纂，既題《新元史》之名，署款「賜進士出身日講起居注官翰林院侍讀國史館纂修膠州柯劭忞撰」，版式仿殿本廿四史，而行文避清諱。柯氏本志不言自明。其書幸而成爲我國歷史傳統中最後僅存之碩果，此即其書最偉大之處、不可企及之處。只看柯氏身後，京師不能設史館，朝中不能存起居注，舉無史官，作新史而可以爲典要者百不餘一，故知新史云云絶非侈口而談之易易也。

民國十六年，北京政府大元帥頒令恢復設置國史館。其《大元帥令》云：「我國修史之職，起源甚古，左史右史，見於三代，自秦漢以迄明清，史官史院，建置益備。歷代對於史料之典藏，史職之尊重，史權之獨立，淵源有自，蔚爲中國文化之特質。我國五千年悠久歷史得以緜延不絶，中華文化得以光耀世界者，史政制度之確立，實有以致之。」

近人批評柯氏者，又有「不識時代意義」（沈雲龍《徐世昌評傳》），「對清廷所授的官職仍念念不忘」、「仍然以封建朝廷的史臣自居」（朱仲玉《清代人物傳稿》「柯劭忞」條），「思想頑固，影響品質」、「《新元史》成書於辛亥革命之後，清朝已滅亡將及十年，而柯氏在讚語中猶自稱『史臣曰』，可見其思想的頑固倒退」（王慎榮《元史探源》），甚至稱民國政府大總統令爲「僞令」等等，非學術語，尤非史家語，不足論。

# 四

《新元史》後出轉精，其採擇文獻有超越前人之處，柳詒徵《傳》曾簡括之云：「綜蒙漢文《秘史》、《蒙古源流》、《蒙韃備録》、《黑韃事略》、《親征録》、《西遊記》、《契丹國志》、《大金國志》、《西夏書》、《平夏録》、《昭忠録》、《北巡私記》、《庚申外史》、《經世大典叙録》、《元典章》、《廟學典禮》、《中堂事記》、《明實録》、《東國通鑑》、《高麗史》、《元寇紀略》、《成吉思汗實録》、《元史譯文證補》、《蒙古氏族表》、《西域錢譜》，與唐宋遼金諸史，元人碑傳志狀，及清儒錢大昕、邵晉涵、何秋濤、張穆、李文田諸儒考訂之說。」

但最令學者注意的，則是日本東京大學因此書授予柯氏名譽文學博士學位一事。東京大學文學部東洋史學系教授會所作《新元史》論文審查報告略云：

《元史》係有明初年，太祖敕當時文臣宋濂、王禕等編纂之書。有元一代，雖不過百年，而政治勢力所及，極其廣大，幾跨亞歐二洲。《元史》編纂之時，上距元末僅二三年，史料之搜集尚未完全。前後開史館二次，僅費三百餘日，創始失之過早，竣功失之過促，疏漏舛錯之多，在所難免。史料取捨之不當，叙述繁簡之失宜，固亦應有之事也。其書初脱稿時，已有非議之者，太祖欲修改之，未果。清初，經大儒顧炎武、朱彝尊等之指摘，其蕪雜紕漏之處，益公表於世。邵遠平著《元史類編》四十二卷，大加糾正删補，是爲後儒修改《元史》之權輿。乾隆年間，錢大昕亦曾修改《元史》，僅成《藝文志》及《氏族表》一部分而止。道光、咸豐年間，魏源著《元史新編》九十五卷，從來之面目爲之一新，未及完稿而輟筆，後人代爲補輯，始公表於世。以上各種著作，對於《元史》之改訂增補，雖綽有相當成績，然未能採用西方史料，對於關係西域之記事，仍多付闕如。光緒年間，洪鈞重譯纂録拉西脱、多孫諸家之書，以補其闕漏，名爲《元史譯文證補》，然有目無篇者尚多，不得稱爲完書。其後屠寄作《蒙兀兒史記》，參照《元朝秘史》及西方史料，證以實地之調查，對於《元史》大加補訂，然完全脱稿者，僅《本紀》、《列傳》、《世系表》及《地理志》之一斑，其餘有目無篇者仍不少。著者柯君承襲諸家之後，參考諸家之著述，修改《元史》，表面似乎易於成功，實際上則等於當群雄割據迭興之後，而成統一之功，其爲難處正自不少也。

審查報告舉其特色有三：第一，參照西方之史料，如拉西脱、多孫等諸家之著作，以補舊史之闕漏、正舊史之謬誤是也。第二，參考蒙古史料之《元朝秘史》，以補訂舊史之闕是也。第三，參照中國史料《經世大典》之一部，如《國朝典章》等，以增補舊史之闕是也。舉其亦尚不無可指摘之點有二：第一，取捨添删之處，尚有未盡得宜者。第二，考證究索尚有未盡之處。

結論云：

要之，本論文雖有二條遺憾，而不能掩其三大特色。改修《元史》一節，爲向來史學家屢作而未成之事，著者以半生之苦心毅力成此大著，不可謂非千秋不朽之盛業也。《元史類編》之長處在博引旁搜，其短處在煩瑣冗慢。《元史新編》之長處在文章雅潔，論斷明快，其短處在記事簡略，史實不備。本論文兼有二書之長，而無二書之短。自非學識該博，精力絶倫，安能得此？依據以上之理由，認爲著者有可受文學博士學位之資格。

（以上據王桐齡譯文。）

其時桑原隲藏亦曾表示：「柯氏之《新元史》，雖亦有不是可非議之處，然較之魏源之著書，其體裁内容，實遥爲優越。以之列入正史，應無不合也。」（桑原隲藏《唐宋元時代中西通商史》，馮攸譯，上海商務印書館民國十九年版）

按審查報告所述明初《元史》編纂之狀，與四庫館臣大略從同。《四庫總目提要·元史》云：

洪武二年，得元十三朝《實録》，命修《元史》，以濂及王褘爲總裁。二月，開局天寧寺。八月，書成，而順帝一朝史猶未備。乃命儒士歐陽佑等往北平採其遺事。明年二月，詔重開史局，閲六月，書成。爲紀四十七卷，志五十三卷，表六卷，列傳九十七卷。書始頒行，紛紛然已多竊議。迨後來遞相考證，紕漏彌彰。顧炎武《日知録》

摘其趙孟頫諸傳備書上世贈官，仍志銘之文，不知芟削。《河渠志》言耿參政，《祭祀志》言田司徒，引案牘之語，失於翦裁。朱彝尊《曝書亭集》又謂其急於成書，故前後複出。因舉其一人兩傳者，條其篇目，爲倉猝失檢之病。然《元史》之舛駁不在於蒇事之速，而在於始事之驟。以後世論之，元人載籍之存者，説部文集尚不下一二百種。以訂史傳，時見牴牾，不能不咎考訂之未密。其在當日，則重開史局距元亡二三年耳。後世所謂古書，皆當日時人之書也。其時有未著者，有著而未成者，有成而未出者，勢不能裒合衆説，參定異同。

民國九年教育部致大總統之呈文（具名「署教育次長代理部務傅嶽棻」），亦同四庫館臣之論。呈文云：

《元史》原書成於明初，距元之亡不過二三年，元人之説部文集足供史料者，當時或有未著，或著而未成，或成而未出，雖憑採訪以修訂，未合衆説以參稽，《四庫全書總目》論之詳矣。宋濂、王褘諸儒，固皆一時鴻博之彦，而兩次開局，僅及年餘，始事既驟，蒇事又速，倉猝失檢，舛漏實多。顧炎武《日知録》指其沿用誌銘，直引案牘，猶止失於檢裁。朱彝尊《曝書亭集》列舉其一人兩傳，則尤屬紕繆之大者。厥後中外大通，譯籍叢出，於成吉思汗之偉跡，伊蘭四汗之雄圖，堪以參證發明者，不一而足。

可見自《元史》而《新元史》，三家之見莫不中肯如此。

惟當日東京大學審查報告，尚有周折。徐一士《一士類稿》載：

傅芸子君講學日本京都帝國大學，余以東京帝國大學博士論文審查會當時對《新元史》所作審查報告推論得失頗詳，因函請以關於此事聞諸日友者相告，近承函示：

（一）聞諸倉石武四郎教授：當日審查《新元史》，此邦史學名宿箭内亘博士（東京帝大教授）甚爲致力。博士爲倉石君高等學校之師，倉石君一日往謁，適值博士爲審查《新元史》之工作，皇皇巨著，堆積室中。博士云：「以此書言之，其價值可在博士之上，亦可在博士之下，即此一編，頗難斷定。又，原書之異於舊《元史》者，未比較言之，須爲之一一查對，以作成報告，故工作頗覺麻煩云。」

（二）據聞東京帝大方面，最初尚無授予鳳老博士學位之意；此事係由當日駐華公使小幡酉吉之提議而成。

（三）青木正兒博士云：鳳老既得博士後，對於日本之有博士學位者，無不重視。當日有某博士嘗往謁，鳳老歡迎甚至，禮貌有加，實則此君固虛擁此頭銜者也。

# 五

《新元史》先有初稿鉛字排印本，綫裝五十九册。民國九年，又有天津徐氏退耕堂刻本。民國十九年，又有著者自訂最後定本，學者稱之爲庚午重訂本。

民國九年天津退耕堂刻本，内封背面鐫「退耕堂開雕」。單魚尾，每單頁十行，每行二十一字。開本極爲闊大，白紙精印本，字體端正，墨色光黑，版式疏闊，以清内府紅色頁綾作書衣。

庚午重訂本，民國二十四年六月上海開明書店有拼版縮印本。扉頁及版框署「開明書店鑄版」。十二開，共四百八十八頁，每頁四欄，每欄四十五行，每行二十一字。銅板紙印刷，皮面精裝。一九六二年臺灣開明書店有重印本。

退耕堂刊本，一九五六年臺灣《二十五史》編刊館有景印本。一九七五年臺灣藝文印書館有《二十五史》仿古線裝縮印。一九八八年中國書店有三欄縮印影印本，仿古線裝六函六十册，單頁。係借故宫博物院藏板刷印，原版「退耕堂開雕」改署「北京市中國書店刷印」。

此外，一九八九年上海古籍出版社與上海書店有影印《元史二種》（《新元史》、《蒙兀爾史記》)本(二〇一二年重印)。一九九八年天津古籍出版社有《二十四史外編》本。

關於《新元史》之訛誤與校正,學者所論不少。民國十五年,上海中華書局出版李思純《元史學》,第四章有「柯劭忞之誤點」一節。民國二十六年,國立中央研究院《歷史語言研究所集刊》第七本第三分刊有陳叔陶《新元史本證》。

退耕堂刊本與庚午重訂本有所不同,如退耕堂刊本《隱逸傳・張樞》與《儒林傳・張樞》傳主重出,庚午重訂本删之(然《隱逸傳》中「使者强之,行至杭州,稱病而歸。至正八年卒,年五十七」一節,爲《儒林傳》所無,當存之)。如《地理志六》「密秀丹張」,退耕堂本無注,庚午重訂本有注云:「丹張即前單張,各郎酉即前葛浪洞,草堂即前草塘,恭溪、焦溪、林種俱見前。疑諸地前屬播州,後屬平伐,遂重複如此。」

《新元史》爲匡正《元史》而作,但沿用《元史》内容亦不少,而刊刻倉促,凡沿用《元史》之處,偶有删節不當,刻工亦偶生訛誤。兹舉數例:

《英宗本紀》云:「馬得芻秣,民獲刈穫。」退耕堂刊本、開明書店鑄版均同。按《元史》作「馬得芻牧,民得刈獲」。

《五行志下》退耕堂刊本云:「天曆二年,二月,真定平山縣、河間臨津等縣、大名魏縣,蟲食桑。四,濮州鄄城縣、大名路。六月,衛月輝蠶災。三月,滄州、高州及南皮、鹽山、武城等縣蟲食桑。」「四」下脱「月」字，「衛月輝」衍「月」字。開明書店鑄版改正云：「天曆二年，二月，真定平山縣，河間臨津等縣、大名魏縣，蟲食桑。四月，濮州鄄城縣、大名路。六月，衛輝蠶災。三月，滄州、高州及南皮、鹽山、武城等縣蟲食桑。」然「鄄城縣」下尚脱「蠶災」二字。「大名路」上脱「五月」二字，下脱「蠶災」二字。《元史・文宗本紀》：「天曆二年四月丙辰，濮州鄄城縣蠶災。五月庚辰，大名路蠶災。」「高州」，據《元史》當作「高唐州」。又三月一條當移在二月、四月之間。

《食貨志十二》：「中統元年，以各處被災。驗實免科差。四年，以秋旱霜災，減大名等路稅粮。三年，開元等路饑，減户賦布二匹，秋稅減其半，水達達户，減青鼠二，其租稅，被災者免征。真定等路旱蝗，其代輸築城役人户，悉免之。五年，東勝旱，免其租賦。八年，以去歲東平及西京旱蝗水潦，免其租賦。七年，益都登萊旱蝗，詔減其今年包銀之半。東京路饑兼造船勞役，免今年絲銀十之三。南京、河南等路蝗，減今年絲銀十之三。以南京、河南旱蝗，減今年差賦十之三。」以上四年、三年、五年、八年、七年，編年有誤。當逐年爲序，「三年」上當補「至元」年號。據《元史・世祖本紀三》：「至元六年，開元等路饑，減户賦布二匹，秋稅減其半，水達達户減青鼠二，其租稅被災者免征。」「豐州、雲内、東勝旱，免其租賦。」《元史・世祖本紀四》：「至元七年，益都、登、萊蝗旱，詔減其今年包銀之半。」《元史·世祖四本紀》：「至元九年，以去歲東平及西京等州縣旱蝗水潦，免其租賦。」

《食貨志十三》云：「道川營道等處江溢山裂，溺死者衆。」退耕堂刊本、開明書店鑄版均同。按《元史·成宗本紀四》作「道州營道等處暴雨，江溢山裂，漂蕩民廬，溺死者衆」。《新元史》誤「道州」爲「道川」，又删節「暴雨」、「漂蕩民廬」六字，刻意減省，轉失詳實。

《選舉志一》云：「六齋東西相向，下兩齋左曰遊藝，右曰依仁」，「中兩齋左曰據德，右曰志道」，「上兩左者曰時習，右曰日新。」退耕堂刊本、開明書店鑄版均同。按「上兩左者」，《元史》作「上兩齋左」，文較精整。

《禮志一》云：「宋政和祠制局言：古祭祀無不用玉。」退耕堂刊本、開明書店鑄版均同。按「祠制局」當作「禮制局」。《元史·祭祀志一》作「禮制局」，《宋史》亦作「禮制局」。

《禮志七》云：「至元四年，封昔本土山爲武成山，其神曰武定公。」退耕堂刊本、開明書店鑄版均同。「武成山」當作「武定山」。《元史·世祖本紀三》作「武定山」，《新元史·世祖本紀二》亦作「武定山」。

同卷，「至元十四年，加封廣惠安邱雹衆靈沛侯，加封靈霈公。」「雹衆」當作「雹泉」，「靈沛侯」當作「靈霈侯」，後「加封」當作「追封」。《元史·世祖紀六》云：「至元十四年，安丘雹泉靈霈侯追封靈霈公。」

《禮志十》云：「宫車晏駕……送葬官三員，居五里外，日一次，澆飯祭之。」退耕堂刊本、開明書店鑄版均同。據《元史·祭祀志六》，「澆飯」當作「燒飯」。

《兵志一》云：「中書省臣言：舊給事人有失職者，詔百人。」退耕堂刊本、開明書店鑄版均同。按「詔百人」不辭，《元史·文宗本紀四》作「詔復其百人」，當補「復」字或「復其」二字。

《兵志二》云：「石州之土馬堡口。」退耕堂刊本、開明書店鑄版均同。「土馬」係誤分一字爲二，按《元史·文宗本紀一》作「塢」。

《兵志四》云：「其夜禁之法：三更之點，鐘聲絶，禁人行；五更三點，鐘聲動，聽人行。」退耕堂刊本、開明書店鑄版均同。「三更之點」誤，當作「一更三點」。《元史·兵志四》云：「其夜禁之法：一更三點，鐘聲絶，禁人行；五更三點，鐘聲動，聽人行。」又《元史·刑法四》云：「諸夜禁：一更三點，鐘聲絶，禁人行；五更三點，鐘聲動，聽人行。」

《刑法志上》云：「贖刑之例……諸年老七十以上者、幼十五以下，不任杖責者。」退耕堂刊本、開明書店鑄版均同。按上「者」字當作「年」，屬下讀。《元史·刑法志一》云：「諸年老七十以上、年幼十五以下，不任杖責者。」

《耶律楚材傳》云：「帝亦自灼羊胛以相符驗。」又《張庭瑞傳》云：「我裂羊胛卜之，視肉之文理何，如其兆。」「膊」字誤。《元史・耶律楚材傳》作「胛」，又《郭寶玉傳》云：「睿宗令軍中祈雪，又燒羊胛骨，卜得吉兆，夜大雪，深三尺。」又《新元史・外國傳八》云：「來議軍事，以羊胛骨卜之吉。」又作「髀」。蘇天爵《國朝文類》卷五七載宋子貞《中書令耶律公神道碑》云：「每將出征，必令公預卜吉凶，上亦燒羊髀骨以符之。」檢《宋史・張亢傳》云：「使諜伏敵砦旁草中，見老羌方炙羊髀占吉凶。」又《外國傳二・夏國下》云：「卜有四，一以艾灼羊脾骨以求兆，名炙勃焦。」《遼史・二國外紀・西夏》云：「卜有四，一炙勃焦，以艾灼羊脾骨。」沈括《夢溪筆談》卷一八云：「西戎用羊卜，謂之跋焦。卜師謂之廝乩。以艾灼羊髀骨，視其兆，謂之死跋焦。其法，兆之上爲神明，近脊處爲坐位，坐位者主位也。近傍處爲客位。」曹元忠《蒙韃備録校注》云：「按《黑韃事略》云：『其占筮則灼羊之杴子骨，驗其文理之逆順，而辨其吉凶。天棄天與，一決於此，信之甚篤，謂之燒琵琶。』……所謂燒琵琶者，蓋沿遼制。宋葉隆禮《契丹國志》記行軍云：契丹行軍不擇日，用艾和馬糞於白羊琵琶骨上炙，炙破便出行，不破則不出。琵琶骨即羊髀骨。《元史・郭德海傳》云：『又燒羊胛（原注：疑髀之誤。）骨，卜得吉兆。』《耶律楚材傳》亦云：『帝每征討，必命楚材卜，帝亦自灼羊脾（原注：亦疑髀之誤。）以相符應。』是也。徐珂《清稗類鈔・方伎類》『蒙人之卜筮』條：『蒙俗遇事必卜，卜筮之權，操於喇嘛，人民亦兼有能之者。卜有二法，一以羊胛骨（原

注：羊前腿大骨，俗呼喀拉把）抹浄，手執骨之反面凹處，口對骨之正面，將所卜事由叙明，吐涎於其上之凸處，仰置火中燃之，去性後輕取出（原注：防其碎裂也），冷後視其裂紋以定吉凶，裂紋長而直者吉，曲而短者凶。』枚子骨、琵琶骨、喀拉把者，今通稱肩胛骨是也。

《文苑傳序》云「稱詩者推楊載、虞集、揭傒斯、范椁」，目録云「范椁」，正文云「范椁字亨父」，又《文苑傳下》云「受業范椁之門」，《董士選傳》云「范椁等數人，皆以文學顯」。諸「椁」字皆誤，《元史》本傳作「梈」。據其字推其名，當以從亨作「梈」爲是。吴澄《吴文正集》卷三五《江西廉訪司經歷司廳壁記》、蘇天爵《國朝文類》、張雨《句曲外史貞居先生詩集》、何喬遠《閩書》卷四四《范梈傳》、《弘治八閩通志》、《正德瓊臺志》、《嘉靖廣東通志初稿》、《萬曆瓊州府志》、宋濂《宋文憲公全集》、喻均《江右名賢編》，皆云「范梈字亨父」。

亦有《元史》及《新元史》退耕堂刊本、開明書店鑄版均誤者。兹舉數例。

《五行志》云：「華州之蒲城縣洛水和順崖崩，其崖戴石，有巖穴可居，是日壓死辟亂者七十餘人。」「辟」字，退耕堂刊本、開明書店鑄版及《元史》均誤。王圻《續文獻通考》、《隆慶華州志》卷一〇作「避」。

《禮志四》云：「及定公正其序，書曰『從事先公』。」退耕堂刊本、開明書店鑄版及《元史·祭祀志三》均誤。按「從事」當作「從祀」。王圻《續文獻通考》與蘇天爵《國朝文類》引劉致《太廟室次議》，及《春秋》三傳原文，均作「從祀」。

《劉國傑傳》云：「鄧太獠據前寨，劉太獠據後寨……破蕭太獠……破閻太獠……破曾太獠……廣東盜陳大獠。」下文又云：「別盜鍾太獠。」退耕堂刊本、開明書店鑄版同。按「陳大獠」亦當作「陳太獠」。《元史·劉國傑傳》均作「太獠」，且又有「復攻走嚴太獠」。然黃溍《金華黃先生文集》元刊本卷二五《湖廣等處行中書省平章政事贈推恩效力定遠功臣光禄大夫大司徒柱國追封齊國公謚武宣劉公神道碑》本作「鄧大獠」、「劉大獠」、「蕭大獠」、「閻大獠」、「曾大獠」、「廖大獠」、「嚴大獠」、「陳大獠」、「鍾大獠」。

《元史·干文傳傳》云：「妾之父母買鄰家兒，爲妾所生，兒初不死。」按「爲」字誤。《新元史·循吏》改作「妾父買鄰兒，爲妾所生，謂兒實不死」。退耕堂刊本、開明書店鑄版同。下句增一「謂」字，是也，而上句「爲」字仍誤。曾廉《元書》卷九〇、陳芳生《疑獄箋》卷一、胡文炳《折獄龜鑑補》卷一均改「爲」作「謂」，亦通。黃溍《金華黃先生文集》卷二七《嘉議大夫禮部尚書致仕〈干〉(于)公神道碑》本作「以爲」，云：「妾之父母買鄰家兒，以爲妾所生，兒初不死。」

又多有《新元史》退耕堂刊本、開明書店鑄版均誤者，柯氏尚未及改正。兹舉數例。

《新元史·禮志五》云：「《春秋》之義，父不祭於支庶，君不祭於臣僕之家。」退耕堂刊本、開明書店鑄版均同，蘇天爵《國朝文類》引元永貞《真定玉華宮罷遣太常禮樂議》、王圻《續文獻通考》卷一一一引方永貞，亦同。按《漢書·韋賢傳》及杜佑《通典》、鄭樵《通志》所引，「支庶」下有「之宅」二字，《新元史》脱。

《新元史·禮志八》云：「表章定制……仍盛以鎖鑰全表匣，飾以螭。」退耕堂刊本、開明書店鑄版均同。按「鎖鑰全表匣」當作「金鎖鑰表匣」。同書《禮志四》云：「祝册藏以楠木縷金雲龍匣，塗金鎖鑰。」《禮志五》云：「凡帝后册寶，以匣匱金鎖鑰藏於太廟。」

《禮志十》云：「《禮》曰：披髮徒跣，居於倚廬，寢苫枕塊，哭泣於時。」退耕堂刊本、開明書店鑄版均同。按「於時」當作「無時」。《禮記·問喪》云：「故哭泣無時，服勤三年，思慕之心，孝子之志也，人情之實也。」

同卷：「禮曰……又曰：『始死，如有窮；既殯，瞿瞿如有求而弗得；既葬，皇皇如有望而弗至。』」退耕堂刊本、開明書店鑄版均同。按「如有窮」上脱「充充」二字。《禮記·檀弓上》作「充充如有窮」。

《樂志二》云：「洋洋在上，匪遠具邇。」退耕堂刊本、開明書店鑄版均同。按當作「其邇」。

《新元史·兵志三》云：「致和元年九月，文宗自江陵入大都，平章速速等啟……又丞相燕帖木兒等啟……别不花等又啟。俱奉令：『旨准，敬此。』」退耕堂刊本、開明書店鑄版均同。按「敬此」當作「欽此」，史官照録原檔已不宜，又且訛誤。

《兵志四》云：「後遇病軍死者，請比照養濟院事例，官爲斂瘞，定立名碑，俾家人識驗。實爲養生葬死無憾之一。」退耕堂刊本、開明書店鑄版均同。按「之一」當作「之義」。

同卷：「打捕户折納皮舊例：虎皮貂折貂皮五十張，熊皮一折十五張，鹿皮一折七張，豺一青狼皮一折五張，粉獐皮一折三張，金錢豹皮一折狼十張，土豹一折十張，葫葉豹金絲絨皮一折六張，山四皮一折五張，狐皮一折二張。利用監新定折納貂皮：羊塵鹿皮及麋鹿一折七張，豹皮花熊皮一折十五張，例鼠皮一折一張，雞翎鼠皮十折一張，飛生鼠十折一，山分鼠四折一，鼠掃張鼠皮五折一張。」退耕堂刊本、開明書店鑄版略同。校以《大元聖政國朝典章》三十八《兵部》卷之五，原本錯行誤植甚多。「打捕户折納」下脱「貂」字，「虎皮貂」當作「虎皮一」，「豺一」當作「豺狼」，「一折五張」當作「一折十張」，「狼十張」當作「四十張」，「土豹」下脱「皮」字，「山四」當作「山羊」，「塵」當作「麈」（《大元聖政國朝典章》亦誤），「豹皮花熊皮」當作「貊皮即花熊皮」，「例鼠」當作「山鼠」，「飛生鼠十折一」當作「飛生鼠皮一折六張」，「山分鼠」當作「分鼠皮」，「鼠掃張鼠皮」當作「掃鼠皮」。唯有「金絲絨皮」，《國朝典章》作「金絲織皮」，似以《新元史》改作「絨皮」爲是。

《太祖諸子傳二》云：「彊宇敉安，自此始矣。」退耕堂刊本、開明書店鑄版均同。按「彊」當作「疆」。

《史秉直傳》云：「是時，令諸將位至省臣者許自擇，欲相去將，欲相罷將。」退耕堂刊本、開明書店鑄版均同。按「欲相去將，欲相罷將」二句同義重複，姚燧《牧庵集》卷一六《榮禄大夫福建等處行中書省平章政事大司農史公神道碑》作「朝廷以南紀平，諸將功至省臣者仍將其軍，制許自擇，欲將去相，欲相罷將」。

《趙天麟傳》云：「春秋二百二十四年之間。」退耕堂刊本、開明書店鑄版均同。按當作「二百四十二年」。

《韓國昌傳》云：「有兄弟五人爲盜，皆論死。昌閱其牘戚然曰：『兄從弟者也，今若是，幾於族矣。』乃議最幼者減死。」退耕堂刊本、開明書店鑄版均同。按「兄從弟」誤倒，蘇天爵《國朝文類》卷五五《監察御史韓君墓碣銘》作「弟從兄者也」。

《鐵哥傳》退耕堂刻本云：「愛薛，西域人，祖不阿里，父不魯麻失。愛薛通西域語。」其言不詳。開明書店鑄版改二「西域」作「拂菻」，作「愛薛，拂菻人……愛薛通拂菻語」，詳而無謂。《元史》云「愛薛，西域弗林人，通西域諸部語」，記事最善。

《鄭玉傳》云：「玉憂患餘生，昏耄成疾，行至海上，夏感風痹。」退耕堂刊本、開明書店鑄版均同。按「夏」當作「復」，鄭玉《師山集》卷一《上鼎珠丞相書》作「復」。

《儒林傳一》云：「俞琰，字玉吾叟，平江人。」退耕堂刊本、開明書店鑄版均同。按「叟」字爲俞琰自稱及尊稱，如所著《黄帝陰符經注》署「林屋山人俞琰玉吾叟解」。此當云「字玉吾」。宋有俞琬，亦字玉吾，吴縣人，邃於《易》學。

同卷：「薛元，字微之。……友直，龍陽州判官；友諒，翰林直學士。」退耕堂刊本、開明書店鑄版均同。按「友直」上當補「子」字。又二子長幼次序當作友諒、友直。程鉅夫《雪樓集》卷九《薛庸齋先生墓碑》云：「配徐氏追封河南郡夫人，生友諒；及王、郝、楊三婦；次王氏，生友直；次任氏。」

《新元史·方技傳》云：廖應淮「晝賣卜，夜飲，輒大醉。當醉中自語曰：『天非宋天，地非宋地，奈何！』」退耕堂刊本、開明書店鑄版均同。按「當」字誤，應作「嘗」。宋濂《宋文憲公全集》卷三九《溟涬生贊》「晝市大衍數，夜沽酒痛飲，不醉弗休。醉中嘗大叫曰」云云。

《列女傳·陳淑真》云：「衣带有刺繡字，詞曰：『海水群飛，不二其行。湖水澮澮，之子澄清。視刃視飴，見衣見清。』」退耕堂刊本、開明書店鑄版均同。按下「清」字誤。魏源《元史新編》卷五二作「見衣見情」，《乾隆漢陽縣志》卷二九《列女》作「見衣見心」。

# 新元史

第一册

本紀

柯劭忞 撰
張京華 黄曙輝 總校

上海古籍出版社

**圖書在版編目(CIP)數據**

新元史 / 柯劭忞撰;張京華,黄曙輝總校.
—上海: 上海古籍出版社, 2018. 3 (2018.7重印)
ISBN 978-7-5325-8380-5

Ⅰ. ①新… Ⅱ. ①柯… ②張… ③黄… Ⅲ. ①中國歷史—元代—紀傳體 Ⅳ. ①K247. 042

中國版本圖書館 CIP 數據核字(2017)第 042705 號

ISBN 978-7-5325-8380-5

9 787532 583805 >

**新元史(全十册)**

柯劭忞 撰

張京華 黄曙輝 總校

上海古籍出版社出版、發行

(上海瑞金二路 272 號 郵政編碼 200020)

(1) 網址: www. guji. com. cn

(2) E-mail: gujil@guji. com. cn

(3) 易文網網址: www. ewen. co

上海中華商務聯合印刷有限公司印刷

開本 890×1240 1/32 印張 161 插頁 55 字數 3,108,000

2018 年 3 月第 1 版 2018 年 7 月第 2 次印刷

印數 1,051—2,100

ISBN 978-7-5325-8380-5

K·2301 定價: 980. 00 元

《列女傳·義烈女朵那》云：「至正中，寇陷杭……已而又欲汙之，女持刀自刎，曰：『我主二千石，我誓不奴他姓，況汝賊乎？』」退耕堂刊本、開明書店鑄版均同。按「奴」字誤，陶宗儀《南村輟耕録》卷一一、田汝成《西湖遊覽志餘》卷九、《萬曆杭州府志》卷八九同，《嘉靖浙江通志》卷四八、《康熙浙江通志》卷四〇、《康熙錢塘縣志》卷二八均作「從」。

底本中有引用元人文獻而仍稱「本朝」者，如《曆志五》「本朝至元十七年庚辰歲」，「距本朝至元十七年庚辰歲」，《曆志六》「本朝中統元年庚申」，「上自後漢章武元年，下訖本朝，計五十五事」，「本朝至元七年庚午」等； 又有按語中仍稱「我大清」者，如《河渠志一》「至我大清乾隆間平西域」，本次整理均依舊不改。

底本中偶有目録與正文不一，或有目無文，或有文無目，本次整理均儘量統一，另加校記説明。

底本不分段落，本次整理酌分段落。 卷中有整篇詔令等大段引文，則提行另起，以清眉目。

底本避清諱，如《忠義傳三》「化州通判遊宏道」，《忠義傳四》及《惠宗本紀四》「趙宏毅字仁卿」，《循吏傳》「于宏毅」，《隱逸傳》「廬陵人張宏毅」，均本名「弘毅」； 《樂志一》「天生五材，孰能去兵； 恢張宏業，我祖天聲」，「宏」字避清諱，《元史·禮樂志三》及王圻《續文獻通考》本作「弘」，蘇天爵《國朝文類》作「鴻」，嵇璜《續文獻通考》作「洪」； 又如「玄」作「元」、「淳」作「湻」、「女真」作「女直」之類，本次整理均徑改，不出校。

底本文字多異體、俗體通假混用，如「臺」與「台」、「答」與「荅」、「穎」與「潁」、「錠」與「定」、「藥」與「葯」、「羸」與「嬴」、「饑」與「飢」、「稟」與「禀」、「於」與「于」、「鐵」與「鉄」、「浚」與「濬」、「礙」與「碍」、「櫃」與「柜」、「太」與「大」、「廕」與「蔭」、「閘」與「牐」、「歷」與「歴」與「曆」之類，本次整理儘量統一爲正體，不出校。

底本中蒙古、西域人姓名及地名多作音譯，往往不一，如帖木兒、帖木耳，克什米耳、喀什米爾之類，本次整理均依其舊； 至同卷之中前後音譯不同，後者當遵前者所譯，則作校記說明。

上古稱謂，取其名自呼。東夷從鳥，西羌從羊，北狄從犬從狼，南蠻從蛇從狗，乃是其先祖發祥，各有動物關乎生存，伴隨親密，與褒貶之義無涉。後世不明，妄加點綴，不啻數典忘祖。底本中猺、獠、獞、獹、犵狫各族之名，宗事先祖，保存古義，故本次整理均依舊不改。

底本喜用古字，如「擒」作「禽」、「寨」作「砦」、「圓」作「圜」、「浙」作「淛」、「悦」作「説」、「毆」作「敺」、「實」作「寔」、「奸」作「姦」、「賜」作「錫」、「齋」作「齊」、「輛」作「兩」、「歡」作「懽」又作「驩」、「鴆」作「酖」、「澗」作「磵」、「駭」作「駴」、「盾」作「楯」、「賑」作「振」之類，字義可通，本次整理則儘量不改，以存作者心意。

本次整理，由張京華、周建剛、湯軍、石强、鄭娉五人分册點校，由張京華、黄曙輝總校全書，李偉國覆校，張京華撰寫校記。

張京華

二〇一六年十月

於湖南科技學院國學院

# 目録

## 第一册

## 第二册

## 第三册

## 第四册

# 第五册

# 第六册

## 第七册

## 第八册

# 第九册

## 第十册

# 新元史序

明人修《元史》，倉卒成書，緟複挂漏，讀者病之。乾隆中，錢竹汀少詹思別爲一書，成補志、補表及列傳百餘篇，然迄未卒業。今《藝文志》、《氏族表》俱刊行於世，列傳則佚而不傳。自少詹以後，改訂舊史者，雖有成書，仍不饜讀者之意。膠西柯鳳孫學士爲余丙戌同年，既入翰林，假館中所貯《永樂大典》讀之，擇裨於元史者，鈔爲巨帙，固知其有著書之志矣。已而從元和陸文端公家得洪文卿侍郎繙譯西書藁本，始知刊行之《元史譯文證補》漏遺尚多，而東西學者之撰述，洪氏所未及見者，學士亦獲而譯之。又博訪通人，假其藏書，多《四庫》未收之祕笈，旁及元碑拓本，又得三千餘事。於是參互攷訂，殫十餘年之精力，撰《新元史》二百五十有七卷，近世治史學者，未有及學士之博篤者也。余嘗質於學士曰：「佅僸之文，緟翻叠譯，往往彼此牴牾。私家之狀誌，又恐虛罔不實。可據爲信史乎？」學士曰：「其牴牾者，必博求證據，不敢逞胸臆以決之。其虛罔者，覈諸事實，不難知也。」蓋其用意矜慎如此。元之太祖力征經營，武功燀赫，舊史所謂奇勛偉績，史官失於記載者，今之新史具詳其事。世祖以來，紀綱法度，粲然畢舉，凡丁賦、稅則、鈔法、海運、河防、刑制，與夫服制之圖，郊祀之議，君臣之謚法，舊史所略而未備者，今則綴述遺聞，悉著於篇。至於宗藩懿戚，下逮當時之士，以功名、文學、節義顯者，補爲列傳，皆學者所不可不知者也。昔新舊《唐書》，論者互有短長。學士此書贍而不蕪，義例尤嚴，視舊史殆倍蓰過之，其列於正史宜矣。余既爲付梓，又序其簡端，以諗承學之士，庶幾謂余言爲不謬乎？

天津徐世昌

# 大總統令

教育部呈柯劭忞所著《新元史》，「精審完善」，請特頒明令，列入正史，「以廣流傳」等語。《元史》原書由宋濂、王禕倉卒蕆事，疆域、姓氏舛漏滋多，前代通儒屢糾其失，間有述作，均未成書。柯劭忞博極群言，搜采金石，旁譯外史，遠補遺文。羅一代之舊聞，萃畢生之精力，詢屬詮采宏富，體大思精。應准仿照《新唐書》、《新五代史》前例，一併列入正史，以餉士林。此令。

# 教育部呈文

呈爲奉諭交部閲看之《新元史》，精審完善，擬請仿新舊《唐書》《五代史》之例，與《元史》一併列入正史，以廣流傳，而光册府，恭呈仰祈鈞鑒事。本年十一月七月，准公府祕書？函開，柯劭忞所著《新元史》一部，奉諭交部閲看等因。查《元史》原書成於明初，距元之亡不過二三年，元人之説部文集足供史料者，當時或有未著，或著而未成，或成而未出，雖憑採訪以修訂，未合衆説以參稽，《四庫全書總目》論之詳矣。宋濂、王禕諸儒，固皆一時鴻博之彦，而兩次開局，僅及年餘，始事既驟，蕆事又速，倉猝失檢，舛漏實多。顧炎武《日知録》指其沿用誌銘，直引案牘，猶止失於檢裁。朱彝尊《曝書亭集》列舉其一人兩傳，則尤屬紕繆之大者。厥後中外大通，譯籍叢出，於成吉思汗之偉迹，伊蘭四汗之雄圖，堪以參證發明者，不一而足。柯劭忞所著《新元史》廣搜群籍，旁及金石遺文，復遠譯東西學者撰述，參互考正，力求精當，訂誤、補遺、删複之外，於正是非、審虚妄兩端，尤爲加意。用力既勤，閲時又久，覃思竭慮者凡十有餘年，始克成書。故其精審完善，實遠出《元史》原書之上。查清乾隆年間頒行《二十四史》，《唐書》及《五代史》均新舊並存。《新元史》足以訂正舊史，饋餉士林，非僅如新舊《唐書》、新舊《五代史》文字有繁簡、體例有異同已也。擬請特頒明令，將柯劭忞所著《新元史》仿照前例，與《元史》一併列入正史，用廣流傳，以光册府。是否有當，理合具文，呈請鑒核施行。謹呈大總統。

署教育次長代理部務傅嶽棻。

# 新元史卷之一　本紀第一

賜進士出身日講起居注官翰林院侍讀國史館纂修膠州柯劭忞撰〔一〕

## 序紀

蒙古之先，出於突厥。本爲忙豁侖，譯音之變爲蒙兀兒，又爲蒙古。金人謂之韃靼，又謂之達達兒。蒙古衣尚灰暗，故稱黑達達。其本非蒙古而歸於蒙古者，爲白達達、野達達。詳《氏族表》。其國姓曰乞顏特孛兒只斤氏。太祖十世祖孛端察兒之後，稱孛兒只斤氏。皇考也速該又稱乞顏特孛兒只斤氏。孛兒只斤，突厥語譯義灰色目睛，蒙古以灰睛爲貴種也。

蒙古初無文字，世事遠近，人相傳述。其先世與他族相攻，部族盡爲所殺，惟餘男女二人，遁入一山，徑路險巇，僅通出入，遂居之，名其山曰阿兒格乃衮。生二子，長曰惱古，次曰乞顏。「乞顏」義爲奔流急瀑，言其勇往邁衆似之。乞顏子孫衆多，稱爲乞顏特，又譯爲計牙特，亦譯爲郤特。「特」者，統類之詞也。又譯爲奇渥温。「温」者，國語之尾音也。

後以地狹人稠，欲出山，而塗已塞。有鐵鑛洞穴深邃，乃篝火洞中，宰七十牛，剖革爲筒而鼓之。鐵石既融，徑路遂通。蒙古舊俗，元旦鍛鐵於鑪，尊卑次第捶之，其事蓋緣起於此。乞顔之後，有孛兒帖赤那，譯義爲蒼狼。其妻曰豁埃馬蘭勒，譯義爲慘白牝鹿。皆取物爲名，世俗附會，乃謂狼妻牝鹿，誣莫甚矣。孛兒帖赤那與豁埃馬蘭勒，同渡騰吉思海，徙於斡難河源不兒罕山之下，生子曰巴塔赤罕。

巴塔赤罕生子曰塔馬察。塔馬察生子曰豁里察兒蔑兒干。豁里察兒蔑兒干生子曰阿兀站孛羅温勒。阿兀站孛羅温勒生子曰撒里合察兀。撒里合察兀生子曰也客你敦。也客你敦生子曰撏鎖赤。撏鎖赤生子曰合兒出。合兒出生子曰孛兒只吉歹蔑兒干。其妻曰忙豁勒真豁阿，生子曰脱羅豁勒真伯顔。其妻曰孛羅黑臣豁阿，生二子，長曰都蛙鎖豁兒，次曰朵奔蔑兒干。「都蛙」譯義爲遠視，「鎖豁兒」譯義爲一目，言其一目能遠視也。

有豁里禿馬敦部長豁里剌兒台蔑兒干率所部至不兒罕山，都蛙鎖豁兒見其女美，爲弟朵奔蔑兒干娶之，是爲阿蘭豁阿哈屯。生二子，曰不古訥台，曰別勒古訥台。朵奔蔑兒干卒，阿蘭豁阿嫠居有孕，衆疑之。阿蘭豁阿曰：「夜有白光，自天窗而入，化爲黄人，摩挲我腹，斯殆神靈誕降。不信，請汝等伺之。」衆曰：「諾。」次夜，果見白光出入，群疑乃釋。既而生三子，長曰不忽合塔吉，次曰不合禿撒勒只，次曰勃端察兒蒙合黑。凡三子之支派，蒙古稱之曰尼而倫，譯義爲清潔，以其爲神靈之胤。別派則謂之塔立斤，譯義常人也。

阿蘭豁阿嘗束箭五枝，謂其諸子曰：「汝兄弟五人，猶五枝箭，分則易折，若合爲一束，誰能折之？汝五人一心，則堅强無敵矣。」其後宣懿皇后猶引此言以教太祖云。

阿蘭豁阿幼子勃端察兒蒙合黑，沈默寡言，家人謂之癡，獨阿蘭豁阿曰：「此兒不癡，後世子孫必有大貴者。」及阿蘭豁阿卒，諸兄分家資，不及勃端察兒蒙合黑。勃端察兒蒙合黑乘一青白馬，至巴勒諄阿剌勒，飲食無所得，見黃鷹搏雉，勃端察兒蒙合黑繳而獲之，鷹即馴熟，乃臂鷹獵雉兔以爲食。有鄂郭爾察克部遊牧於統格黎河，亦時以馬乳奉之。後諸兄悔，來視勃端察兒蒙合黑，邀與俱歸。勃端察兒蒙合黑曰：「統格黎河之民無所屬，可撫而有也。」諸兄以爲然，至家，使勃端察兒蒙合黑率壯士以往，果盡降之。自是蒙古始有部衆。

勃端察兒蒙合黑之妻曰勃端哈屯，生二子。又娶一妻，生子曰把林失亦刺禿合必赤，生子曰蔑年土敦。其妻曰莫拏倫，生七子，而蔑年土敦卒。莫拏倫亦稱莫拏倫塔兒袞，譯義有力也。徙於諸賽兒吉及黑山之地。是時札剌亦部强盛，以千車爲一庫倫，有七十庫倫，恃衆與契丹相拒。契丹渡克魯倫河，大破之。札剌亦敗，衆遁至莫拏倫牧地。其小兒掘速都遜草根食之，莫拏倫乘車出，見而呵之曰：「此我之牧地，何得踐蹋！」以車輾小兒，有死者。札剌亦人怒，驅其牧馬以去。莫拏倫諸子聞之，不及甲而追之。莫拏倫私憂曰：「吾兒無甲，何以禦敵？」使其子婦載甲從之。及至，諸子已戰没。札剌亦人遂乘勝殺莫拏倫，滅其家。惟一孫海都尚幼，乳母匿於酒甕中獲免。海都父合赤曲魯克，蔑年土敦之長子也。先是，蔑年土敦第七子納臣贅於巴兒忽氏，故不及難。至是歸，惟海都及病嫗十餘人在焉。有其兄所乘之黄馬自札剌亦逸歸，納臣乃乘之，至札剌亦牧地，遇獵者，納臣紿殺之。又遇牧馬小兒，方擊髀石爲戲，納臣亦殺之，臂鷹驅馬而返。遂將海都徙於巴兒忽。海都稍長，納臣與巴兒忽怯谷諸部共立之，蒙古稱罕自海都始。率衆攻札剌亦，虜其部衆爲奴。後海都又徙於巴兒忽真土窟姆之地，造一橋於巴兒忽真河以通來往，名曰海都赤勒拉姆。納臣則徙於斡難河。

海都卒，長子伯升豁兒多黑申嗣。伯升豁兒多黑申卒，子屯必乃薛禪嗣。屯必乃薛禪生九子，皆有智勇，部衆益强。卒，第六子合不勒罕嗣。海都次子察剌孩領忽生子曰想昆必勒格。「想昆」即契丹之「詳衮」，譯義辦事官也。想昆必勒格生子曰俺巴孩，後嗣合不勒之罕位。

合不勒罕有威望，蒙古諸部莫不降附。金主聞其名，召見，禮遇甚優。合不勒恐飲食中毒，宴會輒託詞沐浴，出而吐其食物。一日酒酣，合不勒拊掌而躍，捋金主之鬚。左右呵其失禮，合不勒皇恐謝罪。金主釋不問，仍厚賜遣之。金之大臣謂：「縱去此人，將爲邊患。」遣使要之返，合不勒不從，語倔强。金人再遣使詰問，合不勒他往以避之。使者歸，遇諸塗，挾以入朝。中道遇其諳達賽亦柱歹，告之故。賽亦柱歹贈以良馬，使乘間逸去。至夜，使者以索縶其足。次日得間，始疾馳而返。使者追及之，合不勒次妻蔑台火魯拉思氏，以所居之新帳居使者。合不勒告其部衆曰：「不殺此人，我終不免。汝等不助我，則先殺汝等。」衆從之，遂襲殺使者。未幾，合不勒病卒。

合不勒生七子，不立其子，而立其從弟俺巴孩爲罕。先是，合不勒妻呼阿忽豁阿，其弟曰賽因特斤，翁吉拉特人也，延塔塔兒巫者治疾，不效而卒，執巫者殺之。塔塔兒部衆怒，與翁吉拉特搆兵。合不勒諸子助母黨，與塔塔兒戰於貝闌色夷闊端之地。合不勒第四子合丹刺傷塔塔兒酋，瘡愈，戰於攸剌伊拉克，再戰於開兒伊拉克，卒爲合丹所殺。故塔塔兒仇蒙古。俺巴孩既立，嫁女於塔塔兒，自往送之。塔塔兒遂執俺巴孩及其弟烏斤巴勒哈里，獻於金。金人以蒙古殺其使者，乃製木驢之刑，釘俺巴孩兄弟於驢背。俺巴孩將死，謂從者布勒格赤曰：「汝歸，爲我告合不勒罕七子中之忽圖刺及我合答安太石，言我爲一國之主，不忍兒女之愛，以至如此，後人當以我爲鑑。若等將五指爪磨禿，縱磨傷十指，亦當爲我復仇。」又使告於金主曰：「汝假他人之手以獲我，又置我於非刑。我死，則我之伯叔兄弟必能復仇。」金主曰：「此言可告汝部衆，朕不畏也。」縱布勒格赤歸。

於是部衆共立合不勒第五子忽圖剌爲罕。忽圖剌罕糾諸部復仇，敗金人於境上，大掠而去。是時，金熙宗皇統三年也。其後金大定間，童謠曰：「達達來，達達去，趁得官家没去處。」金世宗聞之，曰：「此必韃靼將爲國患。」乃下減丁之令，歲歲用兵北邊，恣行殺戮。蒙古諸部銜仇刺骨，亦出没爲金邊患。金丞相完顏襄乃築長城以限之，而使汪古部守其要隘。至太祖伐金，汪古部反爲蒙古嚮導焉。忽圖剌驍勇，力能折人，每食盡一羊，音吐甚洪，隔七嶺之遠猶聞之。一日出獵，遇朵兒奔人，欺其無從者，欲追而殺之。忽圖剌之馬陷淖中，自馬上躍登於岸，追者駭走。家人聞遇朵兒奔，以爲必死，設筵祭之，其妻獨不謂然。及歸，忽圖剌曰：「我出獵，而徒手返，何以對衆？」復入朵兒奔牧群，奪其馬。中道獲野鴨卵，盛以靴。家人乃撤祭筵，以享其夫婦。忽圖剌長子曰拙赤罕，後率所部千人歸於太祖。次曰阿勒壇，亦素附太祖，後叛歸客烈亦部王罕。初，俺巴孩爲金人所殺〔一〕，部衆會議立罕，推族人朵答兒主議。朵答兒請使哈答兒禿克主之。哈答兒禿克讓於莫圖根。莫圖根曰：「汝等公議立罕，則事可定。否則必有内亂。」言畢而出，部衆遂共立忽圖剌爲罕。及忽圖剌卒，布拉火力兒等欲立塔兒忽台爲罕，部衆不從。於是諸部各立部長，不相統屬。

爲尼而倫部長者曰也速該，合不勒罕第二子把兒壇之子也，是爲太祖皇考，追謚烈祖神元皇帝。自此塔兒忽台與烈祖有隙。塔兒忽台者，合答安太石之子，爲泰亦赤兀部長。故太祖屢爲泰亦赤兀部所困。把兒壇娶於巴兒忽氏，曰蘇尼吉兒哈屯，生四子，長曰蒙哥秃乞顔，次曰揑坤太石。揑坤太石長子曰火察兒，善射，從太祖攻討諸部，屢有功，後從攻塔塔兒違軍令，太祖奪其所獲，遂與阿勒壇奔王罕。王罕敗，復奔乃蠻。太祖平乃蠻，俱伏誅。次爲烈祖。次曰答力台，亦叛附王罕，後自歸於太祖，太祖宥之。烈祖爲部長十三年，屢伐金。又討塔塔兒，獲其二酋，曰帖木真兀格，曰庫魯布哈，諸部畏服。客烈亦部王罕爲其叔父古兒堪所攻，乞援於烈祖。烈祖逐古兒堪以定客烈亦之亂，王罕德之，與烈祖約爲諳達。後烈祖爲太祖求婚於翁吉剌氏，中道至扯克扯兒之地，遇塔塔兒人以毒酒飲之。烈祖暴疾，至家召察剌合額不格之子蒙力克，以太祖兄弟託之而崩，時太祖十三歲。

史臣曰：元人數典忘祖，稱其國姓曰奇渥温氏，而舊史因之。我高宗純皇帝既命館臣改譯，復據《蒙古源流》證元之國姓爲博爾濟錦氏，數百載相沿之謬，至我高宗始爲之釐訂焉。博爾濟錦，即孛兒只斤之異譯也。今蒙古喀兒喀諸部，非博爾濟錦氏不得爲台吉，蓋猶自別於庶姓云。

【校勘記】

〔一〕此本書作者柯劭忞署銜，每卷卷目下均有，今保留此條，以下皆省去。

〔二〕「俺巴孩」，原作「俺巴該」，蓋形近而誤，今據上下文改。

# 新元史卷之二　本紀第二

## 太祖上

太祖法天啟運聖武皇帝，諱帖木真，烈祖長子也。母曰宣懿皇后訶額倫。烈祖討塔塔兒，獲其部酋曰帖木真兀格。師還，駐於迭里温孛勒答黑，適宣懿皇后生太祖，烈祖因名曰帖木真，以志武功。太祖生時，右手握凝血如赤石，面目有光。是歲爲乙亥，金主亮貞元三年也。

先是，泰亦赤兀部長塔兒忽台等與烈祖有隙，烈祖崩，部衆多叛附泰亦赤兀。宗人最長者曰脱端火兒真，亦欲叛去，蒙力克之父察剌合留之。脱端火兒真曰：「深池已涸，堅石已裂，留復何爲？」卒不顧而去。宣懿皇后自持旄纛追叛衆，始還其大半。然察剌合竟以力戰，腦中流矢。帝視之，察剌合曰：「汝父卒，部衆盡叛，我力戰邀之，乃爲所傷。」帝感泣。察剌合創甚，旋卒。

及帝稍長，泰亦赤兀人忌之。一日，其酋率部衆奄至。帝入帖兒古捏山，爲邏者所獲，乘間逸去。泰亦赤兀部下鎖兒干失剌匿之，獲免。遂徙帳於合剌只魯格山之青海子。

帝娶於弘吉剌氏，曰光獻翼聖皇后孛兒台，以后之黑貂裘獻於客烈亦部王罕。王罕大悅，乃爲帝招集舊部，歸附漸衆，又徙帳於客魯漣河源不兒吉之地。

已而蔑兒乞三部酋，曰脱黑脱阿，曰答亦兒兀孫，曰合阿台答兒麻剌，悉衆來攻。帝與皇弟別勒古台、阿魯剌人博爾朮、兀良合人者勒蔑奉宣懿皇后入不兒罕山。蔑兒乞人掠孛兒台而去。帝獲免，乃椎胸告天：「不兒罕山遮護我，他日子孫世祀之，勿敢忘。」已而帝乞援於王罕及宗人札木合，大敗蔑兒乞於不兀剌之地，迎孛兒台歸。

帝幼與札木合約爲諳達，至是交日密，徙帳於豁兒豁納黑主不兒之地，與札木合連營，逾年，復分軍而去，仍還合剌只魯格山。於是巴魯剌人忽必來，忙忽人哲台，兀良合人速不台，者勒蔑之弟察兀兒罕，博爾朮之弟斡歌連，蒙格禿與其子汪古兒，及撒察別乞、孛圖駙馬，帝從父答里台，從弟阿勒壇、忽察兒等，俱先後來歸。阿勒壇、忽察兒、撒察別乞三人首謀推戴，與諸將盟於青海子，請帝稱罕，以統蒙古之部衆，時爲金大定二十九年。己酉，帝以稱罕事告於王罕及札木合。札木合使謂阿勒壇、忽察兒曰：「吾與帖木真諳達交不終，皆由汝等之離間。今汝等立吾諳達爲罕，其忠於所事，勿使疑汝等反覆也。」其後阿勒壇等卒叛附於王罕云。

太祖既稱罕，命斡歌連扯兒必、合赤温脱忽剌温、哲台、多豁勒忽扯兒必四人爲火兒赤，汪古兒、薛赤兀兒、合答安答勒都兒罕三人爲保兀兒赤，迭該爲火你赤，古出古兒爲抹赤，朵歹扯兒必總管家中奴婢，忽必來、赤勒古台、合剌孩脱忽剌温三人同皇弟合薩兒爲兀勒都赤，合剌勒歹脱、忽剌温二人與皇弟别勒古台爲阿黑答赤，泰亦赤兀忽圖、抹里赤、木勒合勒忽三人爲阿都兀赤，命阿兒孩合撒兒、塔孩、速客該、察兀兒孩四人巡邏遠近，速不台爲前鋒護衛，以博爾朮、者勒蔑歸附獨早，命爲衆官之長。是時，官制草創而已。

久之，札木合弟紿察兒牧於斡列該不剌合，與帝之牧地近，奪部將答兒馬剌之馬，答兒馬剌射殺之。札木合大怒，遂糾泰亦赤兀、亦乞列思、兀魯特、那牙勒、火魯剌思、巴隣、弘吉剌、合塔斤、撒勒只兀、朵兒邊、塔塔兒，共十三部，合兵三萬人來攻。

時孛圖父揑坤在泰亦赤兀部下，使巴魯剌思人木勒客脱塔黑等來告變。帝在古連勒古之地，分部衆爲十三翼以待之。宣懿皇后及斡勒忽訥部爲第一翼。帝與子弟及宗人之子弟爲第二翼。撒姆哈準之後人曰布拉柱，阿答兒斤將曰木忽兒忽蘭，火魯剌思將曰察魯哈，與客烈亦之分部爲第三翼。蘇兒嘎圖之子曰得林赤、博歹阿特人曰火力台爲第四翼。莎兒合秃主兒乞之子撒察别乞、曰泰出，與札剌亦部爲第五、六翼。乞顔特人渥秃助忽都朵端乞爲第七翼。蒙格秃之子曰程克索特、巴牙兀將曰汪古兒爲第八翼。答里台、忽察兒及都黑剌特、努古思、火兒罕、撒哈夷特、委神四部爲第九翼。忽都剌之子拙赤罕爲第十翼。阿勒壇爲第十一翼。答忽與晃火攸特部、速客特部爲第十二翼。努古思部爲第十三翼。與札木合大戰於答蘭巴泐渚納，軍失利，部將察合安死之。

帝退保斡難河哲捏列之地，兀魯特人朮赤台、忙兀特人畏答兒各率所部來歸。頃之，帝與照烈人同獵於烏者兒哲兒們山。照烈人食盡，已歸其半，帝要與同宿，分糧給之。明日，再獵，復驅獸向之，使獲多。照烈人感悅，中道相謂曰：「泰亦赤兀與我兄弟，然薄待我。今帖木真厚我如此，盍歸之？」其酋曰烏魯克，曰塔海答魯，俱請降，謂帝曰：「我等爲泰亦赤兀所虐，如無主之馬，無牧之牛羊，故棄彼而從汝。」帝大悅，曰：「我方熟寐，幸汝捽我髮以醒我，異日汝兵車所至，我必悉力助之。」然其後照烈人復叛去。塔海答魯爲泰亦赤兀所殺，照烈部遂亡。帝寬仁有度量，諸部皆謂：「泰亦赤兀無道，帖木真以己衣衣人，以己馬乘人，真吾主也。」於是遠近相率歸附。

甲寅，帝年四十歲，金章宗明昌四年也。塔塔兒酋蔑古真薛兀勒圖等爲金邊患，金丞相完顏襄討之。帝聞之，欲復世仇，助金人攻塔塔兒。徵兵於主兒乞，遲六日，主兒乞部長撒察別乞、泰出俱不至。乃與王罕攻塔塔兒於忽剌禿失禿延之地，獲蔑古真薛兀勒圖。金人授帝爲札兀惕忽里，譯言百户長也。

師還，遣六十人齎俘獲遺主兒乞部長。主兒乞殺十人，奪五十人之衣馬而歸之。帝大怒，引衆逾沙磧，攻主兒乞於闊朵額阿剌勒，大破之。撒察別乞、泰出僅以妻孥免。先是，帝奉宣懿皇后以旄車載湩酪，大會諸部於斡難河，撒察別乞從者斫皇弟別勒古台，創甚，衆怒，執其二哈敦，故主兒乞人有憾於帝焉。

是年，札剌亦人古温兀阿率其子木華黎來歸，董咯亦部、秃別干部來降。

乙卯，王罕弟額兒客合剌以乃蠻兵攻王罕。王罕奔西遼，欲歸於帝，中途資用乏絶。丙辰，王罕至古薛兀兒海子，帝使塔海速客該迎之，振其部衆饑，與王罕宴於土兀拉河，重訂父子之約。冬，與王罕合兵攻主兒乞於帖列秃阿馬撒剌之地，獲撒察別乞、泰出，誅之。

丁巳，帝在霍拉思布拉思之地，攻兀都亦特蔑兒乞，戰於那莫察山，敗之，歸其俘於王罕。

戊午，王罕兵勢漸振，不謀於帝，自率所部攻蔑兒乞於土兀剌河。蔑兒乞酋脱黑脱阿奔巴兒古真。王罕俘獲甚多，而無所遺於帝，帝亦不以爲意。

己未，帝與王罕合兵攻乃蠻不亦魯黑罕，逾阿爾泰山，追至兀隴古河，又至乞失泐巴失海子，獲其將也的脱孛魯。不亦魯黑奔謙謙州。

冬，復與乃蠻驍將可克薛兀撒卜剌黑戰於巴亦答剌黑之地，交綏而退。明日，將復戰，札木合搆帝於王罕曰：「帖木真如野鳥依人，終必飛去。我如白翎雀，栖汝幕上，寧肯去乎？」王罕將兀卜赤兒古鄰聞而斥之曰：「既爲宗人，又爲諳達，奈何讒之？」然王罕終信其言，乘夜引衆去。帝聞王罕去，怒曰：「彼棄我之易如此，直以燒飯待我也！」乃退舍於撒里河。王罕至土兀剌河，其子桑昆爲可克薛兀撒卜剌黑所襲，部衆潰散。王罕復遣使乞援，且請以博爾朮、木華黎、博爾忽、赤老温將援兵。帝許之。博爾朮等敗乃蠻，返所虜以歸王罕。王罕大悦，遣使謂帝曰：「曩者衣食乏絶，我子帖木真食之、衣之，今又救我之難，不知何以爲報也。」又召博爾朮往，賜以衣一襲、金們忽兒十。博爾朮還白其事，帝命受之。冬，帝與皇弟合薩兒再伐乃蠻，戰於忽蘭盞側山，大敗之，封屍以爲京觀。

庚申，帝會王罕於撒里河之不魯古厓。時蔑兒乞酋托黑托阿遣泰亦赤兀人忽敦忽兒章，糾合泰亦赤兀諸酋，曰盎庫兀庫楚，曰忽里兒，曰忽都答兒，曰塔兒忽台，曰哈剌兒秃克等共會於斡難河沙磧中。帝與王罕輕騎襲之，塔兒忽台、忽都答兒敗死，盎庫兀庫楚、忽敦忽兒章奔巴兒古真，忽里兒奔乃蠻，泰亦赤兀部亡。哈答斤部、撒兒助特部素附泰亦赤兀，乃與朵兒奔、塔塔兒、弘吉剌諸部會於阿雷泉，斬牛馬爲誓，欲乘我不備攻之。弘吉剌人特因恐事不就，遣使來告變。帝與王罕自虎圖海子逆戰於捕魚兒海子，諸部皆敗走，弘吉剌部來降。

冬，帝幸徹徹兒山，金之邊地也，又敗塔塔兒酋阿剌兀都兒、合丹太石、察忽斤、帖木兒等於答蘭捏木兒格思之地。是役也，合薩兒留後，聞部將者卜客言弘吉剌人有異志，遽率所部攻之。弘吉剌人怒，遂叛附於札木合。

辛酉，弘吉剌、亦乞列思、火魯拉思、朵兒奔、塔塔兒、哈答斤、撒兒助特諸部會於刊河，議立札木合爲古兒罕，以足蹋岸土，刀斫林木，而誓曰：「有泄此謀，如土崩、木折。」遂悉衆來攻。有火魯拉思人火力台知其事，與妻弟麥兒吉台言之。麥兒吉台贈以剪耳白馬，使馳告於帝。夜至一古闌，其將曰忽蘭，曰哈剌蔑兒乞歹，見而執之。然二將亦心附於帝，易以良馬，使疾去。火力台來告變，帝得先期戒嚴。戰於海拉兒帖泥河，大敗之。札木合遁走，弘吉剌部復降。

壬戌，帝親征察合安、阿勒赤、都答兀惕、阿魯孩四部塔塔兒，追至兀魯回河。其衆降，帝悉誅之。阿勒壇、忽察兒、答里台三人違軍令，帝命忽必來、哲別奪其所獲。三人怒，遂有異志。

秋，乃蠻不亦魯黑汗、蔑兒乞酋托黑托阿之子忽都、泰亦赤兀酋盎庫兀庫楚，又合撒兒助特、衛拉特、朵兒奔、哈答斤諸部來攻。帝與王罕會於汪古部哈剌温赤敦之地。桑昆後至，逾山隘。乃蠻兵從之，使神巫投石水中，以致風雪。俄風反，乃蠻衆大潰，退至奎騰之地，士馬僵凍，墜厓谷死者無算。札木合率部衆來應，見不亦魯黑敗，乃大掠諸部而去。帝自追盎庫兀庫楚，頸中流矢，創甚，卒獲盎庫兀庫楚，誅之。遂與王罕同駐於阿剌兒。

冬，帝徙帳於阿兒卻宏哥兒之地。帝爲皇子朮赤求婚於王罕，王罕辭。桑昆子欲尚帝女豁真別乞，帝亦不從。自此與王罕有隙。帝移駐阿不只合闊帖格兒之地，王罕亦西還徹徹爾温都爾。

癸亥，桑昆謀害帝，僞許婚，請帝飲布渾察兒，譯言許婚酒也。帝率十騎以往，道過蒙力克帳，宿焉。蒙力克諫謂：「王罕父子意叵測，請以馬疲道遠謝之。」帝從之，使從騎不合台、乞剌台往謝，自率八騎返。

桑昆計不就，欲潛師來襲。其圉人乞失力克知之，密與弟巴歹來告變。帝亟移營於卯温都兒山後，使者勒蔑斷後哨敵。山前多紅柳，王罕兵至，蔽於柳林，偵者不之覺。阿勒赤歹從者曰泰赤吉歹，曰牙的兒，方牧馬，見之，馳告於帝。帝倉卒戒嚴，以忙兀特將畏答兒、兀魯特將朮赤台爲前鋒，大戰至晡。朮赤台射桑昆，中其頰，王罕始斂兵而退。帝以衆寡不敵，亟引去。次日，皇子窩闊台，大將博爾朮、博爾忽始至。畏答兒受重傷，創發，中道卒。

時部衆潰散，帝率左右至巴勒渚納河，飲水誓衆曰：「異日甘苦相同，儻負約，使我如河水之涸。」飲畢，以杯與從者，從者亦誓死相從無貳志。其後稱諸臣爲巴勒渚納特，延賞及於子孫焉。既而部衆漸集，得四千六百人，分兩軍。帝自將一軍，忙兀特、兀魯兀特人爲一軍，循合勒哈河兩岸而行，至宏吉拉別部帖兒格阿蔑勒牧地。帝使朮赤台告之曰：「我等本爲謟達，如從我，則不失舊好。否則以兵相見。」於是帖兒格阿蔑勒來降。帝遂駐於董嘎淖爾、脱兒哈河。是地水草茂美，可以休息士卒。遣阿兒海者温告於王罕及阿勒壇、忽察兒、脱忽魯兒等，語詳《王罕傳》。帝遣使後，復徙帳於巴勒渚納，以其地險阻可保也。撒哈夷部、呼真部俱來降。

秋，帝將攻王罕，遣合薩兒僞請降。王罕信之，不設備。帝晝夜兼進，襲王罕於徹徹爾温都爾，盡俘其衆。王罕父子走死，客烈亦部亡。時王罕諸將皆降，獨哈里巴率數十騎馳去，不知所終。

帝既滅王罕，拓地西至乃蠻。乃蠻太陽罕忌帝威名，遣使約汪古部長阿剌忽思的斤忽里夾攻我。阿剌忽思的斤忽里遣使告其事於帝，且請降。

甲子春，獵於帖蔑延河，與諸將會議討乃蠻。獵畢，駐兵於哈勒哈河建忒垓山。宣布札薩克，以令於衆。立千户、百户、牌子頭，設六等扯克必官。選宿衛士八十人，散班七十人，又命阿兒孩選護衛千人，臨敵則爲前鋒。

夏四月，禡牙伐乃蠻。師至乃蠻境外客勒忒該哈答，濱哈利河。乃蠻按兵不動，帝引還。

秋，再議進兵，以忽必來、哲別爲前鋒。時太陽罕已至杭海山之哈兒只兀孫河，與朵兒奔、塔塔兒、合答斤、撒兒助特諸部，及蔑兒乞酋托黑托阿、客烈亦酋納鄰大石、衛拉特酋忽都哈別乞、札只剌酋札木合等，連兵而進，陣於納忽山東厓察兒乞馬兀惕之地。帝自臨前敵指揮諸將，大破乃蠻兵，擒太陽罕，殺之。乃蠻將火力罕速八赤等猶力戰，帝欲降之，不從，皆戰死。帝獎歎久之，曰：「使我麾下諸將皆如此，我復何憂！」是日，朵兒奔、塔塔兒、哈答斤、撒兒助特諸部皆降，札木合、托黑托阿遁去，太陽罕子古出魯克奔於不亦魯黑。乃蠻南部亡。

冬，再伐蔑兒乞，至塔兒河。其別部酋帶亦兒兀孫來獻女，後復叛去。托黑托阿奔於不亦魯黑。帶亦兒兀孫遁至呼魯哈察卜，築壘自守。遣博兒忽、沈伯率右翼兵討平之。

乙丑春，襲不亦魯黑於兀魯塔山莎合水上，禽之。乃蠻北部亡。

帝以西夏納我仇人桑昆，自將伐之。圍力吉里城，又進攻乞鄰古撒城，俱克之，大掠而還。

是年，札木合至唐努嶺，其家奴五人執之來降。帝曰：「以奴賣主，不忠莫甚焉！」札木合及五人并伏誅。

# 新元史卷之三　本紀第三

## 太祖下

元年丙寅，帝大會部衆於斡難河之源，建九斿白纛，即皇帝位。群臣共上尊號曰成吉思合罕。先是，有巫者闊闊出，蒙力克之子也，自詭聞神語，畀帖木真以天下，其號曰成吉思。群臣以札木合僭號古兒罕，旋敗，乃廢古兒罕不稱，而從闊闊出之言，尊帝爲成吉思合罕。國語「成」爲氣力强固，「吉思」爲多數也。

帝大封功臣，以博爾朮爲右翼萬户，木華黎爲左翼萬户，納牙阿爲中軍萬户。豁兒赤以言符命，亦封爲萬户，以博爾忽爲第一千户。功臣封萬户、千户者共八十五人。以忽都虎爲札兒忽，譯言斷事官也。以也客揑兀鄰領宿衛千人，也孫帖額領箭筒士千人，斡哥連、不合、阿勒赤歹、朵歹、朵豁勒忽、察乃、阿忽台、阿兒孩分領護衛散班八千人，分番入直，是爲四怯薛。

是年，命忽必來征合兒魯，者別追古出魯克。

二年丁卯秋，帝親征西夏，入兀剌海城。遣阿勒壇、布剌二人往諭乞兒吉思部。是年，皇子朮赤領右翼軍征和林西北部族。斡亦剌部長忽都哈別乞迎降。進討禿馬、斡亦剌於失黑失特之地，於是斡亦剌、不里牙特、巴兒渾、兀兒速特、哈卜哈納思、康哈思、禿巴思諸部悉降。乞兒吉思部長也迪亦納勒、阿勒迪額兒、斡列別克的斤亦望風納款，獻白海青、白馬、黑貂等方物。林木中部族失必兒、客思的音、巴亦特、禿哈思、田列克、脱額列思、塔思、巴只吉等亦降。

三年戊辰春，帝至自西夏。

冬十月，金主璟卒，其叔父衛王永濟嗣位。帝再討古出魯克、托黑托阿，以斡亦剌部長忽都哈別乞爲嚮導，至也兒的石河。托黑托阿中流矢死，蔑兒乞部亡。古出魯克奔西遼，其後篡西遼主直魯古而自立。

四年己巳春，畏兀兒部亦都護來降。先是，托黑托阿死，其子忽都等將奔畏兀兒，亦都護不納，與忽都等戰於真河，敗之，以蔑兒乞爲帝世仇，遣使來告戰事。帝命阿惕乞剌黑、答兒伯前後再使其國，且徵貢獻。亦都護遂遣使貢方物，帝悦，賜大紅衣、金帶以寵之。

五年庚午秋，帝再伐西夏。西夏主李安全遣其世子遵頊拒戰，敗之，獲其副元帥高令公。復入兀剌海城，獲其太傅鮮卑謁答。至克夷門，又敗夏師，獲其將嵬名令公。進薄中興府，引河水灌城。水決，壞其堤，乃班師。遣謁答入城諭西夏主，西夏主納女請和，師還。

遂議伐金。先是，帝貢歲幣於金，金主使衛王永濟受貢於浄州。帝見永濟不爲禮，永濟歸，欲請兵，會金主卒，不果。及永濟嗣位，詔使來傳言，當拜受。帝問使者曰：「新天子爲誰？」曰：「衛王也。」帝遽南向唾曰：「我謂中原皇帝是天上人作，此等庸懦者亦爲之耶？何以拜爲！」即乘馬北去。永濟聞之，益怒，遣兵分屯山後，欲俟帝入貢，就害之，然後引兵深入。會金乣軍來降，泄其事，帝遣人伺之，得實，遂與金絶。金邊將納哈買住亦言於永濟曰：「蒙古已併吞鄰部，而修弓矢甲楯不休，行營令男子乘車惜馬力，其意非圖我而何？」永濟以爲妄言，因之，至是始釋之。帝復遣使於畏兀兒，徵兵助戰。

六年辛未春，忽必來招降合兒魯，其部長阿兒思蘭與畏兀兒亦都護俱覲帝於克魯倫河。亦都護奏曰：「蒙陛下恩賜，願藉衮衣金帶之寵，使臣得預四子之末。」帝感其言，遂以亦都護爲義子，尚阿勒敦公主。

二月，帝自將伐金，登克魯倫山，解衣以帶置頂，跪禱於天，誓復俺巴孩罕之仇。使脱忽察兒率三千騎巡西邊，以防後路。

三月，帝渡漠而南，以者别爲前鋒。

夏四月，金主遣其西北路招討使粘合合達求和，帝不許，乃使其將獨吉千家奴、完顔胡沙築烏沙堡以備我。

秋七月，帝奄至，千家奴等敗遁，克烏沙堡及烏月營。

八月，帝進克白登城，圍西京。自烏沙堡至此，凡七日。金將紇石烈胡沙虎以麾下突圍走，率三千騎追之，敗胡沙虎於翠屏口，遂克西京及昌、桓、撫等州。金招討使紇石烈九斤、監軍斡奴等率大兵屯於野狐嶺，號四十萬，以完顔胡沙爲後援。其裨將巴古失、桑臣二人謂九斤曰：「聞蒙古破撫州，方縱兵大掠，若掩其不備，必獲大勝。」九斤曰：「不然。彼之形勢不易遽破，宜明日馬步俱進，爲萬全之計。」次日，帝聞金兵至，方食，投匕箸而起，與九斤等戰於野狐嶺北口之獾兒觜。木華黎先登陷陣，帝率諸軍繼之。九斤等大敗，伏尸偏野，金之精兵猛將盡没於此。

九月，完顔胡沙遁至宣平，大兵追擊之，復敗其衆於澮河堡，胡沙僅以身免。

閏九月，帝進克宣德州，薄德興府。軍不利，引還。命皇子拖雷、駙馬赤苦等盡拔德興境内諸堡。

冬十月，者别乘勝入居庸關，游兵至中都城外。金主欲南奔，會乣軍來援，蒙古問鄉民：「糺軍多少？」鄉民紿曰：「二十萬。」者别乃襲金群牧監，驅其馬而還。

是冬，皇子朮赤、察合台、窩闊台分徇雲内、東勝、武朔、寧、豐、浄等州，俱克之。

七年壬申春正月，金耶律留哥聚衆於隆安，自稱都元帥，遣使來降。

時西京復爲金守。秋，帝自將攻之。金將奥屯襄來援，帝誘至密谷口，大敗之，盡殲其衆。帝攻城，爲流矢所中，乃徹圍。

冬十二月，者别克東京。先是，者别至東京城下，不攻而退。金人以兵已退，不設備，者别率精騎突至，遂克之。

八年癸酉春，耶律留哥自立爲遼王，改元元統。

秋七月，帝自將大軍圍德興府，皇子拖雷、駙馬赤古先登，克之。

八月，者别、古亦捏克等略地懷來，金將完顔綱、朮虎高琪拒戰，大敗之。追至居庸關北口，又敗之。金人嚴兵守隘，熔鐵錮關門，布鐵蒺藜百餘里，大軍不能進。帝遣翁吉剌將哈台、布札留攻北口，自率大軍繞出紫荆關。金人以奥屯襄守紫荆，比至，帝已逾隘，敗金兵於五回嶺，分遣者别、速不台從間道襲居庸南口，克之，金將謌魯不兒等以北口降，遂取居庸。帝駐蹕龍虎台，遣喀台、哈台二將，率五千騎，斷中都援路。

是月，金胡沙虎廢其主永濟，弑之，而立豐王珣，改元貞祐。

冬十月，帝自將大軍，攻克涿、易二州。分兵三道：命皇子朮赤、察合台、窩闊台爲右軍，循太行而南，取保、遂、安肅、安、定、邢、洺、磁、相、衛、懷、孟，掠澤、潞、遼、沁、平陽、太原、吉、隰，拔汾、石、欣、代、武等州；皇弟合撒兒、斡陳那顔、布札爲左軍，循海而東，取平、灤、薊等州；帝與皇子拖雷爲中軍，取雄、霸、莫、安、河間、滄、景、獻、深、祁、蠡、冀、恩、濮、開、滑、博、濟、泰安、濟南、濱、棣、益都、淄、濰、登、萊、沂等州。別遣木華黎攻密州。凡克九十餘城，兩河、山東數千里之地，望風瓦解，惟中都及通、順、真定、清、沃、大名、東平、德、邳、海州十一城堅守不下。

冬十月，三道兵還，合屯大口，以逼中都。

是月，與金將朮虎高琪戰於中都城下，大敗之。金將胡沙虎爲高琪所殺。

九年甲戌春正月，帝駐蹕中都北郊。初，金粘罕營中都，於城外築四子城，樓櫓、倉廒、甲仗庫各穿地道通於内城，人笑之。粘罕曰：「不及百年，吾言當驗。」至是，金人分守四城，大兵攻内城，四城兵迭用炮擊之。又開南薰門，誘兵入，縱火焚之，死傷甚衆。

二月，帝欲班師，遣阿剌淺入城詔諭金主。

三月，金主遣其平章完顔承暉來乞和，帝復遣阿剌淺報之，諭金主曰：「山東、河北州縣盡爲我有，汝所守唯中都耳。天既弱汝，我復迫汝於險，天其謂我何？我今歸，汝不能犒軍，以弭諸將之怒耶？」金主與廷臣會議，其丞相朮虎高琪曰：「彼兵力已疲，再與決戰，何如？」完顏承暉曰：「此孤注也，敗則不能復振。不如俟其退，再爲戰守之計。」金主從之，奉衛紹王女岐國公主及金帛、童男女五百人、馬三千匹以獻。遣承暉送帝出居庸，至野麻池而返。

是月，大兵克嵐州。

夏五月，金主遷於南京，留其太子守忠守中都。帝聞之，怒曰：「既和而復遷，是有疑心，特以和議款我耳。」遣阿刺淺往詰責之。會金乣軍扈金主南遷，至良鄉。金主命輸鎧仗入官，乣軍怒，殺其帥詳袞，推斫答、比涉耳、札剌兒三人爲帥，來請降。時帝避暑於魚兒濼，遣石抹明安、撒木合入古北口，與斫答等圍中都。

秋七月，金主召太子守忠赴南京。

冬十月，木華黎克順州。

十二月，木華黎徇遼西諸路，克懿州。錦州張鯨，高州盧琮、金朴等，俱以城降。

是年，始置行省於宣平，以撒木合領之，部署降衆。

十年乙亥春正月丁丑，金右副元帥蒲察七斤以通州降。以七斤爲都元帥。

二月，木華黎圍北京。留守奧屯襄先爲其部將習烈所殺，推寅答虎爲帥，寅答虎以城降。以吾也而權北京兵馬都元帥，寅答虎爲留守。金興中府元帥石天應降，以天應爲興中府尹。帝遣阿刺淺諭金主以河北、山東未下諸城來獻，及去帝號爲河南王，金主不從。

三月，金主遣其將永錫、慶壽、李英等援中都，人負糧三斗，慶壽、英亦負之以率其衆。慶壽至涿州旋風寨，英至霸州青戈寨，皆爲大軍所敗。中都援絶，人相食。

夏五月庚申，金右丞相兼都元帥承暉仰藥死，衆以城降。石抹明安入中都，遣使來獻捷。帝駐蹕桓州之涼陘，命忽都虎等按視中都帑藏，以石抹明安爲太傅，兼管蒙古、漢軍都元帥。

秋八月，木華黎遣史天倪克平州，又遣史進道等克廣寧府。紅羅山賊帥杜秀降，以秀爲錦州節度使。

冬十月，金宣撫使蒲鮮萬奴據遼東，僭號大王。

十一月，耶律留哥來朝。史天祥克興州，擒其節度使趙守玉。

十二月，史天倪克大名府及曹州。張鯨總北京十提控兵，從木華黎南伐。鯨謀反伏誅，其弟致據錦州以叛。是年，取城邑凡八百六十有二。改中都爲薊州，改河間路之深州隸真定路，升鼓城縣爲晉州，改千淦縣爲淦陽縣。

十一年丙子春，帝自魚兒濼還盧朐河行宫，脱侖扯兒必克真定府。

夏四月，金將張開復取河間府滄、獻、邢、清等州。

六月，張致陷興中府。

秋七月，木華黎敗張致於神木縣，進圍錦州。

八月，木華黎克錦州，張致伏誅。進拔蘇、復、海等州，獲金將完顏衆家奴。帝命撒木合率萬騎，假途西夏，以趨關中。

冬十月，撒木合攻潼關，間道出禁坑。金兵潰走，獲其將尼蘭古蒲魯虎。進略汝州，直抵南京之杏花營。金花帽軍入援，撒木合戰不利，引還。花帽軍者，金蔚州人郭忠所將之義兵也。

十一月，撒木合敗金將蒲察阿里不孫於澠池，渡河，圍平陽府。金主遣使乞和，帝欲許之，詔撒木合曰：「譬圍場中，獐鹿吾已盡取，只餘一兔，盍舍之？」撒木合請使金主去帝號，金主不從。是冬，蒲鮮萬奴遣使來降，已而復叛，自稱大真國。

十二年丁丑春，木華黎覲帝於土拉河。夏，史天祥擊斬武平賊祁和尚及興州叛將重兒。察罕敗金將夾谷監軍於霸州。帝聞蔑兒乞餘衆入乃蠻境，問：「諸將誰能爲我討蔑兒乞者？」速不台請行，帝許之，命脱忽察兒率二千騎同往。速不台至垂河，大敗蔑兒乞，盡殲其衆。托黑托阿子忽都、赤剌温二人奔奇卜察克。

秋八月，封木華黎爲國王，賜九斿旗，諸將咸聽節制。詔曰：「太行以北，朕自制之；太行以南，悉以付卿。」於是木華黎專征河北，連拔遂城、蠡州。

冬，進克大名府。金中山府趙、邢、威、磁、洺等州守將俱以城降，遂東取淄、濰、登、萊、沂等州。

是年，秃馬特叛。秃馬特酋歹都秃勒死，其妻脱灰塔兒渾率部衆以叛。帝遣博爾忽討之，戰没。帝怒，議親征。博爾朮等諫，乃使朵兒伯朵黑申往。朵兒伯朵黑申槎山通道，一戰平之，獲脱灰塔兒渾。是年，帝將征貨勒自彌，徵兵於西夏，不應，遂伐之。

十三年戊寅春正月，圍中興府，西夏主李遵頊出走西涼，師還。遣者别討古出魯克。古出魯克篡西遼主直魯古，部衆不服。者别至，遠近響應，古出魯克奔巴達克山，者别獲而殺之。

三月，木華黎克新城、霸州。

秋八月，石抹明安出紫荆關，獲金經略使行元帥事張柔。柔不屈，明安壯而釋之。詔還柔舊職，得以便宜行事。木華黎自太和嶺徇河東，克代、隰二州。

九月，進克太原府。

冬十月，克平陽府。遂定忻、澤、絳、潞、汾、霍等州。

是年，契丹人耶律喊舍等據高麗江東城，遣元帥哈真、副元帥札剌討之。高麗王㬚使其僕射趙冲等以兵來會。

十二月，克江東城，喊舍自縊死，斬其僞丞相以下百餘人。高麗王㬚來貢方物。

十四年己卯春，帝親征貨勒自彌，以皇弟斡赤斤留守和林。

五月，遣劉仲禄佩金虎符，徵道士邱處機於登州。

六月，帝會諸皇子、大將於也兒的失河，議分兵討貨勒自彌。禡牙之日，雪深三尺。

九月，皇子察合台、窩闊台圍諤剌脱兒城，朮赤西北攻氊的城，諸將阿剌黑等東南攻伯訥特克城，帝與拖雷徑渡錫爾河趨布哈爾。帝至賽爾奴克城，遣丹尼世們諭降之；從間道襲努爾城，遣前鋒將岱爾巴圖諭降之，遂圍布哈爾城。

是年，張柔克金雄、昌、保諸州，敗賈瑀於孔山臺，擒斬之。復敗金恒山公武仙於滿城，拔完城、曲陽、中山諸州縣。於是深、冀以北，鎮定以東三十餘城悉降。

冬十一月，木華黎克晉安府，屠之。金丞相高琪用事，聚精兵於河南，而置河北不問。金主殺高琪。

十五年庚辰春，帝親攻布哈爾。其酋率所部二萬餘人突圍走，追及於阿母河，盡殺之，城民出降。是時，察合台、窩闊台已拔諤剌脱兒，獲其守將伊那克只克，檻送行在誅之。术赤先攻下八兒真等城，阿剌黑等攻下忽氈等城。

夏五月，進至撒馬爾干城，术赤等三路之師亦傅城下。貨勒自彌蘇爾灘先居撒馬爾干，聞大兵至，遁走，使其將阿爾潑汗嬰城固守。帝遣者別、速不台各率輕騎追蘇爾灘，又使脱忽察兒爲二將後援。帝自率諸皇子圍撒馬爾干，阿兒潑汗以波斯兵出戰，中伏大敗。康里兵開門出降，阿兒潑汗引親兵突圍走。帝恐康里兵反覆，仍盡誅之，以降將巴克曷勒蔑里克、哀密兒阿米守撒馬爾干。

夏，帝避暑於渴石。帝以蘇爾灘母土而堪哈敦在烏爾鞬赤，遣丹尼世們往諭之。土而堪不答，奔馬三德蘭，與蘇爾灘妻俱爲者別、速不台所獲。

秋，命术赤、察合台、窩闊台攻烏爾鞬赤。帝自率大軍攻忒耳迷城，克之。進至賽蠻，分軍略巴達克山，以阿母河北之地悉定，遂渡河，攻克巴而黑城。見其城險固，恐爲後路之患，墮之。東入塔里堪山，攻諸司雷脱柯寨。遣塔忽等使於金。

冬十月，復遣蒙古塔忽、謁里剌等使於金。

十二月，蘇爾灘入嘎比斯海島，聞其母妻被獲，幼子又爲帝所殺，心悸而卒。

是年，木華黎略地至真定府，金恒山公武仙降，木華黎承制授史天倪河北都元帥，以仙副之。濟南嚴實籍大名、彰德、磁、洺、恩、博、滑、濬等州户三十萬來降。木華黎承制授實金紫光禄大夫、行尚書省事。木華黎留實圍東平，分兵徇河北諸州。董俊判官李全以中山叛。

十六年辛巳春，克諾司雷脱柯寨，屠之。朮赤等攻烏爾鞬赤，屢失利。帝駐蹕塔里堪，朮赤等以軍事來告。帝廉知朮赤、察合台素不合，改命窩闊台總諸軍，并力急攻，克之。召察合台、窩闊台赴塔里堪，使朮赤屯兵鹹海、裏海之間。拖雷渡阿母河，連拔安狄枯、馬魯諸城。進圍你沙不兒城，三月，克之。又進拔海拉脱城，旋奉帝命，會師於塔里堪。

夏六月，宋使苟夢玉來聘。

秋七月，金主使烏庫里仲端來乞和，帝曰：「念汝遠來，河朔既爲我有，關西未下數城，宜割付於我，封汝主爲河南王，勿復違也。」帝以蘇爾灘子札剌勒丁據嘎自尼，與阿敏蔑里克兵合，自率三皇子討之。

八月，踰印度固斯大山，至八米俺，命忽都虎扼喀不爾山之隘。忽都虎與札剌勒丁戰於巴魯安，失利。

九月，帝親攻八米俺城，皇孫漠阿圖堪中流矢卒。帝怒，城下之後，遇生物悉屠之，改城名曰卯庫兒干。帝聞忽都虎失利，疾趨嘎自尼，軍中不及爨，掬米食之。帝至巴魯安，巡視戰地，以諸將不知形勢，自忽都虎以下皆受譴責。時札剌勒丁已遁，追及於印度河。會日暮，帝命列陣圍之，又使烏克兒古兒札、古都斯古兒札瀕河設伏，截其登舟之路。黎明，大戰，敗其右翼兵，獲阿敏蔑里克。未幾，其右翼亦潰，札剌勒丁以中軍七百人突圍走。帝欲生致札剌勒丁，令軍中毋發矢。札剌勒丁以蓋自蔽，策馬自峭岸投於印度河，泅水而遁。帝見之，以口齕指，謂諸皇子曰：「凡爲將者，皆應如此也。」尋遣巴剌土爾台渡河追札剌勒丁，不及而還。

是月，木華黎出河西，克葭、綏德、保安、鄜、坊、丹等州，進圍延安府。

十二月，宋京東安撫使張林來降，以林爲滄、景、濱、棣等州行都元帥。

是年，帝遣捌兒馬罕討巴里塔部，遣朵兒伯朵黑申討朵兒別部，遣者別、速不台討康里、奇卜察克等十一部。者別、速不台與奇卜察克兵戰於高喀斯，敗之，獲其部酋之弟玉兒格及其子塔阿兒。

十七年壬午春，以札剌勒丁未獲，嘎自尼諸城復叛，遣窩闊台討平之。初，巴魯安之敗，海拉脱亦叛，至是帝遣按只吉歹討平之。窩闊台既定嘎自尼，請進攻昔義斯單，帝曰：「隆暑將至，宜遣別將攻之，汝勿往。」

三月，封崑崙山神爲元極王，大鹽池神爲惠濟王。

夏四月，道士邱處機謁帝於行在。帝聞巴里黑復叛，自將討平之。遂避暑於巴魯安。以西域大定，設達魯花赤監治之。

秋，窩闊台來覲於古南柯而干城。配克部酋薩拉爾阿黑默特來降，並獻軍糧，以地熱，令居民每户春黍米百斤，供士卒三人食。帝欲從印度斯單經唐古特而歸，行數城，聞唐古特復叛，又以道路險惡，乃改途，渡質渾河，循故道至撒馬爾干。或曰：左右見一角獸，形如鹿而馬尾，作人言曰：「汝主宜早還。」帝遂決意班師。帝次布哈爾，召天方教士曷世甫等述其教規。帝曰：「麥哈禮拜我不謂然，上帝降鑒無所不周，何爲拘拘於一地乎？」命自後祈禱之文，皆書御名，又命免天方教士賦役。

秋九月丙午朔，車駕渡阿母河，中途見邱處機，駐蹕於撒馬爾干。金平陽公胡天祚以青龍堡降。

冬十月丙子朔，下詔班師。

十一月，金河中府降，以石天應爲兵馬都元帥守之。

十二月，車駕駐忽氈河，察合台、窩闊台自布哈兒來獻獵獲，朮赤以疾不至。

是年，者別、速不台平奇卜察克，其酋遁入斡羅斯。

十八年癸未春正月甲寅，車駕發忽氈河，駐蹕赤兒赤克河。二月庚辰，獵於東山，見大豕，射之，馬踣，帝易馬而還。自此兩月不出獵。

三月，國王木華黎卒。

夏，者別、速不台與斡羅斯戰於喀勒吉河孩兒桑之地，大敗之，獲其計掖甫、扯而尼哥等部酋，檻送朮赤誅之。詔以馬十萬匹犒師。

十月，金主珣卒，其太子守緒立。宋復遣苟夢玉來聘。西夏主李遵頊傳位於子德旺。

十九年甲申夏，帝避暑額兒的失之地。初，帝遣者別、速不台追蘇爾灘，命之曰：「事定之後，由奇卜察克回至蒙兀兒斯單，與我相見，然後全師東返。」至是，者別、速不台來告捷，請遵前命，覲帝於行在。未幾，者別中道卒。

秋七月，嗣國王孛魯伐西夏，克銀州。

冬，皇孫忽必烈、旭烈兀來迎，忽必烈射一兔、旭烈兀射一山羊以獻。帝進次布哈蘇赤忽之地，大犒三軍，支金帳以宴之。帝命諸將取石壓行帳，以免傾覆，烏布赤不從，會獵又不從衆合圍，帝怒，囚烏布赤於營中三日，既而宥之。

二十年乙酉春，帝至和林行宮，分封諸子：以和林之地與拖雷，以葉密爾河邊之地與窩闊台，以錫爾河東之地與察合台，以鹹海西貨勒自彌之地與朮赤。

二月，武仙以真定叛，襲殺史天倪。

三月，史天澤復真定，武仙敗走。

夏六月，史天澤敗宋將彭義斌於贊皇，獲之。

秋，帝親征西夏。初，西夏主僞降，請納質子，且言願助兵西討。及徵兵於西夏，其大將阿沙敢卜對使者曰：「俟大國兵敗，吾師方出。」帝怒，西夏主乃陰結漠北諸部酋，爲拒守之計。至是，帝自將伐之，假道於畏兀兒。

冬十月，武仙入真定，史天澤奔藁城。

十一月，帝獵於阿兒不合之地，墮馬，遂不豫。駐蹕於捌斡兒合煬，遣使責西夏主拒命。

是年，皇子朮赤卒。

二十一年丙戌春，帝駐蹕汪古答蘭呼圖克之地，感惡夢。時諸孫在側者惟亦孫哥。遣使召窩闊台、拖雷至。次日，帝屏諸將及從官，謂窩闊台、拖雷曰：「我殆將死矣。我爲汝等創業，無論東、西、南、北，皆有一歲程。我遺命無他，汝等欲禦敵廣土衆民，必合衆心爲一，方能永享國祚。我死，奉窩闊台爲主。」又曰：「我享此大名，死無所憾，我願歸於故土。察合台雖不在側，當不至背我遺命。」言畢，麾二子出。

三月，自將諸軍，拔西夏黑水等城。敗其將阿沙敢卜於賀蘭山，獲之。

夏，避暑於渾垂山。詔封功臣户口食邑爲十投下，以國王孛魯爲首。克西夏甘、肅等州。

秋七月，西夏主李德旺卒，從子晛立。大軍克西涼府及搠羅、河源等縣，遂踰沙陀，至黄河九渡，拔應昌等縣。

九月，李全執張林以叛。郡王帶孫圍全於益都。

冬十一月庚申，帝親攻靈州，西夏主李晛率五十營來援。丙寅，逆擊之。時河冰已合，諸將從冰上渡河，西夏主敗遁。帝曰：「李晛經此敗，不能復振矣。」丁丑，五星聚於西南。帝駐蹕鹽川州。

十二月，國王孛魯遣李喜孫招諭李全，爲全部將所殺。西夏亦集乃路來降。

二十二年丁亥春，帝留兵圍中興府，自率師渡河，攻積石州。

三月，克洮、河二州及西寧縣。分遣斡真那顔克信都府。

是月，李全降。

夏四月，帝駐蹕隆德縣，進拔德、順等州。

五月，克臨洮府，遣唐慶等責歲幣於金。

閏月，避暑於六盤山。

六月，金遣完顔合周、奥屯阿虎來請和。帝謂群臣曰：「朕自去歲五星聚之時，已許不殺略，遽忘下詔耶？今可布告中外，令彼行人亦知朕意。」

是月，西夏主上表乞降，貢黄金佛及童男女、駝馬、金銀器，備九九之禮。帝允之，賜西夏主名失都兒忽，譯言正直也。西夏主乞展期一月後入朝。帝遣脱侖扯而必慰諭之。是時帝已不豫，密諭左右：「我死，勿發喪，俟西夏主來，即殺之。」

秋七月，帝駐蹕清水縣之西江。壬午，帝疾甚。己丑，崩於靈州。帝臨崩，謂左右曰：「金精兵在潼關，南據連山，北限大河，難以遽破。若假途於宋，金、宋之世仇也，必許我，則由唐、鄧直搗大梁。金雖撤潼關之兵以自救，然千里赴援，士馬俱疲，吾破之必矣。」言訖而崩，年七十有三。

西夏主來朝，託言帝有疾，不能見，令於帳外行禮。越三日，諸將遵遺命殺之。西夏亡。

諸皇子奉梓宫還漠北，至薩里川哈老徒之行宫，乃發喪，葬起輦谷。先是，帝道過起輦谷，見一大樹，愛之，盤桓樹下良久，謂從者曰：「異日必葬我於此。」至是，有述前命者，遂葬樹下焉。

至元三年冬十月，追謚聖武皇帝，廟號太祖。至大二年冬十一月，加謚法天啟運聖武皇帝。

史臣曰：天下之勢，由分而合，雖阻山限海、異類殊俗，終歸於統壹。太祖龍興朔漠，踐夏㦸金，蕩平西域，師行萬里，猶出入户闥之内，三代而後未嘗有也。天將大九州而壹中外，使太祖抉其藩、躪其途，以窮其兵力之所及，雖謂華、夷之大同肇於博爾濟錦氏可也。

# 新元史卷之四　本紀第四

## 太宗

太宗英文皇帝，諱窩闊台，太祖第三子也。母曰光獻翼聖皇后。太祖長子朮赤，次察合台，二人素不相能。太祖十四年，親征西域，議立嗣而行，察合台請以帝爲嗣，太祖從之，事具《朮赤傳》。十六年，朮赤、察合台攻烏爾鞬赤，屢失利，太祖改命帝爲統帥。帝調和兩兄，兵復振，遂克烏爾鞬赤。十七年春，帝略地印度河下游，請進攻昔義斯單，太祖召帝還，與察合台等從太祖班師。二十一年，從太祖伐西夏。太祖崩，皇弟拖雷監國，帝分地在葉密爾河，留於霍博之地，安輯部衆。

元年己丑夏，帝至忽魯班雪不只之地，皇弟拖雷來迎。

秋八月己未，諸王百官會於怯緑連河闊迭額阿剌勒，請帝遵太祖遺詔即位，共上尊號曰木亦堅合罕。皇兄察合台持帝右手，皇叔斡赤斤持帝左手，皇弟拖雷以金杯進酒贊。帝東向拜日，察合台率皇族及群臣拜於帳下。

先是，太祖崩，金主遣其知開封府完顏麻斤來弔。至是，復遣其御史大夫完顏訥申來歸太祖之賵。帝曰：「汝主久不降，使先帝勞於兵間，朕豈忘耶？何以賵爲！」卻之。敕宿衛等依前番直，宣太祖聖訓以諭之。始建倉廩，立驛傳。蒙古人有馬百者，輸牝馬一；牛百者，輸牸牛一；羊百者，輸羒羊一。著爲令。中原人以户計出賦調，命耶律楚材主之。西域人以丁計出賦調，命麻合没的牙剌瓦赤主之。凡諸王、駙馬朝會，及使者往來，不得科斂百姓。

冬十一月，勅諸王、衆官人管轄之地，僉軍事理有妄分彼此者，罷其達魯花赤以下等官。

是年，始立三萬户，以劉黑馬、粘合重山、史天澤爲之。賜撒吉思不花金符，安輯山東、河北諸州。木剌夷國王來朝。西域伊思八剌納酋内附。

二年庚寅春正月，詔自元年以前事勿問。定諸路課税、酒課，驗實息十取一，雜税三十取一。帝與拖雷獵於斡兒寒河。

夏四月，帝避暑於塔密兒河。朵豁勒圍慶陽，與金將完顏彝等戰於大昌原，失利。東平行省嚴實入覲。帝遣斡骨欒使於金，北還，金陝西左副元帥盧鼓椎見使者，有不遜語。帝聞之，大怒。

六月，金主復遣完顏奴申來聘，帝不受。

秋七月，帝自將伐金，命斡赤斤留守，皇弟拖雷及其子蒙哥皆從。

八月，史天澤克衛州。

冬十月，遣速哥使於金。

十一月，始置十路徵收課税使。以陳時可、趙昉使燕京，劉中、劉桓使宣德，周立和、王貞使西京，吕振、劉子振使太原，楊簡、高廷英使平陽，王晉、賈從使真定，張瑜、王鋭使東平，王德亨、侯顯使北京，夾谷永、程泰使平州，田木西、李天翼使濟南。大兵攻潼關、藍田關，俱不克。

十二月，大兵拔天勝寨及韓城、蒲阪。帝至平陽，以田野不治，問都總管李守賢。對曰：「貧民無耕具，故荒田多。」詔給牛萬頭，仍徙關中户口，墾河東荒地。

是年，改乾寧軍爲清寧軍，復改隆德府爲潞州。遣李邦瑞使於宋，至寶應縣不得入。詔行省李全護送邦瑞，宋邊將又拒之。乃改道出於蘄、黄，與宋行人定約而還。遣綽兒馬罕率精兵三萬，討札剌勒丁，戰於合而拉耳之地，大敗之。

三年辛卯春正月，李全攻揚州，爲宋將趙葵所殺。

二月，大兵克鳳翔府，分兵攻宋西和州，獲其將强俊。金平涼、慶陽、邠原等府州皆降。速不台與金將完顔彝戰於倒回谷，失利。

夏五月，帝避暑於九十九泉，以李全妻楊妙真爲山東淮南行省。金降人李國昌言於拖雷，請出寶雞，自漢中達於唐、鄧，從之。遣搠不罕使於宋，假道且請會兵。搠不罕至沔州，宋青野原統制張宣殺之。

秋八月，帝幸西京，始立中書省，改侍從官名。以耶律楚材爲中書令，粘合重山爲左丞相，鎮海爲右丞相。耶律楚材奏請州縣長吏專理民事，萬户府專理軍政，課税所專理錢穀，各不相統攝。從之。拖雷入大散關，拔宋鳳州、洋州，進圍興元。分軍爲二：西軍由沔州渡嘉陵江，東軍趨饒風關，略地而東。初，皇叔斡赤斤遣著古與等使於高麗，高麗人殺之。至是，帝命撒里塔征高麗，討其殺使者之罪。

九月，帝自將圍河中府。命平陽移粟西京，都總管李守賢言：「百姓疲敝，不任輸載。」詔罷之。

冬十二月己未，克河中府。戊辰，拖雷渡漢水，與金將布哈戰於禹山，布哈引兵還，邀其輜重，獲之。撒里塔圍高麗東京，高麗王瞮請降。是年，大名守將蘇椿反，命楊傑只哥討斬之。綽兒馬罕追札拉勒丁至庫兒忒山，札拉勒丁敗死。貨勒自彌亡。綽兒馬罕遂取阿尼忒、愛而西楞、梅法而司三部之地。

四年壬辰春正月壬午朔，拖雷敗金將完顏兩婁室於襄城。丙戌，帝自河清縣白坡渡河，三日軍畢渡。庚寅，拖雷使者至，奏已渡漢江。詔諸軍即日進發。甲午，帝至鄭州，金屯軍元帥馬伯堅以城降。丙申，大雪。丁酉，帝至新鄭縣。是日，拖雷及金兵戰於鈞州之三峰山，大敗之，獲其大將布哈。自是，金兵不能復振。戊戌，帝至三峰山。壬寅，克鈞州，獲金大將合達及完顏彝等。辛丑，金潼關守將李平以城降。庚戌，金許州兵以城降。是月，撒里塔自高麗班師。帝遣使以璽書諭高麗王皞。

二月戊午，帝至盧氏縣，遇金將徒單兀典等，金兵不戰而潰。完顏重喜來降，帝命斬重喜於馬前。遂下商、虢、嵩、汝、陝等州。乙丑，分兵攻歸德府，許、鄭、陳、亳、壽、潁、睢、永等州進。

三月丁亥，克中京，金將强伸復取之。命速不台等圍南京。宋人以兵來會。遣使諭金主降。壬寅，金主使其諫議大夫裴滿阿虎帶、大府監國世榮來乞和，以其弟之子曹王譌可爲質。癸卯，速不台攻南京，不克。

夏四月丁巳，金主復使其户部侍郎楊仁奉金帛乞和，速不台以城不易下，許之。戊午，金主又使仁賫珍寶來謝。己未，遣没忒入城詔諭金主。是月，車駕北還，留速不台圍南京。帝由半渡至真定府。幸中都，出居庸關，避暑於官山。高麗國遣使來貢方物。

五月，勑使臣無牌面文字，始給馬之縣官及元差官皆罪之。若兵事及送御用物，仍驗數應付車牛。帝不豫。

六月，疾甚。拖雷禱於天地，請以身代之。未幾，帝疾瘳。遣金質子曹王譌可歸。高麗復叛，徙都於江華島。

七月，遣唐慶諭金主降。甲申，金人殺唐慶及從者三十餘人。乙酉，國安用叛附於金。

八月辛亥，速不台敗金將武仙等於京水。復遣撒里塔征高麗。

九月，帝次阿剌合的思之地。皇弟拖雷卒。

冬十月，高麗國遣使來謝罪。

十一月，帝獵於納蘭赤剌温之地。

十二月，駐蹕於太祖大斡爾朵。金主以汴京不能守，議渡河取衛州。撒里塔攻高麗處仁城，中流矢卒，别將鐵哥引兵還。

是年，立彰德路總元帥府，改懷州爲行懷孟州事。遣王檝使於宋，議夾攻金人。宋使鄒伸之來報命。帝許以成功之後，歸宋河南地。

五年癸巳春正月丙午朔，金主渡河。辛亥，金將白撒攻衛州。丁巳，撒吉思不花等敗白撒於白公廟。金主奔歸德府。戊辰，金京城西面元帥崔立殺留守完顔奴申等，以南京降。

二月，帝幸鐵列都之地。命皇子貴由及諸王按赤帶將左翼兵，討蒲鮮萬奴。

夏四月癸巳，崔立以金太后王氏、皇后徒單氏、梁王從恪、荆王守純，及宗室男女五百餘人，至速不台軍中。甲午，速不台殺從恪、守純，送王氏、徒單氏赴行在。忒木觧率諸軍圍歸德。

五月，金將蒲察官奴乘夜來攻，撒吉思不花及都元帥董俊等皆戰没。詔諭高麗王悔過來朝，且數其五罪。

六月壬午，速不台克中京，獲金中京留守强伸。辛卯，金主自歸德奔蔡州。己亥，金主入於蔡州。是月，帝命以孔子五十一世孫元措襲封衍聖公。

秋八月，帝獵於兀必思之地。以阿同葛等充宣差勘事官，括中州民户。

九月，遣王檝使於宋，且徵糧。辛亥，塔察兒築長圍以困蔡州。是月，皇子貴由等獲萬奴，遼東平。

冬十月甲申，金將麻琮以徐州降。高麗人畢賢甫與洪福源殺高麗宣諭使鄭毅，以西京降。高麗將崔瑀攻賢甫斬之，福源來奔。

十一月，宋遣其都統制孟珙等來會師，并輸糧三十萬石。

十二月己卯，拔蔡州外城。己丑，拔其西城。

是冬，帝幸阿魯兀忽可吾行宫。敕修孔子廟及渾天儀。趙揚據興州叛，易州達魯花赤趙瑨討斬之。金海、沂、萊、濰等州降。

六年甲午春正月戊申，金主傳位于宗室子承麟。己酉，大兵克蔡州，金主自縊死，承麟爲亂兵所殺，金亡。金息州行省抹撚兀典降於宋，大兵追殺之。

是春，會諸王於斡兒寒河。

夏五月，金將武仙奔澤州，爲戍兵所殺。帝幸答蘭答八思之地，大會諸王百官，頒大札薩克以令於衆曰：

凡當會不赴而私宴者，斬。諸出入宫禁，各有從者，男女止限十人，出入毋得相雜。軍中凡十人置甲長一，聽其指揮，專擅者罪之。其甲長以事來宫中，置權攝一人，甲外一人，二人不得擅自往來，違者罪之。諸公事非當言而言者，拳其耳；再犯，笞；三犯，杖；四犯，論死。諸千户越萬户前行者，以木鏃射之。百户、甲長、諸軍有犯，其罪同。諸軍甲内數不足，於近翼抽補足之。諸人或居室，或在軍中，毋敢喧呼。凡來會，用善馬五十匹爲一羈，守者五人，飼羸馬三人，守乞烈思三人。但盜馬一二者，即論死。諸人馬不應絆於乞烈思内者，輒没與畜虎豹人。諸婦人製質孫燕服不如法者，及妬者，乘以騲牛狥部中，論罪，即斂財爲更娶。

六月，宋將全子才率萬餘人自合肥趨汴京。崔立爲部將李伯淵等所殺。

七月，子才入汴。己卯，宋制置使趙葵陷泗州。乙酉，宋監軍徐敏子入洛陽，都元帥塔察兒拒戰於龍門北，大敗之。以忽都虎爲中州斷事官，野里朮副之。遣大達海紺卜伐宋，取四川諸路。

八月，宋將全子才等以糧盡，引還。帝幸答八思之地，議自將伐宋，國王查剌請行，允之。

冬十二月己卯，遣王檝使於宋，責宋人敗盟。宋遣鄒伸之、李復禮等來報謝。帝獵於斡兒寒河。

是年，東平行省嚴實入覲，授實東平路行軍萬户，偏裨賜金符者八人。改威州爲邢洺路。設國子監助教官於燕京，令大臣子弟入學。

七年乙未春，城和林，作萬安宫。初，太祖居怯緑連河，又徙於盧朐河。帝即位，亦居怯緑連河及盧朐河，至是始建都於和林，國語曰喀剌科魯木。春，帝居萬安宫一月，居揭察哈殿二月。夏，避暑於昔剌斡兒朵。秋，居於闊闊腦兒行宫。冬，大獵於汪吉河。四時臨幸，率以爲常。帝以欽察、斡羅斯部未定，命諸王拔都、大將速不台討之，皇子貴由、合丹，皇弟闊列堅及諸王鄂爾達、昔班、唐古忒、貝達爾、不里、蒙哥、撥綽皆從行。帝諭拔都曰：「聞欽察別部酋八赤蠻有膽勇，速不台可勝之。」又以金秦、鞏二十餘州固守不降，命皇子闊端招諭之。又命皇子曲出、大將忽都虎伐宋，諸王唐古伐高麗。

秋七月，諸王口温不花略唐州，宋將全子才、劉子澄等皆遁。僉宣德、西京、平陽、太原、陝西五路人匠充軍，每二十户僉一人。

冬十月，曲出拔棗陽及光化軍。

十一月，略襄、鄧諸州，敗宋制置使趙范於郢州之上閘口。再戰，大兵失利，遂引還。闊端至鞏昌，承制授金便宜總帥汪世顯原官。初，大兵克蔡州，世顯即殺金行省粘葛，至是以鞏昌來降，從闊端伐宋。

十二月，闊端克沔州，唐古克高麗鳳、海、洞、慈及金山、歸信等州。中書省臣請契勘《大明曆》，從之。

是年，置大興府版籍。改濟寧府爲山東路總管府，濟州改隸東平府。安次縣改隸霸州，林州改行縣事。

八年丙申春正月，萬安宫成，諸王來會宴，帝手觴賜中書令耶律楚材曰：「朕所以推誠委卿者，先帝之命也。非卿則中原無今日，朕之安枕，皆卿力也。」詔印造交鈔行之，不得過萬錠。

二月，命應州萬户郭勝、鈞州萬户孛朮魯久住、鄧州萬户趙祥從皇子曲出伐宋。

三月，復修孔子廟及司天臺。宋王旻、李伯淵等以襄陽降，命游顯守之。

夏四月，曲出克隨、郢二州及荆門軍。復詔忽都虎括中原户口，得一百一十餘萬，定税每户出絲一斤，以供官用，五户出絲一斤，以賜貴戚、功臣。上田畝税三升半，中田三升，下田二升半，水田畝五升。商税三十分之一。鹽價銀一兩四十斤，以爲永額。

六月，立編修所於燕京，經籍所於平陽，編集經史，以梁陟充長官，王萬慶、趙著副之。

秋七月，詔燕京路民户及真定路新籍户，每二十户僉軍一人，以答不也兒領之。命陳時可閲刑名、科差、課税等案，赴和林照磨。詔以真定民户奉太后湯沐。諸王、貴戚、斡魯朵：拔都，平陽府；茶合帶，太原府；皇子古與克，大名府；孛魯台，邢州；果魯干，河間府；孛魯古帶，廣寧府；也苦，益都、濟南二府户内撥賜；按赤帶，濱、棣二州；斡陳，平涼州；皇子闊端、駙馬赤古、公主阿剌海、公主果真、國王查剌、茶合帶、鍛真、蒙古寒札、按只那顔、折那顔、火斜、朮思，並於東平府户内撥賜有差。耶律楚材言其不便，乃命設達魯花赤，朝廷別置官吏收其租賜之，非奉詔不得徵調兵賦。

八月，大兵克棗陽軍及德安府。

九月，闊端攻武休關，入興元，敗宋兵於陽平關，斬其將楊雲、曹友聞。時金秦、鞏二十餘州皆降，惟會州都總管郭蝦蟆堅守不下。

冬十月，按竺邇克會州，郭蝦蟆自焚死。丙午，闊端拔文州。按竺邇招撫吐番諸部，略定龍州，與闊端合兵攻成都府，克之。會皇子曲出卒，闊端遂班師。

十一月，口温不花遣察帶圍真州，不克。

十二月，中書省課績，以知濟南府張榮爲第一。

是年，改溢陽軍爲邢洺路，置邢總管府。升涿州路。速不台討布而嘎而部，平之。

九年丁酉春，帝獵於揭揭察哈澤。蒙哥等獲欽察別部酋八赤蠻，斬之。波爾塔斯、毛而杜因、薩克孫三部來降，裏海以北悉定。

夏四月，築埽隣城，作揭揭察哈殿。

六月，皇叔斡赤斤所部譌言括民女，帝怒，因括之以賜將士，自七歲以上未嫁之女得四千餘人。

秋八月，命斷事官朮虎乃、山西中路課税所長官劉中試諸路儒士，中選者蠲其賦役，令與本處長官同署公事，得東平楊奐等四千三十人。

冬十月，獵於野馬川，駐蹕行宮。口温不花等克光州，進拔復州。攻蘄州，宋知州徐㮚固守，攻安豐軍，宋知軍杜杲固守，俱不下，遂引還。

是年，拔都等入斡羅斯，克其勒治贊城，進拔克羅姆訥城，皇弟闊列堅中流矢卒，遂圍物拉的迷爾都城。

十年戊戌春，國王塔斯伐宋，入北峽關，宋將汪統制降。拔都等克物拉的迷爾城，分兵拔廓在爾斯科城。

二月，遣王檝使於宋。

三月己丑，宋通好使周次説來報謝。

夏四月，築圖蘇湖城，作迎駕殿。襄陽裨將劉義執游顯等，降於宋，宋復取襄樊。

六月，中書令耶律楚材陳時務十策，曰信賞罰，正名分，給俸禄，官功臣，考殿最，均科差，選工匠，務農桑，定土貢，制漕運。帝悉行之。

秋八月，徵收課税使陳時可、高慶良奏諸路旱蝗，詔免今年田租，仍停舊未輸納者。以察罕爲馬步軍都元帥。察罕克天長縣及滁、泗等州。

九月，察罕圍盧州，宋知州杜杲拒戰，兵失利，引還。

冬十月辛未，宋人取光州。楊惟中建太極書院於燕京。

十一月，衍聖公孔元措奏禮樂散失，亡金太常官吏及禮册、樂器尚存者，請降旨收録。從之。

十二月，高麗國遣使貢方物。

是年，改平州爲興平府，立鼓城等處軍民萬户府。改深州隸真定路。塔海克隆慶府。宋洋州守將以城降。綽兒馬罕再入義拉克阿剌伯，敗哈里發於侃匿斤城，分兵取角兒只屬部之地。

十一年己亥春正月，富民劉廷玉等請以銀一百四十萬撲買中原課税，中書令耶律楚材奏罷之。宋孟珙復取信陽軍，尋又取光化軍及息、蔡二州。

是春，獵於揭揭察哈澤，皇子闊端至自西川。

夏四月，賜高麗王王瞮璽書，徵其入朝。

六月，高麗國遣使奉表謝罪。塔海攻重慶府，不克。

秋七月，以山東諸路災，免其田租。

冬十一月，蒙哥等圍阿速部蔑怯思城。

十二月，塔海與宋兵戰於歸州大埡砦，失利。宋復取夔州。西域賈人奥都拉合蠻撲買中原銀課二萬二千錠，以四萬四千錠爲額，從之。初，奥都拉合蠻，褰人也。國法：春、夏浴水中者死。帝與皇兄察合台出獵，見奧都拉合蠻浴，察合台欲斬之。帝曰：「彼遺金沒而求之，非浴也。」乃免死，令給事左右。後日見親信，遂恣爲奸利焉。

是年，金降將王榮執懷州達魯花赤純只海以叛。純只海妻善禮伯倫奪純只海歸，討榮，誅之。升順天軍爲路，置總管府，以易州、祁州、定州及雄州之三縣屬之。立太原路總管府。綽兒馬罕分兵攻角兒只諸部，角兒只大將阿拔克迎降。

十二年庚子春正月，以奧都拉合蠻充提領諸路課稅所官。蒙哥等克蔑怯思城。拔都以斡羅斯諸部悉定，遣使來奏捷。命萬户張柔等分道伐宋。

二月，按竺邇敗宋舟師於夔門。

夏四月，始令製登歌樂，肄習於曲阜孔子廟。遣王檝使於宋。未幾，檝以疾卒，宋人歸其喪。

秋八月，宋將余玠以舟師入寇，泝河抵南京而返。

冬十二月，詔皇子貴由班師。敕州縣失盜不獲者，以官物償之。

是年，敕代償官民借回鶻金，計子母七萬六千錠。仍敕凡借貸歲久者，惟子本相侔而止，著爲令。籍諸王大臣所俘男女，放爲良民。以曷思麥里爲懷孟、河南二十八處都達魯花赤。東平行軍萬户嚴實卒。角兒只將阿拔克及凱辣脱酉阿釋阿甫妻湯姆塔入朝，帝厚撫之，詔綽兒馬罕盡返角兒只侵地，又諭角兒只歲貢外，不得任意苛歛。

十三年辛丑春正月，獵於揭揭察哈澤。辛酉，帝疾甚，醫言脈絶。耶律楚材請大赦天下，從之，異日而瘳。

三月，都總管萬户劉嶷入覲，命嶷巡撫天下，察百姓利病。以劉敏行省事於燕京，賜敏手詔曰：「卿之所行，有司不得與聞。」拔都等敗波蘭兵於勒基逆赤城。

夏四月，高麗王瞮以族子綧入質。

冬十月，以牙剌瓦赤同行省劉敏主管燕京公事。未幾，牙剌瓦赤以流言誣敏，敏出手詔示之。帝聞之，按問得實，罷牙剌瓦赤。

十一月丁亥，帝出獵，耶律楚材諫，不聽。庚寅，還至鈋鐵鋽胡蘭山，奥都剌合蠻進酒，帝飲醉。辛卯遲明，崩於行宫，年五十六。葬起輦谷。至元三年冬十月，追謚英文皇帝，廟號太宗。

初，帝愛拖雷子蒙哥。一日，召蒙哥，撫其首曰：「是可以君天下。」異日，帝用犉牸豹，皇孫失烈門在側曰：「用犉牸豹，則犢將安養？」帝又曰：「是有仁心，可以君天下。」及帝崩，六皇后乃馬真氏召耶律楚材問立君，楚材對曰：「此非外臣所敢與者。」后乃與諸王定議立皇子貴由爲嗣。皇后臨朝稱制，以俟拔都等之至焉。

壬寅春，皇后乃馬真氏稱制元年，拔都等班師返。

夏五月，大兵攻宋遂寧、瀘州，克之。

秋七月，張柔自五河口渡淮，攻揚、滁、和諸州，敗宋統制王温等於天長縣。

冬十月，張柔克通州。

十二月，大兵攻叙州，獲宋都統制楊大全。是年，右丞相鎮海罷。

癸卯春正月，高麗國遣使來貢方物。

三月，大兵克資州。汪世顯卒，以其子德臣代之。

夏五月，熒惑犯房星。耶律楚材奏：「當有驚擾，然終無事。」未幾，皇叔斡赤斤引兵趨和林，皇后欲西遷以避之。楚材曰：「臣觀天道，無他變也。」已而果如其言。

秋，察罕奏以張柔總諸軍，屯杞縣。

是年，貝住征羅馬國，分兵入西里亞，羅馬酋開廓蘇降。

甲辰春，諸王大會於也只里河。

夏五月，中書令耶律楚材卒。察罕圍宋壽春府，不克。宋壽春兵從海道寇膠、密諸州。至是，大兵突至，樹柵以遏援師。宋將劉雄飛堅守，不下。

冬十月，高麗國遣使奉表來覲。

是年，併崮嵐、寧化、樓煩三縣入管州。

乙巳秋，察罕率步騎三萬，與張柔再攻壽春，進至揚州，宋制置使趙葵請和，乃班師。

九月，宋裨將劉整陷鎮平縣。

是年，貝住克凱辣脱城，遵太宗遺命，以其地與湯姆塔。

史臣曰：太宗寬平仁恕，有人君之量。常謂即位之後，有四功四過：「滅金，立站赤，設諸路探馬赤，無水處使百姓鑿井，朕之四功；飲酒，括叔父斡赤斤部女子，築圍牆妨兄弟之射獵，以私憾殺功臣朵豁勒，朕之四過也。」然信任奥都拉合蠻，始終不悟其奸，尤爲帝知人之累云。

# 新元史卷之五　本紀第五

## 定宗

定宗簡平皇帝，諱貴由，太宗長子也。母曰昭慈皇后，乃馬真氏。生於太祖元年丙寅。

太宗五年，以皇子與諸王按赤帶將左翼軍討蒲鮮萬奴，獲之，遼東平。

七年，諸王拔都討奇卜察克、斡羅斯諸部，太宗以敵據堅城不易下，命帝與諸王之長子貝達爾、不里、蒙哥等及皇弟闊列堅俱從行，所向克捷。

十一年，帝與蒙哥攻阿速部之蔑怯思都城。城險固，圍三月不下，乃選敢死士十人，躡雲梯而上，始克之。帝又與不里等別將一軍，與拔都大軍會於杜惱河。

十二年冬，拔都渡河，取格蘭城，帝駐河東，爲拔都後援。

十三年春二月，太宗崩，昭慈皇后與諸王、大臣會議，立帝爲嗣。皇后臨朝稱制，俟帝返然後歸政。

明年壬寅，爲皇后稱制之元年。春三月，太宗凶問至軍中，全軍東返。拔都至浮而嘎河，散遣諸軍。帝先歸奔喪。

癸卯夏，諸王斡赤斤以大衆趨和林，人心震駭。皇后遣斡赤斤之子往詰其父。斡赤斤聞大軍東返，帝已至葉密爾河，乃曰：「吾來視喪，非有他也。」遂引衆還。

甲辰，帝至和林，皇后屢召拔都。拔都與帝有隙，又以帝之立出皇后意，非太宗遺命，託足疾遷延不至。久之，遣其弟與子來會。

初，帝與拔都等宴軍中。拔都自以年長，先飲酒，帝詬之。拔都遣使訴其事於太宗，太宗大怒，欲謫帝爲探馬赤，置於邊遠之地。諸王忙該及阿勒赤歹、晃豁兒台、掌吉等諫曰：「成吉思汗有訓，內事只家中斷，外事只野外斷。此外事，請付拔都治之。」太宗從之，事得解。然拔都終與帝有隙焉。

乙巳，皇后以拔都不至，乃召諸王、諾延，會於答蘭答八思之地，定議以帝嗣位。

元年丙午秋七月，帝即位於汪吉宿滅禿里之地。斡羅斯、羅姆、角兒只、法兒斯、克而漫、瓦夕斯諸國皆來朝。報達之哈里發、天主教之教王，及木剌夷、阿勒坡諸國，皆遣使來賀。帝錫賚優渥，凡后妃、公主、諸王、大臣及其家之子弟皆有賜，將士賜及其家，朝賀者賜及從人。以車五百乘載金帛，頒賜畢，尚有羨餘，使群臣奪取以爲笑樂焉。帝諭報達使者法克哀丁：「哈里發遇蒙古人無禮，如不悛，將興兵討之。」木剌夷使者亦不見禮而歸。帝詰斡赤斤稱兵之事，使諸王蒙哥、鄂爾達按之，誅其官屬數人，宥斡赤斤不問。命中書令楊惟中宣慰平陽。斷事官斜徹橫恣不法，惟中按誅之。以耶律鑄領中書省事。冬，獵黄羊於野馬川。皇太后乃馬真氏崩。太后攝政四年，法令廢弛，諸王自以勑令徵西域貨財，使者絡驛於道。呼拉商等處長官阿兒渾入覲，盡取前後諸王勑令奏聞，帝申令禁止之。諸王由是斂戢。

奥都拉合蠻伏誅。復以鎮海爲中書左丞相，以牙剌瓦赤管財賦，以其子馬忽惕爲突而基斯單、撒馬爾干等處長官，賜金獅符。

以察罕經略江淮，賜貂裘一、鑌刀十。察罕使權萬户史權等伐宋，克虎頭關，進至黄州。軍前左右司郎中李楨表言：「襄陽乃吴、蜀之要，宋之襟喉，得之則可以爲他日取宋之資。」帝嘉納之。

是年，拔都與大將兀良合台討孛烈兒、乃捏迷思諸部，平之。

二年春，以忙哥撒爾爲斷事官。張柔敗宋兵於泗州。柔帳下吏夾谷顯祖上變，誣柔。逮柔至和林，訊之得實，顯祖伏誅。

夏，避暑於曲律淮黑哈速之地。

秋七月，帝西巡。萬户郝和尚朝於行宫，帝賜銀萬錠，和尚固辭，遂賜其將校劉天禄等金銀符。

八月，命野里知吉帶征西域。抽諸王部衆十之二，使野里知吉帶領之，屬國如羅姆、角兒只、毛夕耳、的牙佩売耳、阿勒坡等皆轄之，收其貢賦以充軍實。帝諭野里知吉帶曰：「朕將自往，以汝爲前鋒耳。」詔蒙古户百選一人，充拔都魯。

九月，取太宗宿衛之半，以也曲門答兒領之。

冬十月，括諸路户口，敢隱實者誅籍之。

是年，皇弟闊端卒。西域婦法瑪特以巫蠱術厭闊端，撒馬爾干人希雷發其事，闊端臨卒亦遣使告於帝，爲法瑪特所害。詔丞相鎮海鞫之，法瑪特辭伏，處以極刑。未幾，又有人告希雷厭禳皇子忽察，希雷亦伏誅。以高麗不入貢，遣兵討之。

三年春三月，帝不豫，西巡葉密爾河。帝在潛藩，葉密爾河爲湯沐地。帝嘗謂「此地水土宜於朕體」，遂決意西巡。未至別失八里，疾大漸，崩於横相乙兒之地，年四十有三。葬起輦谷。追謚簡平皇帝，廟號定宗。

帝嚴重有威，在位未久，不及設施。昭慈皇后稱制時，君權下替。帝既立，政柄復歸於上。然好酒色，手足有拘攣疾，嘗以疾不視事，委鎮海、喀達克二人裁決焉。

是年，大將速不台卒。蒙古諸部大旱，河水盡涸，野草自焚，牛羊十死八九。萬户郝和尚因歲饑，輸穀千石以贍國用。

帝既崩，皇后斡兀立海迷失不發喪，先赴於拔都及拖雷妃客烈亦氏，請依乃馬真皇后故事，臨朝稱制，以俟立君。拔都許之。與諸王、大臣會於阿勒塔克山。

己酉，皇后稱制元年，遣使者八拉等會拔都於阿勒塔克山。拔都欲立憲宗，使者還報。皇后與二子忽察、腦忽皆不悦。

庚戌春，諸王、大將再會於闊帖兀阿蘭之地，定議立憲宗。

是年，宋制置使余玠寇興元、文州，汪德臣、鄭鼎拒之。降將王德新據階州以叛。以李楨爲襄陽兵馬萬户。

史臣曰：定宗誅奥都拉合蠻，用鎮海、耶律鑄，賞罰之明，非太宗所及。又乃馬真皇后之弊政，皆爲帝所剗革。舊史不詳考其事，謂前人之業自帝而衰，誣莫甚矣。

# 新元史卷之六　本紀第六

## 憲宗

憲宗桓肅皇帝，諱蒙哥，睿宗拖雷之長子也。母曰顯懿莊聖皇后，客烈亦氏。生於太祖三年戊辰十二月三日。有晃忽答部人知天象，言帝後必大貴，故以蒙哥名之。蒙哥，譯義長生也。太宗在潛邸，養以爲子，使昂灰二皇后撫之。睿宗卒，始命帝歸藩。

太宗七年，從拔都討奇卜察克、斡羅思諸部。九年，入奇卜察克，其別部酋八赤蠻敗遁，匿於浮而嘎河林中。帝入林搜捕，見空營，一病嫗在焉。訊之，則八赤蠻已遁於寬田吉思海島。時北風大作，海之北岸水淺，遂渡水，出其不意擒之。帝命之跪，八赤蠻曰：「我一國之主，豈圖苟活？且我非駝，何以跪爲？」帝囚之。八赤蠻謂守者曰：「我竄於海島，與魚何異？然卒見擒，天也。今水回期將至，汝等宜早還。」守者白於帝，即日班師，而水已至，後軍有浮渡者。八赤蠻請受刃於帝，帝命皇弟撥綽斬之。

與拔都等進攻斡羅斯之勒治贊城，帝躬自搏戰，克之。

十一年春，又與定宗攻拔阿速之蔑怯思城。

十二年，圍斡羅斯計掖甫城。帝遣使諭降，城人殺使者，帝怒，晝夜力攻，克之，盡屠其衆。

太宗崩，諸軍東返。定宗即位，命帝屯六盤山，控制秦隴，爲伐蜀之計。

定宗崩，皇后斡兀立海迷失臨朝稱制，拔都與諸王、大將會於阿勒塔克山，議立君。皇后遣使者帖木兒來會。至者西方諸王忽必烈、阿里不哥、末哥，東方諸王也孫格、塔察兒、帖木迭兒、也速不花及大將兀良合台、速你帶、忙哥撒兒數人。時大將野里知吉帶自西域至，建議遵太宗之命，立失烈門。皇弟忽必烈作而言曰：「太宗既欲立失烈門，而汝等輔立定宗，豈太宗命耶？阿克塔隆爲太祖愛女，即有罪，宜會諸王、哈屯定讞，乃不問而殺之，又豈太祖、太宗法耶？今日之事，奈何以太宗之命爲辭？」聞者語塞。初，太祖分部衆於子弟，睿宗以幼子，所得獨多，故諸將多睿宗舊部。睿宗卒，帝兄弟尚幼，事皆決於莊聖皇后。后有才智，能御衆，又與拔都善，故衆皆屬意於帝。時又有建議者，謂拔都最長，當立。拔都不可，衆曰：「王既不肯自立，請王審擇一人，以定大計。」拔都曰：「吾國家幅員甚廣，非聰明睿智、能效法太祖者，不可爲主。我意在蒙哥。」衆應曰：「然。」帝固讓，皇弟末哥曰：「衆謂拔都言是聽，今奈何不從！」拔都曰：「末哥言是也。」議遂定。

皇后又遣使告於拔都，會議宜在東，不宜在西。且諸王未集，不能定議。拔都曰：「太祖、太宗大業未可輕授，今帝位已定，請屈意相從。明年再會於東方可也。」使其弟伯勒克、脱哈帖木兒將大軍衛帝而東，拔都自駐於西，以備非常。

元年辛亥春，諸王、大將再會於闊帖兀阿蘭之地。太宗、定宗諸子及察合台子也速蒙哥皆不至。拔都遣使者勸之，仍不納。於是伯勒克等請於拔都，拔都乃申令於衆，有梗議者以國法從事。西方諸王別兒哥、脱哈帖木兒，東方諸王也古、脱忽、也孫格、按只帶、塔察兒、也速不花暨西方大將班里赤等皆至，乃諏日奉帝即位焉。

夏六月，帝即位於斡難河、克魯倫河之間。追尊皇考拖雷爲帝，尊客烈亦氏爲皇太后。即位日，諸王列於右，諸哈屯、公主列於左，皇弟七人列於前，文臣以孛爾該爲班首，武臣以忙哥撒兒爲班首。禮成，大宴七日。既而御者克薛傑上變，言贏逸，自出追之，遇車馬甚衆。一車折轅，誤以克薛傑爲同行者，使助其縛轅。見車中有藏甲，訝而問之，御者曰：「爾車亦如此，何問爲？」更問他車御者，乃知失烈門、忽察、腦忽三王欲乘宴會作亂。帝秘其事，命忙哥撒兒以兵逆之，止三王衛士，使各從二十人，獻九白之貢。翌日，帝親詰失烈門等，皆不承。考訊失烈門從官，始吐實，而自剄以死。復命忙哥撒兒窮治失烈門等黨羽，太祖功臣也孫帖額、掌吉、爪難、合答、曲憐、阿里出等及野里知吉帶之二子，皆坐誅，死者七十人。諸王也速蒙哥、不里後期不至，遣大將卜憐吉䚟屯兵備之。

帝遂更改庶政。命皇弟忽必烈總治漢南諸路軍民。開府於金蓮川，以忙哥撒兒爲斷事官。以孛爾該爲大必闍赤，掌宣發號令、朝覲貢獻及内外聞奏諸事。以晃忽兒留守和林，阿蘭答兒副之。以牙剌瓦赤、卜只兒、斡魯不、覩答兒等充燕京等處行尚書省事，賽典赤、匿昝馬丁佐之，以訥懷、塔剌海、麻速忽等充别失八里等處行尚書省事，暗都剌兀尊、阿合馬、也的沙佐之。以阿兒渾充阿母河等處行尚書省事，法合魯丁、匿只馬丁佐之。以察罕、也柳干總兩淮等處蒙古、漢軍；以帶答兒統四川等處蒙古、漢軍；以和里䚟統吐番等處蒙古、漢軍，皆仍前征討。封克薛傑爲答剌罕。命僧海雲掌釋教事，道士李真常掌道教事。

頒便益事宜於國中：凡朝廷及諸王濫發牌印，詔命盡收之。諸王馳馹，許乘三馬，遠行亦不得過四馬。諸王不得擅招民户。諸官屬不得以朝覲爲名賦斂民財。輸糧者許於近倉輸之。罷築和林城夫役五千人。依太祖、太宗舊制，免耆民及釋、道等教之丁税，惟猶太教不預此例。改定西域税則，牛、馬百税一，不及百者免。代償定宗及皇后、皇子虧欠商貨銀五十萬錠。

秋，察罕入覲，命以都元帥兼領尚書省事。

冬十一月，皇弟忽必烈入覲。帝聞西夏人高智耀名，召見之。從智耀言，免海内儒士徭役，無有所與。

是冬，執野里知吉帶於八脱吉斯之地，命拔都誅之。以僧那摩爲國師，總領天下釋教。

二年春正月，帝幸失灰之地。命皇弟旭烈兀討木剌夷，以乃蠻人怯的不花爲前鋒。皇太后客烈亦氏崩。置經略司於汴，以忙哥、史天澤、楊惟中、趙璧等爲經略使，屯田唐、鄧諸州。

二月，察罕攻宋隨、郢、安、復等州，與宋將馬榮戰於大脊山。

三月，命東平萬户嚴忠濟立局，製冠冕、法服、鐘磬、儀仗，肄習之。

夏四月，帝駐蹕和林。定宗皇后斡兀立海迷失及失烈門母以厭禳事覺，命忙哥撒兒鞫治得實，並賜死。以忽察、腦忽、失烈門三王皆由其母煽惑，免死。謫忽察於蘇里該之地，腦忽、失烈門於没脱赤之地。禁錮和只、納忽、孫脱等於軍中。

定太宗子孫分地：合丹居别失八里，蔑里居也兒帖石河，海都居海押立，别里哥居曲兒只，脱脱居葉密立，蒙哥都及太宗皇后乞里吉忽帖尼居闊端太子分地之西。仍以太宗皇后、諸妃資産分賜諸王。遣貝剌至察合台藩地，逮治違命諸臣。乞兒吉思、謙謙州等處，皆遣兵巡察。命察合台孫忽剌旭烈殺也速蒙哥，代其位。忽剌旭烈未至而卒，其妃倭耳干納殺也速蒙哥，自爲監國。以太宗子不里付海都殺之。定宗用事大臣喀達克等並伏誅。

六月，皇弟忽必烈入覲。

秋七月，命忽必烈征大理，塔塔兒台撒里、秃兒花撒征印度。詔諭宋荆南、襄陽、樊城、均州諸守將，使來附。

八月庚申，帝始以冕服拜天於日月山。癸亥，帝用孔元措言，合祭昊天、后土，作神牌，以太祖、睿宗配。是月，忽必烈次臨洮，請城利州以爲取蜀根本。

冬十月，汪德臣掠宋成都，薄嘉定，爲宋將余玠所卻。命諸王也古討高麗。帝獵於月帖古忽蘭之地，墮馬，傷臂，不視朝百餘日。

十二月戊午，大赦天下。以帖哥出、闊闊朮等掌帑藏；孛闌合剌孫掌斡脱；阿剌忽掌祭祀、醫巫、卜筮，阿剌不花副之；只兒斡帶掌驛傳。徙工匠五百户修行宫。是年，籍漢地户口。印度遣使入貢。

三年春正月，汪德臣城利州、閬州，分兵屯田，宋人不敢侵軼。帝獵於怯蹇察罕之地。諸王也古以怨襲諸王塔察兒營。帝遂會諸王於斡難河北。罷也古征高麗兵，以札剌兒帶爲征東元帥。遣必闍赤别兒哥括斡羅思户口。帝大封同姓，命皇弟忽必烈於河南、陝西自擇其一，忽必烈願有陝西，遂受京兆分地。

三月，察罕攻宋海州，敗宋將王國昌於城下，獲都統一人。

六月，命兀良合台從皇弟忽必烈征大理，皇弟旭烈兀征報達。又命撒里等征印度斯單、克什米爾，受旭烈兀節度。撒里等由克什米爾入印度斯單界，大掠而還。帝幸火兒忽納要不兒之地，諸王拔都遣使乞買珠銀萬錠，帝以千錠賜之，仍諭曰：「太祖、太宗之財，費用如此，何以給諸王之賜？王宜詳審之，此銀就充歲賜之數。」

秋八月，帝幸軍腦兒，以忙哥撒兒爲萬户，哈丹爲札魯花赤。

九月，忽必烈次忒剌之地。分兵三道，兀良哈台由西道，諸王抄合、也只烈由東道，忽必烈由中道以進。

冬十月，忽必烈渡金沙江，摩挲蠻酋唆火魯迎降。

十二月，忽必烈入大理。帝幸汪古部。命諸王也古與洪福源征高麗，攻拔禾山、東州、春州等城。

是年，怯的不花入苦亦斯單，進至塔密干，攻吉兒都苦堡，木剌夷酋遣兵援之。忙哥撒兒卒。忙哥撒兒涖事嚴，人多怨之，帝爲下詔慰諭其子。

四年春二月，宋將余晦城紫金山，汪德臣大敗之，奪其城。

三月，釋宋使王元善南歸。帝獵於怯蹇察罕之地。

夏，帝駐蹕於月兒滅怯土。札剌兒帶至軍中，也古罷歸。

秋七月，詔官吏赴朝廷，理算錢糧者許自首不公，仍禁以後浮費。兀良合台攻烏蠻赤押城，拔之。大理酋段興智降〔一〕。

秋八月，皇弟忽必烈至自大理，駐於桓、撫二州。

冬十一月，城光化軍，帝大獵於也滅千哈理察海之地。是年，會諸王於顆顆腦兒之西，祭天於日月山。初籍新軍。帝令大臣求可以慎固封守、嫻於將略者。擢史樞征行萬户，配以真定、相、衛、懷、孟之兵，使屯於唐、鄧二州。張柔移屯亳州，自亳築甬道屬汴隄，以通商賈之利。詔柔率山前八軍城亳州。宋均州總管孫嗣宗遣人賫蠟書請降。詔權萬户史權以精兵援之。宋驍將鍾顯、王梅、杜柔、袁師信各率所部來降。

五年春，定漢民科差包銀額征四兩，以半輸銀，半折絲絹、顏料等物。

夏，帝駐蹕月兒滅怯土。

秋九月，張柔會都元帥察罕於符離，築橫江堡，兼立水栅，以通陳、蔡、潁、息之路。

是年，史樞敗宋舟師於漢水之鴛鴦灘。兀良合台攻魯魯厮、阿伯等部，降之。改命札剌兒帶、洪福源征高麗。馬步軍都元帥兼領尚書省事察罕卒。權真定等路萬户史天安卒。

六年春正月，帝會諸王、百官於月兒滅怯土，大宴六十餘日，賜金帛有差，仍定擬諸王歲賜之數。忽必烈奏請續僉内地漢軍，從之。

夏四月，駐蹕答密兒之地。

五月，幸昔剌斡魯朵。

六月，大白晝見。幸斛亦兒阿塔之地。諸王也孫格、駙馬也速兒等請伐宋，帝亦以宋人囚使者月里麻思，會議討之。太宗末，月里麻思使於宋，宋人囚之，至是已十六年。

秋七月，諸王塔察兒、駙馬帖里該率所部過東平，掠民羊豕。帝聞之，遣使按問其罪。由是諸軍斂戢無犯者。

冬，帝駐蹕阿塔哈帖乞兒蠻之地。以阿母河回回降户分賜諸王、大將。旭烈兀率怯的不花、布帖木兒等分三道進兵，木剌夷酋兀克乃丁請降。帝以木剌夷人凶悍，命旭烈兀悉誅之。兀克乃丁入朝，亦殺之於中途。

十二月，城棗陽軍。

是年，大理酋段興智及素丹諸部長來覲。兀良合台討烏、白蠻三十七部，悉平之，遂自昔八兒之地還重慶，敗宋將張實。賜兀良合台金縷織文衣一襲、銀五千兩，賚軍士彩帛二萬四千匹。始建城郭、宮室於桓州東、灤水北之龍岡。

七年春，帝幸忽蘭也兒吉之地。詔諸王出師伐宋。命阿藍答兒行省事於京兆，劉太平佐之，鈎考陝西諸路財賦。皇弟忽必烈固請率妃主入覲。董文蔚攻宋襄陽、樊城，與宋將高達戰於白河。

夏六月，謁太祖行宮，祭旗鼓，復會諸王於怯緑憐之地，還幸月兒滅怯土。兀良合台奏請依漢故事，以西南夷悉爲郡縣，從之。以劉時中爲宣撫使，加兀良合台大元帥，還鎮大理。

秋，駐蹕於軍腦兒，釃馬乳祭天。

九月，以駙馬納陳之子乞䚟爲達魯花赤，鎮守斡羅斯，仍賜馬三百匹、羊五千匹。回鶻獻水精盆、珍珠傘等物，值三萬餘錠。帝曰：「方今百姓疲敝，所急者錢耳。朕獨有此何爲？」命卻之。賽典赤以爲言，帝稍償其值，禁勿再獻。諸王塔察兒率諸軍伐宋，圍樊城，會霖雨連月，遂班師。

冬十一月，兀良合台伐安南，入其都城。安南國王陳日煚遁入海島，遂大享戰士而還。

十二月，帝渡漠南，駐蹕於玉龍棧赤，皇弟忽必烈、阿里不哥及諸王八里土、玉龍塔失、昔烈吉、出木哈兒，公主脱滅干來迎。帝見忽必烈，相對泣下，不令有所白而止。

是冬，皇弟旭烈兀至報達，克其乞里茫沙杭城。

八年春正月朔，幸也里本朵哈之地，受朝賀。

二月，陳日煚傳國於長子光昺，遣其陪臣阮學士來貢方物，兀良合台送詣行在。旭烈兀平報達，獲哈里發木司塔辛，殺之，遣使來獻捷。帝獵於也里海牙之地，遂自將伐宋，命阿里不哥留守和林，阿蘭答兒輔之，命張柔從忽必烈攻鄂州，以趨臨安，塔察兒攻荆山以分兵力。又命兀良合台自雲南進兵，會於鄂州。紐鄰敗宋師於靈泉山，進攻雲頂山堡，克之。成都府彭、漢、懷安、綿等州及威、茂諸蕃悉降，以紐鄰爲都元帥。帝自東勝渡河。命參知政事劉太平括興元户口。高麗質子王綧譖洪福源，帝召福源殺之。

夏四月，帝駐蹕六盤山，召見諸路守令，豐州千户郭燧奏請城金州，從之。是時軍四萬，號十萬，分三道而進：帝由隴州入大散關，諸王末哥由洋州入米倉關，孛里察萬户由漁關入沔州。以明安答兒爲太傅，守京兆。詔徵益都行省李璮兵，璮奏益都南北要衝，兵不可撤，從之。

五月，皇子阿速帶因獵傷民稼，帝責之，撻近侍數人。士卒有拔民葱者，斬以徇。由是大兵所至，秋毫無犯。

秋七月，留輜重於六盤山。帝自將大軍出寶雞，攻重貴山，所向克捷。

八月辛丑，李壇與宋人戰於漣水，大敗之。

九月，帝進駐漢中。紐鄰率衆渡馬湖江，獲宋將張實，遣實招諭苦竹隘。實入城，與宋將楊立堅守。行北京七路兵馬都元帥府事史天祥卒。

冬十月壬午，帝次寶峰。癸未，幸利州，觀其城塹淺惡，以汪德臣能守，賜巵酒獎諭之。遂渡嘉陵江，至白水江，命德臣造浮梁以濟，進次劍門。戊子，遣史樞攻苦竹隘，裨將趙仲開門出降，詔賜仲衣帽，遷於重慶。己亥，獲張實，支解之。賜汪德臣玉帶，留精兵五百守之。遣使招諭龍州。帝駐蹕高峰。庚子，圍長寧山，守將王佐等出戰，敗之。

十一月己酉，帝督諸軍，先攻鵝頂堡。壬子，與宋師戰於望春門，敗之。宋知縣王仲出降。是夜，克鵝頂堡，以彭天祥爲達魯花赤守之。諸王末哥、塔察兒等略地還，俱引兵來會。丙辰，進攻大獲山，遣王仲招守將楊大淵，大淵殺之。帝怒，督諸軍力攻，大淵遂以城降，授大淵爲都元帥。庚午，帝駐蹕和溪口。是月，宋龍州降。

十二月，楊大淵與汪德臣分攻相如等縣。紐鄰攻簡州不克。乙酉，帝次於運山，宋守將張大悅降。進至青居山，其裨將劉淵等殺都統段文鑒降。丁酉，隆州降。己亥，大良山守將蒲元圭降。詔諸軍毋俘掠。癸卯，克雅州。石泉山守將趙順降。甲辰，遣降人晉國寶招諭合州守將王堅，堅固守不下。

是年，兀良合台狥宋內地，連克静江府、辰、沅等州，進圍潭州。皇子辨都卒。

九年春正月乙巳朔，帝駐蹕重貴山北，置酒大會，因問群臣曰：「今在敵境，天將暑，汝等謂可居否乎？」脱歡曰：「南土瘴厲，車駕宜早還，新俘户口委官吏治之可也。」八里赤曰：「脱歡怯，臣請居之。」帝稱善。戊申，晉國寶還至峽口，王堅追殺之。諸王末哥進攻渠州禮義山，曳刺秃魯雄攻巴州平梁山。丁卯，楊大淵攻合州，俘男女八萬餘。是月，大兵克利州。隆慶、順慶諸府，蓬、閬、廣安守將相繼降。命渾都海以兵二萬守六盤山，乞台不花守青居山，紐鄰造浮梁於涪州之藺市，以杜援兵之路。

二月丙子，帝自雞爪灘渡江，直抵合州城下。辛巳，攻一字城。癸未，攻鎮西門。

三月，攻東新門及奇勝門、鎮西門諸堡。

夏四月丙子，大雷雨，凡二十日。乙未，攻護國門。宋將吕文德以艨艟千餘，泝嘉陵江而上，命史天澤擊敗之。六月丁巳，汪德臣選敢死士夜登外城，會大雨，梯衝盡折，後軍不克進而止。是日，德臣感疾卒。帝不豫。

秋七月，留兵三千圍合州，餘衆悉攻重慶。癸亥，帝崩於釣魚山，年五十有二。史天澤等奉梓宮北還，葬起輦谷。廟號憲宗，追謚桓肅皇帝。

帝沈斷寡言，不喜侈靡。太宗朝群臣擅權，政出多門。至是，凡詔令皆帝手書，更易數四，然後行之。御群臣甚嚴，嘗諭左右曰：「汝輩得朕獎諭，即志氣驕逸，災禍有不立至者乎？汝輩其戒之。」然酷信巫覡卜筮之術，凡行事必謹，叩之無虛日，終不自厭也。

史臣曰：憲宗聰明果毅，內修政事，外闢土地，親總六師，壁於堅城之下，雖天未厭宋，賚志而殂，抑亦不世之英主矣。然帝天資涼薄，猜嫌骨肉，失列門諸王既宥之而復誅之。拉施特有言：「蒙古之內亂，自此而萌，隳成吉思汗睦族固本之訓。」嗚呼！知言哉！

## 【校勘記】

〔一〕「段興智」，原作「段智興」。按，段智興爲大理國宣宗皇帝，乃大理國末代皇帝段興智之曾祖，祖孫名用字同，故易混。今乙正。下同。

# 新元史卷之七　本紀第七

## 世祖一

世祖聖德神功文武皇帝，諱忽必烈，睿宗第四子，憲宗同母弟也。以太祖十年乙亥秋八月乙卯生。

太祖十九年春，自西域班師，至乃蠻境阿拉馬克委之地，帝與皇弟旭烈兀來迎，帝射一兔，旭烈兀射一山羊。國俗：童子初獵禽獸，以血染長者拇指。旭烈兀持太祖手，用力重。太祖曰：「爾用力如此，吾爲爾恥之。」帝則捧太祖之手，輕拭之，太祖甚悦。及長，仁明英睿，事莊聖皇后以孝聞。

在潛邸，徵名儒竇默、姚樞、許衡等，詢以治道，思大有爲於天下。蒙古興，垂六十年，至帝始延攬文學之士，待以殊禮焉。

憲宗即位，詔漠南、漢地軍國之事，悉聽帝裁決，開府於金蓮川，得專封拜。邢州爲帝分地，後又分二千户爲功臣食邑，民不堪命，詣王府訴之。劉秉忠、張文謙言於帝曰：「邢州户本萬餘，軍興以來，不滿數百，得良吏撫之，責以成效，使四方取法，則天下皆受王之賜矣。」帝從之，以脱兀脱、張耕爲邢州安撫使，劉肅爲商榷使，輕徭薄賦，期年户增數倍。自是帝益以儒者爲可用。

二年，帝移駐桓、撫二州，時牙剌洼赤、布智兒等行燕京中書省事，一日殺二十八人。其一人已杖而釋之，有獻環刀者，復追還，斬其人以試刃。帝聞其事，召布智兒責之曰：「凡死罪，宜詳讞而後行刑，今一日殺二十八人，必多冤濫。况既杖而後斬之，此何刑也？」布智兒惶恐謝罪。帝請置經略司於汴京以圖宋，置都轉運司於新衛，以濟軍儲，憲宗並從之。夏六月，覲憲宗於曲先腦兒，奉命征雲南。秋七月丙午，禡牙出師。

三年，憲宗大封同姓，敕帝河南、京兆自擇其一，帝願受京兆分地。奏割河東解州鹽池供軍餉，令民受鹽入粟，轉漕嘉陵。又奏置宣撫司於京兆，以孛蘭奚、楊惟中爲使，關、隴大治。

秋八月，帝自六盤山次臨洮。

九月壬寅，帝次忒剌，分三道以進。大將兀良合台出西道，諸王抄合、也只烈出東道，帝自將大軍出中道，留輜重於滿陀城。

冬十月，經西番界至金沙江，乘革囊以濟，摩娑二部酋唆火脱因、塔裏馬迎降。

十一月辛卯，遣玉律朮、王君侯、王鑑等諭大理。辛丑，白蠻酋阿塔剌降。十二月丙辰，圍大理城。初，大理酋段興智微弱，國事皆決於高祥。是夜，祥率所部遁去。帝入城，謂左右曰：「城破而玉律朮等不出，其人必死矣。」諸將以大理殺使者，欲屠城。張文謙言於帝曰：「此高祥所爲，非民之罪，請宥之。」帝乃使姚樞裂帛爲旂，書止殺之令，由是一城獲免。辛酉，分兵攻龍首關，次趙瞼。癸亥，獲高祥。祥不屈，斬之。時白日當午，雲起雷震。帝曰：「忠臣也！」命以禮葬之。帝承制以劉時中爲大理金齒等處宣撫使，留兀良合台討魯魯厮、阿伯諸部，自率諸將班師。

四年夏五月，帝辟暑於六盤山。秋八月，駐桓、撫二州。冬，駐金蓮川。

五年冬駐奉聖州。

六年春三月，命劉秉忠建城郭於桓州東、灤水北，後名爲開平府。冬，移駐合剌八剌合孫之地。

七年春，憲宗命阿藍答兒、劉太平鈎考京兆、河南財賦，推驗經略、宣撫兩司官吏。帝聞之不悦，用姚樞言，率妃主以下入朝。冬十二月，覲憲宗於也可迭烈孫之地，憲宗與帝皆泣下，不令帝有所白而止。遂議分道伐宋。

八年冬十一月戊午，帝禡牙於開平。

九年春二月，會諸王於邢州。

夏五月，次小濮州，徵宋子貞、李昶，訪問得失。

秋七月甲寅，次汝州，以大將拔都兒爲前鋒，戒勿妄殺。以楊惟中、郝經宣撫江淮，烏古論貞督餉蔡州。兵有犯法者，貞縛送有司，帝即斬之。由是將士肅然，無敢違命者。

八月丙戌，渡淮。辛卯，入大勝關，分遣張柔入虎頭關。壬辰，帝次黄陂。時淮民被俘者衆，帝悉宥之。庚子，諸將荼忽觧得宋沿江制置司榜，有云：「今夏諜者聞北兵會議，取黄陂民船，由陽邏堡濟江會於鄂州。」帝曰：「吾前無此意，能如其言，吾所願也。」辛丑，帝次於江北。

九月壬寅，諸王穆哥自合州遣使以憲宗凶問告，且請北歸。帝曰：「吾奉命南征，豈可無功而返？」甲辰，登香爐山，俯大江，江北爲陽邏堡，其南岸曰許黄洲，宋人嚴兵守之，列戰船江中，軍容甚盛。董文炳率死士鼓櫂疾趨，諸將分三道繼之，宋兵敗遁。文炳麾衆登南岸，使其弟文用輕舟報捷。帝問戰勝狀，因舉鞭仰指曰：「天也！」丁未，帝濟江，駐許黄洲。己酉，次鄂州。庚戌，圍城。帝謂張柔曰：「吾猶獵者，不能禽圈中豕，野獵以供汝食，汝破圈取之可也。」柔作鵝車洞火其城，别遣勇士先登。城垂克，會宋將高達來援，引兵入，復堅守不下。

冬十月辛未朔，帝駐龜山。

十一月丙辰，移駐牛頭山。兀良合台至潭州，遣使來告。命也里蒙哥以兵援之，且加勞問。時憲宗用事大臣阿藍答兒、渾都海、脱火思、脱里赤等憚帝英明，謀立皇弟阿里不哥。阿藍答兒乘傳發兵，去開平百餘里，皇后遣使謂之曰：「發兵，大事也，太祖皇帝曾孫真金在此，何故不令知之？」阿藍答兒不能對。后又聞脱里赤已至燕京，乃遣脱歡愛莫干馳告於帝，請早還。丁卯，發牛頭山，聲言以大兵趨臨安，留大將拔都兒圍城。

閏月庚午朔，還駐青山磯。辛未，張文謙獲降民二萬北歸。宋制置使賈似道遣使求和，請輸歲幣。帝令趙璧等語之曰：「汝以生靈之故，來求和好，其意甚善。然我奉命南征，豈能中止？果有事大之心，請命於朝廷可也。」是日，帝班師。及至襄陽，高麗世子倎來迎。帝曰：「唐太宗親征高麗，不能服。今其世子自來歸我，此天意也。」己丑，車駕至燕京。脱里赤方括民兵，帝悉縱之，民大悦。

中統元年春三月戊辰朔，車駕至開平府，哈丹、阿只吉率西路諸王，塔察兒、也先哥、忽剌忽兒、爪都率東路諸王來會，偕文武大臣勸進。帝三讓，諸王、大臣固請。辛卯，即皇帝位。遣高麗世子倎歸，以兵送之，仍赦高麗境内。

夏四月戊戌朔，八春、廉希憲、商挺爲陝西、四川等路宣撫使，趙良弼參議司事，粘合南合、張啟元爲西京等處宣撫使。己亥，詔諭高麗國歸其俘與逃户。辛丑，詔曰：

朕惟祖宗肇造區宇，奄有四方，武功迭興，文治未洽，五十餘年於此矣。蓋時有先後，事有緩急，天下大業，非一聖一朝所能兼備也。先皇帝即位之初，風飛雷厲，將大有爲。憂國愛民之心雖切於己，尊賢使能之道未得其人。方董夔門之師，遽遺鼎湖之泣。豈期遺恨，竟弗克終。

肆予冲人，渡江之後，蓋將深入焉。乃聞國中重以僉軍之擾，黎民驚駭，若不能一朝居者，予爲此懼，驛騎馳歸。目前之急雖紓，境外之兵未戢。乃會羣議，以濟良規。不意宗盟輒先推戴，咸謂國家之大統不可以久曠，神人之重寄不可以暫虚。求之今日，太祖嫡孫之中，先皇母弟之列，以先以長，止予一人。雖在征伐之間，每存仁愛之念。博施濟衆，實可爲天下主。天道助順，人謀與能，祖訓傳國大典，於是乎在，孰敢不從？朕峻辭固讓，至於再三，祈懇益堅，誓以死請。於是俯徇輿情，勉登大寶。自惟寡昧，屬時多艱，若涉淵冰，罔知攸濟。爰當臨御之始，宜新宏遠之規。祖述變通，正在今日。雖承平未易遽臻，而饑渴所當先務。禁約諸路管軍頭目人等，凡事一新，毋循舊弊。若軍前立功者，速行遷賞，例從優渥。外用進奉軍前克敵之物，及斡脱拜見撒花等物，並行禁絶。今後應科歛差發，斟酌民力，期於均平安静，俾吾民共享室家之樂。鰥寡孤獨不能自存者，所在官司於官倉内優加賑恤。五嶽四瀆、名山大川、歷代帝王及忠臣烈士載於祀典者，官吏歲時致祭。

嗚呼！曆數攸歸，欽應上天之命；勳親斯託，敢忘列祖之規？體極建元，與民更始。朕所不逮，更賴我遠近宗親、中外文武，同心協力，獻可替否之助也。誕告多方，體予至意。

丁未，遣翰林侍讀學士郝經、禮部郎中劉人傑使於宋。丙辰，帖木兒、李舜欽等行部考課各路諸色工匠。乙丑，徵諸道兵宿衛京師。置互市於漣水軍，禁私商越境，犯者死。

是月，阿里不哥僭號於和林。

五月戊辰，命燕帖木兒、忙古帶節度黄河以西諸軍。丙戌，建元中統，詔曰：

祖宗以神武定四方，淳德御羣下。朝廷草創，未遑潤色之文；政事變通，漸有綱維之目。朕獲纘舊服，載擴丕圖，稽列聖之洪規，講前代之定制。建元表歲，示人君萬世之傳；紀時書王，見天下一家之義。法《春秋》之正始，體《大易》之乾元。炳焕皇猷，權輿治道。可自庚申年五月十九日，建元爲中統元年。

惟即位體元之始，以立綱陳紀爲先。朕宵衣旰食，孜孜求治。然天下之大，萬事之衆，豈能徧知？自今凡政令之未便，人情之未達，朝廷得失，軍民利害，有上書陳言者，皆得實封呈獻。若言不可采，並無罪責；如其可用，朝廷優加遷賞，以旌忠直。軍人臨陣而亡，及被傷而死者，仰各管頭目用心照管，仍仰各路宣撫使量給衣糧，優恤其家。百姓犯死刑者，州府審問獄成，便行處斷，則死者不可復生，斷者不可復續，萬一差誤，悔將何及？今後仰所在官司推問得實，具事情始末及斷定招款，申宣撫司再行審復無疑，呈省聞奏，待報處決。

甲午，以阿里不哥反，赦天下，詔曰：

朕獲承丕祚，已降德音。不期同氣之中，俄有鬩牆之侮。顧其沖幼，敢啟茲謀？皆被凶讒，相濟以惡。朕惟父子兄弟之親，宗廟社稷之重，遣使敦諭，至於再三。亂黨執迷，曾無少革，以致宗族咸怒，戈甲載興。重念兵方弭而復徵，民甫休而再擾，危疑未釋，反側不安，詿誤者至及於無辜，拘囚者或生於不測，非朕本意，晝然傷心。宜推曠蕩之恩，普示哀矜之意。於戲！悛心或啟，忍加管蔡之刑？內難既平，式續成康之治。

乙未，立十路宣撫司。賽典赤、李德輝爲燕京路宣撫使，徐世隆副之。宋子貞爲益都、濟南等路宣撫使，王磐副之。河南路經略使史天澤爲河南宣撫使。楊果爲北京等路宣撫使，趙昞副之。張德輝爲平陽太原路宣撫使，謝瑄副之。孛魯海牙、劉肅並爲真定路宣撫使。姚樞爲東平路宣撫使，張肅副之。張文謙爲大名、彰德等路宣撫使，游顯副之。粘合南合爲西京路宣撫使，崔巨濟副之。廉希憲爲京兆等路宣撫使。汪惟正爲鞏昌等處便宜都總帥，虎闌箕爲鞏昌元帥。勑：「科放差發，分三限送納，其三限寬期展日，務令百姓易輸。」

六月戊戌，李壇爲江淮大都督。劉太平等謀反，事覺，伏誅。渾都海舉兵反。壬子，詔陝西、四川宣撫司八春節制諸軍。乙丑，信苴段實爲大理國總管。是月，召真定劉郁，邢州郝子明，彰德胡祗遹，燕京馮渭、王光益、楊恕、李彦通、趙和之，東平韓文獻、張昉等，乘傳至開平府。高麗王倎遣其子僖來賀即位，賜倎國王印及虎符。

秋七月癸酉，立行中書省於燕京，行六部，禡禡爲中書丞相，王文統、趙璧爲平章政事，張易爲參知政事。王鶚爲翰林學士承旨兼修國史。河南路宣撫使史天澤兼江淮諸翼軍馬經略使。丙子，造中統元寶交鈔。立互市於潁州、漣水、光化軍。帝自將討阿里不哥。

八月丁未，詔都元帥紐璘所過毋擅捶官吏。己酉，立秦蜀行中書省。廉希憲爲中書右丞，行省事。

九月丁卯，帝駐蹕轉都兒哥。以阿里不哥違命，詔諭中外。己巳，高麗國遣使賀改元。阿藍答兒舉兵反，與渾都海兵合。壬午，諸王合丹、合必赤與汪良臣等合兵討阿藍答兒、渾都海。丙戌，阿藍答兒、渾都海伏誅，隴右悉平。

冬十月癸丑，初行中統寶鈔。

十二月丙申，遣禮部郎中孟嘉、禮部員外郎李文俊使安南。乙巳，帝至自和林，駐蹕燕京近郊。賜親王末哥等及先朝皇后帖古倫、兀魯忽乃妃子銀幣有差。自是歲以爲常。

二年春正月己丑，李璮敗宋兵於漣水。

二月己亥，宋兵復攻漣水，李璮失利。詔阿朮等援之。丁酉，詔行中書省丞相禡禡及平章政事王文統等率各路宣撫使赴開平。丙午，車駕幸察罕腦兒。高麗王倎遣其世子愖來朝。減民間差發。陝西借民錢，以今年税賦償之。丁巳，李璮敗宋兵於沙湖堰。己未，車駕至開平府。

三月壬戌朔，日有食之。

夏四月己亥，祀天於舊桓州之西北郊。丙午，詔軍中所俘儒士，聽贖爲民。金齒蠻來貢方物，遣兵部郎中劉芳齎璽書諭金齒蠻。乙卯，詔十路宣撫使量免民間課程。命宣撫司官勸農桑，抑遊惰，禮高年，問民疾苦，舉文學才識可以從政及茂才異等，列名上聞，以聽擢用。其官職污濫及民之不孝、不悌者，量輕重議罰。丁巳，命平章政事王文統舉讀史一人，文統以中書詳定官周止應其選。辛酉，勅大理、合剌章兵扈從北上者，還其本國。

五月乙丑，崔明道、李全義爲詳問官，詣宋淮東制置司訪問國信使郝經等所在，仍以稽留信使、侵擾疆埸詰之。丙寅，命宣撫使姚樞赴省，同議軍國調度。戊辰，發浪國來貢方物，賜金幣遣之。庚午，封皇弟末哥世子昌童爲永寧王。乙亥，東平路管民總管嚴忠濟罷。丙子，東平路經歷邢衡坐誣告張易論死。己卯，召見前濟南宣撫使宋子貞、真定宣撫使劉肅、河東宣撫使張德輝、北京宣撫使楊果。庚辰，不花、史天澤爲中書右丞相，忽魯不花、耶律鑄爲左丞相，塔察兒、廉希憲爲平章政事，張文謙爲右丞，楊果、商挺爲參知政事，粘合南合爲平章政事、行省北京。庚寅，李昶爲翰林侍讀學士。壬辰，封諸王木苑爲建昌王。

六月癸巳，罷諸路拘孛蘭奚。禁諸王擅招民户及徵民户私錢。戊戌，詔十路宣撫司并管民官定鹽酒税課。己亥，高麗王倎奏請改名禃，遣其世子愖來朝。癸卯，嚴忠範爲東平路行軍萬户兼管民總管，仍諭達魯花赤等官並聽節制。乙卯，詔：「宣聖廟及管内書院，有司歲時致祭，月朔釋奠，禁軍民侵擾褻瀆，違者罪之。」丙辰，汪良臣同僉鞏昌路便宜都總帥，凡軍民官並聽節制。戊午，詔毋收衛輝、懷孟賦税以償官借芻粟。庚申，宋瀘州安撫使劉整以城降，以整行夔府路中書省兼安撫使，佩虎符。罷金、銀、銅、鐵、丹粉、錫碌坑治，所役民夫及河南舞陽薑户、藤花户，還之州縣。賜大理國總管段實虎符，優詔撫諭之。命李璮領益都路鹽課。放工局繡女，聽其婚嫁。

秋七月辛酉朔，立軍儲部轉運使司。癸亥，立翰林國史院，王鶚爲翰林學士承旨。乙丑，遣使者分祀五嶽四瀆及后土，凡十有九處，分五道。每歲代祀自此始。萬家奴爲安撫高麗軍民達魯花赤，賜虎符。丁丑，大司農左三部尚書賽典赤爲中書平章政事。壬午，翰林學士闊闊爲中書左丞，遣納速剌丁、孟甲等使安南。乙酉，諭將士大伐宋。詔曰：

朕即位之後，深以戢兵爲念，故遣使於宋，以通和好。宋人不務遠圖，伺我小隙，反起邊釁，東剽西掠，曾無寧日。諸大臣皆以舉兵南伐爲請，朕重以兩國生靈之故，猶待信使北還，庶有悛心，以成和議。今留而不至者又半載矣！往來之禮遽絶，侵擾之暴不已。彼嘗以衣冠禮樂之國自居，當如是乎？曲直之分，灼然可見。今遣王道貞往諭。卿等約會諸將，秋高馬肥，水陸分道而進，以爲問罪之舉。尚賴宗廟社稷之靈，其克有勳。卿等宣布朕心，明諭將士，各當自勉，毋替朕命。

八月丁酉，命開平府官釋奠於宣聖廟。庚子，封王禃爲高麗國王。辛丑，徵李冶爲翰林學士。乙巳，頒中統權定條法，詔曰：

事匪前定，無以啟臣民視聽不惑之心；政豈徒爲，必當奉帝王坦白可行之制。

我國家開建之始，禁網疏闊，雖見施行，不免闕略。或得於此，而失於彼；或輕於昔，而重於今。以兹奸猾之徒，得以上下其手。朕惟欽恤，期底寬平，迺立九章，用頒十道。據五刑之内，流罪似可删除。除犯死罪者依條處置外，其餘遞減一等。決杖不得過一百七。著爲令。

初立勸農司。陳邃、崔斌、成仲寬、粘合從中爲濱棣、平陽、濟南、河間勸農使，李士勉、陳天錫、陳膺武、忙古帶爲邢洺、河南、東平、涿州勸農使。封萬户張柔爲安肅公，張榮爲濟南公。詔陝西、四川行省存恤歸附軍民。詔：「自今使臣有矯稱上命者，有司不得聽受。諸王、后妃、公主、駙馬非聞奏，不許擅取官物。」頒斗斛權衡。命劉整招諭夔府、嘉定等處軍民。宥宋私商七十五人，還其貨，聽榷場貿易。仍檄宋邊將還北人留南者。

九月丙子，諭諸王、駙馬：「凡部民詞訟，勿擅決，聽朝廷處置。」癸未，遣阿沙、焦端義撫恤甘肅等路軍民。置諸路提舉學校官，詔曰：「諸路學校久廢，無以作成人才。今擬選博洽多聞之士，以教導之。據王萬慶、敬鉉等三十人，可充諸路提舉學校官。仍選高業儒生教授，嚴加訓誨，務使成材，以備他日選擢之用。」是月，阿里不哥襲敗諸王亦孫哥，遂入和林，逾沙漠而南。

冬十月庚寅朔，帝自將討阿里不哥。庚子，張啟元爲中書右丞，行中書省於平陽、太原等路。命平章政事趙璧、左三部尚書怯烈門率蒙古、漢軍屯燕京近郊。河南屯田萬户史權爲江漢大都督。壬寅，亳州張柔，歸德邸浹，睢州王文幹，水軍解成、張榮實，東平嚴忠嗣，濟南張宏七萬户，各率所部兵赴行在。乙巳，指揮使鄭江率千人赴開平。指揮使董文炳率善射者千人由魚兒泊赴行在。丙辰，平章政事塔察兒率萬人由古北口赴行在。

十一月壬戌，諸王合丹等與阿里不哥戰於昔木土腦兒，大敗之，阿里不哥遁。辛未，復敗阿里不哥於阿兒忒之地，其將阿速等降，阿里不哥棄和林西走。癸酉，帝駐蹕帖買和來之地。尚書怯烈門、平章政事趙璧兼大都督，率諸軍從塔察兒駐北邊。罷十路宣撫使，惟存開元一路。丁丑，徵諸路宣撫使赴中都。帝移蹕速木合打之地。鷹坊阿里沙及其弟阿散坐擅離扈從，論死。

十二月庚寅，封皇子真金爲燕王，領中書省事。甲午，帝至開平，放諸路新僉軍，中外解嚴。

三年春正月庚午，罷高麗互市。癸酉，以軍興，勅停公私逋賦毋徵。丙戌，江漢大都督史權、鄂州萬户張宏彦將兵八千人赴燕京。

二月己丑，李璮舉兵反，以漣、海三城獻於宋。庚寅，宋兵攻新蔡縣。辛卯，始定中外官俸。甲午，李璮陷益都。乙未，詔諸道，以今歲民賦市馬。辛丑，李璮寇蒲臺。癸卯，平章政事趙璧兼大都督，統諸軍討李璮。甲辰，命水軍萬户解成、張榮實，大名萬户王文幹、東平萬户嚴忠範，會濟南萬户張宏、歸德萬户邸浹、武衛軍礮手元帥薛勝，會濱、棣二州。張柔及其子弘範將二千人赴開平。丙午，命諸王合必赤總督諸軍，阿只愛不干、趙璧行中書省事於山東，宋子貞參議行省事，中書左丞闊闊、尚書怯烈門、宣撫使游顯行宣慰司事於大名。己酉，王文統坐與李璮同謀，伏誅，仍詔諭中外。辛亥，都元帥阿海分兵戍平灤、海口及東京、廣寧、懿州。壬子，李璮陷濟南府。癸丑，宋兵攻滕州。

三月己未，括木速蠻、畏兀兒、也里可温、答失蠻等爲兵。庚申，括北京鷹房等户爲兵，以趙炳將之。辛酉，鄭鼎、瞻思丁、答里帶、三島行宣慰司事於平陽，禡禡、廉希憲、商挺、麥肖行中書省事於陝西。壬申，撒吉思、柴楨行宣慰司事於北京。癸酉，阿朮、史樞等敗李璮兵於濟南。乙亥，宋將夏貴寇符離。戊寅，韓世安等敗李璮兵於高苑。乙酉，宋夏貴寇蘄縣。

夏四月丁亥，詔博興、高苑等處軍民爲李璮脅從者，並釋其罪。丙申，宋兵寇徐、邳二州。癸卯，宋兵寇亳州。乙巳，命諸路詳讞冤獄。乙卯，詔史天澤討李璮，諸將皆受節度。

五月戊午，宋兵陷蘄縣，權萬户李義、千户張好古死之。甲子，宋兵寇利津。戊辰，右丞相忽魯不花兼中書省都斷事官，賜虎符。平章政事賽典赤兼領工部及諸路工作。丁丑，徐、邳總管李景讓坐宋兵前攻邳州以城降，論死。大司農姚樞與左三部尚書劉肅依前商議中書省事。

六月乙酉，宋兵寇滄州。戊子，韓世安敗宋兵於濱州丁河口。丙申，高麗國遣使來貢方物。癸卯，太原總管李毅奴哥、達魯花赤戴曲薛坐受李璮僞檄，伏誅。壬子，申嚴軍官及部卒擾民之禁。

秋七月甲戌，史天澤等克濟南，獲李璮，誅之。戊寅，夔府行省兼安撫使劉整入覲，以整行中書省於成都、潼川兩路。

八月戊申，命翰林學士王鶚纂《太祖皇帝實録》。

九月戊午，亳州萬户張弘略敗宋兵於蘄縣，復蘄縣、宿州。己未，安南國王陳光昺遣使來貢方物。壬申，授陳光昺及達魯花赤訥剌丁虎符。庚子，中翼千户久住敗宋兵於虎腦山。

冬十月壬戌，以劉人傑不附李璮，擢益都路總管。乙丑，分東、西川都元帥府爲二，以帖的、劉整等爲都元帥。丙寅，賜高麗國新曆，且責國王欺慢之罪。戊寅，詔益都路官吏軍民爲李璮脅從者，並赦其罪勿問。

十一月乙巳，諭左丞相史天澤：「朕或乘怒，欲有誅殺，卿等宜遲留一二日，覆奏行之。」

十二月丙辰，立河南、山東統軍司。塔剌渾火兒赤爲河南路統軍使，盧昇副之。茶不花爲山東路統軍使，武秀副之。丁巳，立十路宣慰司。癸亥，享列祖於中書省，以大禮使攝祀事。壬申，楊大淵爲東川都元帥。

四年春正月乙酉，宋賈似道遣楊琳以蠟書誘楊大淵南歸，爲大淵部將所執，詔誅之。丙戌，姚樞爲中書左丞，改諸路監榷課稅所爲轉運司。甲午，立十路奥魯總管。癸卯，召商挺、趙良弼入覲。

二月甲子，車駕幸開平，遣王德素、劉公諒使於宋，致書宋主，詰其稽留郝經等之故。

三月癸卯，初建太廟。己酉，高麗王禃遣使入貢，并上表謝恩。

夏四月戊寅，召竇默、許衡赴開平，改滄、清、深三州鹽提領所爲轉運司。

五月乙酉，初立樞密院，以皇子燕王兼判樞密院事。戊子，改開平府爲上都，達魯花赤兀良吉爲上都路達魯花赤，總管董銓爲上都路總管兼開平府尹。

六月癸酉，線真爲中書右丞相，塔察兒爲左丞相。

秋七月乙未，以故東平權萬户吕義死事，賜謚忠節。

八月辛亥，置大理金齒等路都元帥府，以淄、萊、登三州爲總管府。戊午，阿脫、商挺行樞密院於成都。壬申，車駕至自上都。九月，釋宋諜王立、張達等十八人，給衣服遣還。

冬十一月丙戌，享於太廟，合丹、塔察兒、王盤、張文謙爲大禮使攝祀事。高麗王禃遣使貢方物，命禃入朝。

十二月丁未，四川都元帥欽察戍虎嘯山。

# 新元史卷之八　本紀第八

## 世祖二

至元元年春正月丁丑朔，高麗國遣使賀正旦。戊戌，楊大淵進羅絹三百端，優詔諭之。癸卯，罷宋人互市。

二月辛亥，選儒士譯寫經書，並纂修國史。丙辰，罷陝西行户部。癸酉，車駕幸上都。詔總管史權等二十三人入覲。

三月己亥，命尚書宋子貞陳時務，子貞條十三策，敕中書省議行之。辛丑，立漕運司。

夏四月己卯，詔高麗國王王禃入朝。丁卯，追治李璮逆黨張邦直、姜郁等二十七人之罪。

五月乙亥，唆脱顔、郭守敬行視西夏河渠。己亥，中書右丞粘合南合爲平章政事。

六月乙巳，召王鶚、姚樞赴上都。戊申，高麗國遣使貢方物。

秋七月甲戌，彗星出輿鬼。癸未，以西番十八族部立安西州，行安撫司事。庚子，阿里不哥與玉龍答失、阿速帶、昔里給來降，詔皆宥之，誅其部將不魯花等五人。

八月乙巳，立山東行中書省，中書左丞相耶律鑄、參知政事張惠等行省事。頒新立條格：省併州縣，定官吏員數，分品從給俸禄，授公田，考殿最。均賦役，招流亡，禁擅用官物及以官物進獻、借貸官錢、擅科差役。凡軍馬不得停住村坊，詞訟不得越訴。恤鰥寡，勸農桑，驗雨澤，物價以鈔爲準。具賊盜囚徒起數，申省部。又頒陝西四川、西夏中興、北京行中書省條格。定諸王使臣驛傳、税賦、差發，不得擅招民户，及以銀與非投下人爲斡赤。禁口傳敕旨，及追呼行省官屬。癸丑，僧子聰同議樞密院事。詔子聰復姓劉氏，賜名秉忠，拜太保，參領中書省事。乙卯，改燕京爲中都。丁巳，以改元，赦天下，詔曰：

應天者惟以至誠，拯民者莫如實惠。朕以菲德，獲承慶基，内難未勘，外兵弗戢，夫豈一日，於今五年。賴天地之畀矜，暨祖宗之垂裕，凡我同氣，會於上都。雖此日之小康，敢朕心之少肆。比者星芒示警，雨澤愆期，皆闕政之所由，顧斯民其何罪？宜布維新之令，溥施在宥之仁。據不魯花、忽察、脱滿、阿里察、脱火思等，搆禍我家，依成吉思皇帝札撒克正典刑訖。可大赦天下，改中統五年爲至元元年。自至元元年八月十六日昧爽以前，除殺祖父母、父母不赦外，其餘罪無輕重，咸赦除之。敢以赦前事相告者，以其罪罪之。

九月壬申朔，立翰林國史院。辛巳，車駕至自上都。庚寅，益都千户毛璋、劉成等謀反，伏誅。

十月壬寅朔，高麗國王王禃來朝。庚戌，有事於太廟。丁卯，宋理宗殂，其太子禥嗣位〔一〕。

冬十一月辛巳，討骨嵬蠻。壬辰，罷領中書左右部阿合馬爲平章政事，阿里爲中書右丞。十二月庚午，始罷諸萬户世守，立遷轉法。

二年春正月辛未朔，日有食之。己卯，鄧州監戰納懷、新舊軍萬户董文炳並爲河南副統軍。甲申，申嚴越界販馬之禁。癸巳，八東乞兒部牙西來貢方物。丁酉，高麗國王王禃遣其弟琠來貢方物。

二月辛丑朔，都元帥按陳敗宋兵於釣魚山。戊申，封諸王兀魯帶爲河間王。丁巳，車駕幸上都。癸亥，并六部爲四。麥朮丁爲吏禮部尚書，馬亨爲户部尚書，嚴忠範爲兵刑部尚書，别魯丁爲工部尚書。甲子，以蒙古人充各路達魯花赤，漢人充總管，回回人充同知，著爲令。同知東平路宣慰使寶合丁爲中書平章政事，廉訪使王晉爲參知政事，廉希憲、商挺罷。

三月丁亥，敕邊軍習水戰、屯田。

夏四月庚寅，敕軍中犯法者勿擅戮，輕罪斷，重罪上聞。詔四川、山東等路邊軍屯田。

閏五月癸亥，移秦蜀行省於興元路。丁卯，分河南屬州爲太宗子孫采地：鄭州隸合丹，鈞州隸明里，睢州隸孛羅赤，蔡州隸海都。平章政事趙璧行省事於南京、河南府、大名、順德、洺磁、彰德、懷孟等路，平章政事廉希憲行省事於東平、濟南、益都、淄萊等路，中書左丞姚樞行省事於西京、平陽、太原等路。詔諸路府州不滿千户者，可并則并之。各投下并於所隸府州。散府州户少者，不更設録事司及司候司。附郭縣以府州兼領。括諸路未占户籍任差職者以聞。

六月戊寅，移山東統軍司於沂州。萬户重喜城十字路及正陽，命禿剌戍之。己卯，高麗國遣使賀聖誕節。參知政事王晉罷。

秋七月癸亥，安南國王遣使貢方物。戊寅，高麗國遣使貢方物。己卯，中書省臣皆罷。安童爲中書右丞相，伯顔爲中書左丞相。

八月戊子，召許衡於懷孟，楊誠於益都。車駕至自上都。

九月庚子，皇孫鐵木兒生。

冬十月己卯，有事於太廟。癸未，敕順天張柔、東平嚴忠濟、河間馬總管、濟南張林、太原石抹總管等户改隸民籍。

十一月丙申，召李昶於東平。

十二月癸酉，召張德輝於真定，徙單公履於衛州。丁亥，選諸翼軍萬人充侍衛親軍。

三年春正月乙未，高麗國遣使賀正旦。丙午，遣朵端、趙璧撫諭四川軍民。壬子，立制國用使司，以阿合馬爲使。

二月丙寅，廉希憲、宋子貞爲中書平章政事，張文謙復爲中書左丞，史天澤爲樞密副使。癸酉，立安撫高麗軍民總管府，治瀋州。壬午，中書右丞張易爲同知制國用使司事，參知政事張惠爲副使。癸未，車駕幸上都。甲申，罷西夏行省，立宣慰司。立東京、廣寧、懿州、開元、恤品、合懶、婆娑等路宣撫司。

三月己未，前參知政事王晉及近侍和哲斯、轉運使王明坐隱匿鹽課，並論死。

夏四月己卯，申嚴瀕海私鹽之禁。

五月乙未，遣使者慮囚。丙辰，罷益都行中書省。

六月丁卯，封皇子南木合爲北平王。戊寅，申嚴陝西、河南竹禁。

秋七月丙申，罷息州安撫司。壬寅，詔上都路總管府遇車駕巡幸，行留守司事。

八月丁卯，兵部侍郎黑的、禮部侍郎殷弘使日本，賜璽書曰：

皇帝奉書日本國王：朕惟自古小國之君，境土相接，尚務講信修睦，况我祖宗受天明命，奄有區夏，遐方異域，畏威懷德者，不可悉數。朕即位之初，以高麗無辜之民，久罹鋒鏑，即令罷兵，還其疆場，反其旄倪。高麗君臣，感戴來朝。計王君臣，亦已知之。高麗，朕之東藩也。日本密邇高麗，開國以來，時通中國。至於朕躬，而無一乘之使，以通和好。尚恐國王知之未審，故特遣使持書，布告朕心。冀自今以往，通問結好，以相親睦。且聖人以四海爲家，不相通好，豈一家之理哉？以至用兵，夫誰所好？王其圖之。

又賜高麗王禃璽書曰：

今爾國人趙彝來告，日本與爾國爲近鄰，典章文物有足嘉者。漢、唐而下，亦或通使中國。故今遣黑的等往日本，欲與通和。卿其導去使以徹彼疆，開悟東方，向風慕義。兹事之責，卿宜任之。

戊子，高麗國遣使賀聖誕。

九月戊午，車駕至上都。

冬十月丁丑，徙平陽經籍所於大都。太廟成，平章政事趙璧等集羣臣廷議，定太廟爲八室。

十一月辛卯，初給府、州、縣、司官吏俸及職田。平章政事宋子貞致仕。辛亥，忽都答兒爲中書左丞相。禁天文圖讖等書。

十二月，改四川行樞密院爲行中書省，賽典赤、也速帶兒等僉行中書省事。丁亥，張柔判行工部事，與行工部尚書段天祐等城大都。

四年春正月癸卯，修曲阜宣聖廟。乙巳，百濟國遣使來朝。辛亥，趙璧爲樞密副使。立諸路洞冶都總管府。癸丑，封昔木土山爲武定山，其神曰武定公，泉爲靈淵，其神曰靈淵侯。乙卯，高麗國遣使來朝。戊午，城大都。析上都隆興府自爲一路。立開元等路轉運司。

二月庚申，粘合南合復爲中書平章政事，阿里復爲中書右丞。丁卯，改經籍所爲弘文院，以馬天昭知院事。丁亥，車駕幸上都。

三月己丑，耶律鑄復爲中書右丞相。壬寅，右丞相忽都察兒、史天澤、耶律鑄、伯顔俱罷。

五月丁亥朔，日有食之。敕上都重建宣聖廟。丙辰，析東平路博州別爲一路。

六月乙丑，史天澤復爲中書左丞相，忽都答兒、耶律鑄爲平章政事，伯顔爲中書右丞，廉希憲爲中書左丞，阿里、張文謙並參知政事。乙酉，罷宣徽院。黑的、殷弘奏高麗使者不能導至日本。命仍至高麗，賫璽書切責高麗國王，使通諭日本，期於必得要領。

秋七月戊戌，大名路達魯花赤愛魯、總管張弘範，坐盜用官錢，免官。

八月丙寅，復立宣徽院，以線真爲院使。丁丑，封皇子忽哥赤爲雲南王。壬午，命怯綿討建都蠻。高麗國遣使賀聖誕。阿朮略地襄陽，敗宋兵於牛嶺。九月戊申，許衡爲國子祭酒。安南國王遣使貢方物。庚戌，遣雲南王忽哥赤鎮大理、鄯闡、察罕章、赤禿哥兒、金齒等處，立大理等處行六部，闊闊帶以尚書兼雲南王傅，柴禎以尚書兼府尉，寧源以侍郎兼司馬。詔安南國王陳光昺入朝。癸丑，車駕至自上都。

冬十月庚申，宋復陷開州。辛酉，制國用司言：「別怯赤山石絨織爲布，火不能然。」詔采之。西番酋阿奴版的哥等率衆來降，授喝吾等處總管。庚辰，定品官子孫廕敘格。

十一月乙酉，有事於太廟。甲戌，立夔府路總元帥府。

十二月庚戌，立諸位斡脱總管府。

五年春正月庚子，建上都城隍廟。辛丑，高麗國王王禃遣其弟淐來賀正旦，並奏通使日本。遣北京路總管于也孫脱、禮部郎中孟甲往諭高麗。

二月辛丑，析甘州路之肅州別爲一路。

三月甲寅，禁民間兵器，犯者驗多寡定罪。甲子，敕怯綿招諭建都。丁丑，罷諸路女真、契丹、漢人爲達魯花赤者，回回、畏兀兒、乃蠻、唐兀特人仍舊。

夏五月癸亥，都元帥百家奴拔宋嘉定府五花、石城、白馬三砦。六月辛巳朔，濟南人王保和等妖言惑衆，敕誅首惡三人，餘勿論。己酉，蔡國公張柔卒。封諸王昔里吉爲河平王。

秋七月辛亥，召高鳴、劉瑜、郝謙、李天輔、韓彦文、李祐赴上都。壬子，罷各路奥魯官，令管民官兼領之。癸丑，立御史臺，右丞相塔察兒爲御史大夫。詔曰：「臺官職在直言，朕或有未當，其極言無隱，毋憚他人，朕爲爾主。」仍諭天下知之。戊辰，罷西夏宣撫司。庚午，遣都統領脱朵兒、統領王國昌等點閲高麗兵船。立東西二川統軍司，以劉整爲都元帥，與阿朮同議軍事。

八月庚子，忙古帶討西番及建都蠻。

九月丁巳，阿朮圍樊城。己丑，命黑的、殷弘復齎國書使日本，仍敕高麗人導送。車駕至自上都。史天澤復爲樞密副使。

冬十月戊寅朔，日有食之。己卯，敕中書省、樞密院，有事與御史臺同奏。庚辰，御史中丞阿里爲參知政事。立河南等路行中書省，參知政事阿里行省事。庚寅，敕禿忽思等譯《毛詩》、《孟子》、《論語》。乙未，有事於太廟。以和禮霍孫、獨胡剌充翰林待制，兼起居注官。

十一月庚申，宋兵自襄陽攻沿山城寨，阿朮分遣諸軍敗之。

十二月戊寅，諭沿邊屯戍軍士，逃役者處死。

六年春正月癸丑，高麗國王王禃遣使來告誅權臣金俊。立四道提刑按察司。戊午，阿朮略宋復州、德安府，俘萬人而還。庚申，參知政事楊果罷爲懷孟路總管。詔樞密副使史天澤、駙馬忽剌出至襄陽視師。

二月己丑，頒新製蒙古字於天下，詔曰：

朕惟字以書言，言以紀事，此古今之通制也。我國家創業朔方，俗尚簡古，未遑制作，凡文書皆用漢字及畏兀字，以達本朝之言。今文治寖興，而字書方闕，其於一代制度，實爲未備。特命國師八思巴創爲蒙古新字，譯寫一切文字，期於順事達言而已。自今以後，凡璽書頒發，並用蒙古新字，仍以漢字副之。其餘公式文書，咸仍其舊。

三月壬子，黑的、殷弘至對馬島，爲日本人所拒而還。戊午，阿朮圍樊城，築堡於鹿門山。辛酉，敗宋將張世傑於赤灘浦。

夏四月辛巳，制玉璽大小十紐。

六月辛巳，怯綿討建都，失利，又擅追唆火兒璽書、金符，論死。丙申，高麗國王王禃遣其世子愖來朝。癸卯，詔董文炳率兵赴襄陽。秋七月己巳，立諸路蒙古字學。癸酉，立國子學，遣使者審理諸路冤滯，詔諭宋國軍民，示以不欲用兵之意，復遣脱朵兒、王昌國等至高麗，相視耽羅等處。海道萬户解汝楫、李庭等敗宋將夏貴於虎尾洲，又敗宋將范文虎於鑵子灘。

八月己卯，立金州招討使司。丙申，詔諸路勸課農桑，命中書省采農桑事，列爲條目，相土地所宜者，頒行之。高麗權臣林衍廢其王禃，立禃弟淐爲王。高麗世子愖奏其事。遣斡朵思不花、李諤等至高麗按之。

九月己未，封高麗世子愖爲東安公。愖辭，授愖特進上柱國。敕率兵三千，赴其國難。辛未，敕萬户宋仲義征高麗。忽剌出、史天澤並爲平章政事，阿里爲中書右丞，行河南中書省事，賽典赤行陝西四川中書省事。車駕至自上都。斡朵思不花、李諤以高麗樞密副使金方慶至，奉王淐表，稱禃疾病，令淐權國事。

冬十月己卯，定朝儀服色。丁亥，遣兵部侍郎黑的、判官徐世雄，召王禃、王淐及林衍俱詣闕。命國王頭輦哥率大軍赴高麗，趙璧行中書省於東京，仍詔諭高麗軍民。

十一月癸卯，高麗龜州都領崔坦等以西京内附。庚午，安南國王遣使貢方物。高麗國王王禃遣使從黑的入朝，奏禃已復位。

十二月己丑，析彰德、懷孟、衛輝爲三路。

七年春正月辛丑朔，高麗國遣使賀正旦。丙午，耶律鑄、廉希憲罷。立尚書省，罷制國用使司。平章政事忽都答兒爲中書左丞相，國子祭酒許衡爲中書左丞，制國用使司阿合馬平章尚書省事，同知制國用使司事張易同平章尚書省事，制國用使司副使張惠、僉制國用使司事李堯咨、麥朮丁並參知尚書省事。己酉，敕諸投下官隸中書省。甲寅，高麗國王王禃奏請從七百人入覲，詔許從四百人。詔高麗西京内附，改爲東寧府，畫慈悲嶺爲界。丁巳，蒙哥爲高麗安撫使，佩虎符。詔諭高麗臣民曰：

朕即位以來，閔爾國久罹兵亂，册定爾王，撤還兵戍。十年之間，其所以保護安全者，無所不至。不圖逆臣林衍自作不靖，擅易國王禃，立安慶公淐。詔衍赴闕，復稽延不至，豈可釋而不誅？已遣行省率兵東下，惟衍一身是討，淐本非得已，在所寬宥。自餘脅從詿誤，一無所問。

二月辛未朔，中書右丞伯顔爲樞密副使。丙子，帝御行宫，觀劉秉忠、許衡及太常卿徐世隆所起朝儀，大悦，舉酒賜之。丁丑，以歲饑，罷築宫城。壬辰，立司農司，參知政事張文謙爲司農卿。設四道巡行勸農司，勸課農桑，興修水利。乙未，萬户張弘範敗宋兵於萬山堡。高麗國王王禃來朝，求見皇子燕王。詔曰：「汝一國主也，見朕足矣。」禃請以子愖見，從之。詔諭禃曰：「卿内附在後，故班諸王下。我太祖時亦都護先附，即令班諸王上，阿思蘭後附，則班其下。卿宜知之。」未幾，命蒙哥、趙良弼送禃還。詔國王頭輦哥率兵戍高麗王京，脱脱朵兒、焦天翼爲高麗國達魯花赤。又詔諭高麗臣民曰：

朕惟臣之事君，有死無二。不意爾國權臣，輒敢擅易國主。彼既驅率兵衆，將致爾等危擾不安，以爾黎庶之故，特遣兵護送國王禃還國，奠居舊京。命達魯花赤同往鎮撫，以靖爾邦。爾東土之人，咸當無畏，安堵如故。已别敕將帥，嚴戢兵士，勿令侵犯。爾或妄動，必致俘略，宜審思之。

三月庚子朔，日有食之。改諸路行中書省爲行尚書省。甲寅，車駕幸上都。

夏四月壬午，設諸路蒙古字學教授，定達魯花赤子弟蔭叙格。癸未，定軍官等級，以軍多少爲差。己丑，林衍死，衍黨裴仲孫等復立王禃疏屬承化侯温爲王，竄於珍島。

五月癸卯，也速帶兒、嚴忠範等及宋兵戰於嘉定、重慶，皆敗之，獲其都統牛宣。甲辰，威州番酋降。丁未，同知樞密院事合答爲平章政事。丙辰，括天下户口。減諸路課程十分之一，免上都糧税。管民官遷轉，以六十月爲一考。改宣徽院爲光禄司，宣徽使線真爲光禄司使。庚申，命樞密院閱實軍數。

六月庚戌，敕戍軍還，所過州縣村坊主者給飲食、醫藥。丁亥，罷各路洞冶總管府。

丙申，立籍田於中都東南郊。禁邊民擅入宋境剽掠。

秋七月庚申，初給軍官俸。壬戌，僉諸道回回軍。乙丑，閱實諸路礮手户。也速帶兒敗宋兵於金剛臺。八月戊辰朔，築環城以逼襄陽。庚辰，御史大夫塔察兒同知樞密院事，御史中丞帖只爲御史大夫。高麗世子愖來賀聖誕。駙馬斡羅陳建城於荅兒海子，賜名應昌府。

九月丙寅，括河西户口。

冬十月乙亥，宋人寇莒州。乙酉，有事於太廟。己丑，車駕至自上都。

十一月丁巳，忻都、史樞並爲高麗、金州等處經略使，佩虎符，屯田高麗。安南國遣使貢方物。

閏月丁卯朔，高麗世子愖還。壬辰，申明勸課農桑賞罰之法。設諸路脱脱禾孫。

十二月丙申朔，改司農司爲大司農司，御史中丞博羅兼大司農卿。安童奏：「博羅以臺臣兼領，前無此例。」帝曰：「司農非細事，朕深諭此，其令博羅總之。」秘書監趙良弼充國信使，使日本，賜日本璽書曰：

蓋聞王者無外，高麗與朕既爲一家，王國實爲鄰境，故嘗遣信使修好，爲疆埸之吏抑而弗通。所獲二人，勅有司慰撫，賫牒以還。繼欲通問，值高麗權臣林衍搆亂，坐是弗果。豈王亦因此輟不遣使，或已遣而中道梗塞耶？不然，日本素號秉禮之國，王之君臣寧肯漫爲不思之事乎？近已平林衍，高麗安輯，特令秘書監趙良弼充國信使，持書以往。如即發使，與之偕來。親仁善鄰，國之善事。其或猶豫，以至用兵，夫誰所樂爲也？王其圖之。

敕歲祀大社稷、風師、雨師、雷師。丁亥，金齒、驃部酋阿匿福、勒丁、阿匿爪來降，獻馴象三、馬十九。辛酉，諸王伯忽兒爲也可札魯忽赤。

八年春正月乙丑朔，高麗國遣使賀正旦，兼貢方物。己卯，同僉河南等路行中書省事阿里海牙參知尚書省事。設樞密院斷事官。丙戌，高麗安撫使阿海攻珍島失利。壬辰，敕諸路鰥寡孤獨、疾病不能自存者，官給廬舍、薪米。

二月乙未朔，定民間婚娶禮幣，貴賤有差。丁酉，發中都、真定、順天、河間、平灤五路民築宮城。己亥，罷諸路轉運司。以尚書省奏定條畫頒天下。移陝西四川行中書省於興元。癸卯，東京等路行尚書省事趙璧爲中書右丞。甲辰，命忽都答兒招諭裴仲孫。乙巳，大理等處都元帥寶合丁、雲南王傅闊闊帶毒殺雲南王，事覺，伏誅。戊申，以治事日程諭中外官吏。庚戌，申嚴東川鹽井之禁。庚申，奉御九住以梳櫛侍太祖，奉所落鬚髮上之，詔藏於太廟夾室。

三月乙丑，置河東山西道按察司，改河東陝西道爲陝西四川道，山北東西道爲山北遼東道。丙子，改鹽課都轉運司爲都轉運鹽使司。辛巳，殺濱棣路萬户韓世安，籍其家。甲申，車駕幸上都。乙酉，中書左丞許衡罷爲集賢大學士、國子祭酒。立國子學，置司業、博士、助教等官。己丑，立西夏中興等路行尚書省，趁海參知行尚書省事。命尚書省閲實天下户口，頒條畫諭天下。敕有司留滯獄訟以致越訴者，官民皆罪之。忻都、史樞行經略司於鳳州等處。

夏四月壬寅，忻都、忽林赤、王國昌分道討裴仲孫。平灤路昌黎縣民生子，中夜有光，詔鞠養之。或諫，帝曰：「何幸生一好人！毋嫉也。」每月命給米四斗。戊午，阿朮等與宋將范文虎戰於湍灘，大敗之，獲統制朱勝等百餘人。

五月乙丑，以大兵圍襄陽。敕賽典赤、鄭鼎率所部水陸並進，趨嘉定，汪良臣、彭天祥趨重慶，扎剌不花趨瀘州，曲立吉思趨汝州，牽制宋之援兵。僉省也速帶兒、鄭鼎爲軍前行尚書省事，賽典赤行省事於興元，轉給軍糧。丙寅，雲南落羽蠻貢方物。辛未，分金齒、白夷爲東西兩路安撫使。己卯，史天澤平章軍國重事。辛巳，令蒙古官子弟好學者，兼習算術。癸未，史樞、忻都等討珍島賊，大破之，斬王溫，其黨金通精走死，珍島平。高麗國遣使貢方物。

六月甲午，敕樞密院：「凡軍事徑奏，不必由尚書省。」癸卯，宋將范文虎援襄陽，阿朮等大敗之。己未，山東統軍司塔出、董文炳坐城五河口遲，爲宋兵所據，決罰有差。

秋七月壬戌朔，僉女真、水達達軍。丁卯，國王頭輦哥行尚書省於北京、遼東等路。辛未，立左、右十三衛親軍都指揮司。乙酉，阿朮敗宋將來興國於湍灘。高麗世子愖入質。

八月壬辰朔，日有食之。己亥，詔招諭宋襄陽守臣吕文焕。壬子，車駕至自上都。遷成都統軍司於眉州。己未，聖誕節，初立内外仗及雲和署樂位。

九月壬戌朔，敕阿朮略地漢南。癸亥，高麗世子愖歸。丙寅，罷陝西四川行尚書省，也速帶兒行四川尚書省事於興元、京兆等路。甲戌，僉西夏、回回軍。太廟殿柱壞。丙子，敕享太廟毋用犧牛。壬午，宋兵寇膠州，千户蔣德等敗之，獲宋統制范廣。癸未，詔四川民力困弊，免茶鹽等課税，仍敕有司有言茶鹽之利者以違制論。

冬十月丁酉，有事於太廟。

十一月辛酉朔，遣阿魯忒兒等撫治大理。壬戌，罷諸路交鈔都提舉司。乙亥，建國號曰大元，詔曰：

誕膺景命，奄四海以宅尊；必有美名，紹百王而紀統。肇從隆古，匪獨我家。唐之爲言蕩也，堯以之而著稱；虞之爲言樂也，舜因之而作號。馴至禹興而湯造，互名夏大以殷中。世降以還，事殊非古。雖乘時而有國，不以義而制稱。爲秦爲漢者，蓋從初起之地名。曰隋曰唐者，又即所封之爵邑。是皆徇百姓見聞之狃習，乃一時經制之權宜，概以至公，不無少貶。

我太祖聖武皇帝握乾符而起朔土，以神武而膺帝圖。四震天聲，大恢土宇，輿圖之廣，歷古所無。頃者耆宿詣庭，奏章申請，謂既成於大業，宜早定於鴻名。在古制以當然，於朕心乎何有？可建國號曰大元，蓋取《易經》乾元之義。兹大冶流形於庶品，孰名資始之功；予一人底定於萬邦，尤切體仁之要。嘉與敷天，共隆大號。咨爾有衆，體予至懷。

丙戌，立四川行尚書省於成都。

十二月辛卯，宣徽院請以闌遺、漏籍等户淘金，帝曰：「姑止，毋重勞吾民也。」乙巳，減百官俸。召塔出、董文炳入覲。辛亥，省太常寺入翰林院。

九年春正月庚申朔，高麗國遣使賀正旦，兼貢方物。甲子，并尚書省入中書省。平章尚書省事阿合馬、同平章尚書省事張易爲中書平章政事，參知尚書省事張惠爲中書左丞，參知尚書省事李堯咨、麥朮丁爲參知中書政事。省六部爲四：曰吏禮部、户部、兵刑部、工部。丙寅，遣不花、馬璘諭高麗具征耽羅舟糧。敕諸路僉軍三萬人赴河南。丁丑，皇子西平王奧魯赤及諸王也速觧兒、秃魯率所部討建都蠻。庚辰，改北京、中興、四川、河南四路行尚書省，復立京兆中書行省。辛巳，敕軍民訟田者，民田有餘分之軍，軍田有餘亦分之民。其軍驅入民籍者，還正之。壬午，改山東東路都元帥府統軍司爲行樞密院，也速帶兒、塔出並爲行樞密院副使。乙酉，詔元帥府統軍司、總管萬户府閲實軍籍。

二月庚寅朔，國信使趙良弼遣書狀官張鐸同日本十二人至京師請覲，帝不許。辛卯，詔：「扎魯忽赤乃太祖開創，所置位百司右，並立左右司。」壬辰，高麗國遣使賀建國號。改中都爲大都。甲午，命阿朮統蒙古軍，劉整、阿里海牙統漢軍。戊申，始祭先農於東郊。車駕幸上都。

三月甲戌，括民間四教經，焚之。阿朮等克樊城外城，築重圍守之。

五月戊午朔，立和林轉運司，小云失别爲使，兼提舉交鈔使。辛酉，罷僉回回軍。癸亥，敕拔都軍屯田於怯鹿難之地。丙寅，僉徐、邳二州軍，戍邳州。庚午，罷西番秃魯干等處金銀礦户爲民。乙酉，詔安集答里伯所部流民。

六月壬辰，京師大雨，壞牆屋，壓死者衆。己亥，塔出略地漣州，拔白頭河諸堡。

秋七月丁巳朔，禁私鬻回回曆。壬午，詔官府文移並用蒙古字，仍遣百官子弟入蒙古學。

八月丙戌朔，日有食之。癸卯，阿朮等大敗宋襄陽援兵，獲其都統張順。乙巳，車駕至自上都。

九月甲子，阿朮等敗宋兵於櫃門關，獲其都統張貴及將士二千餘人。癸酉，河南行中書省阿里坐奏軍數不實，免官，並杖之。甲戌，罷水軍總管府。

冬十月丙戌朔，封皇子忙哥剌爲安西王。遣使招諭扮卜、忻都蠻。壬辰，有事於太廟。癸巳，趙璧爲平章政事。張易爲樞密副使。癸卯，初立會同館。

十一月壬戌，諸王只必帖木兒、伯特穆爾築新城成，賜名永昌府。己巳，徵高麗兵討耽羅。辛未，召高平儒者楊恭懿，不至。

十二月乙酉朔，詔諸路達魯花赤、管民長官，兼管諸軍奥魯。辛丑，諸王忽剌出括逃民高麗界，高麗達魯花赤上其事，詔：「高麗之民猶未安集，禁之。」辛亥，宋將昝萬壽寇成都，嚴忠範失利，遣使逮忠範至京師。癸丑，改拱衛司爲拱衛直都指揮使司。

【校勘記】

〔一〕「禥」，原作「諶」，據《宋史》卷四六本紀第四十六《度宗》改。

# 新元史卷之九　本紀第九

## 世祖三

十年春正月乙卯朔，高麗國王王禃遣其世子愖來朝。戊午，忻都、鄭溫、洪茶邱討耽羅。宿州萬户也先不花請築堡牛頭山，以扼兩淮糧運，不允。也先不花因言：「前宋人城五河，統軍司皆得罪。今不築，恐宋人先之。」帝曰：「汝言雖是，若坐視宋人戍之，罪亦不免也。」己未，禁陰陽圖讖等書。癸亥，阿里海牙等克樊城。丁卯，立秘書監。庚午，僉陝西探馬赤軍。己卯，宋將昝萬壽寇成都，僉京兆等路新軍援之。命諸王阿不合市藥於師子國。壬午，東川統軍司合剌乞益兵戍雲門山及虎頭山，以京兆新僉軍益之。

二月丙戌，皇后、皇太子受册寶，遣太常卿合丹告太廟。丙申，雲南落羽蠻酋阿旭叛。遣斷事官麥肖勾校四川陝西行省錢穀。遣勘馬剌失里、乞帶脱因、卜云失等使緬國，賜緬王璽書曰：「間者大理、鄯闡等路宣慰司都元帥府差乞帶脱因，導王國使詣京師，且言嚮至王國，但見臣下，未嘗見王，又欲觀吾大國舍利。朕矜閔遠來，命其覲見，又使縱觀舍利。

詢其所來，乃知王有内附之意。朕一視同仁，今再遣勘馬剌失里及禮部郎中、國信使乞帶脱因，工部郎中、國信副使卜云失往諭王國。誠能謹事大之禮，遣其子弟若貴臣一來，以彰我國家無外之義，用敦永好，時乃之休。至於用兵，夫誰所好？王其思之。」丁未，宋京西安撫使知襄陽府吕文煥以城降。

三月甲寅朔，勅大司農司遣使巡行勸課，令農事有成。其探馬赤等户，並行入社，一體開興水利。乙丑，罷宋京湖安撫司，立河南等路行中書省。丙寅，攝太尉、中書右丞相安童授皇后弘吉剌氏册寶；攝太尉、同知樞密院事伯顔授皇太子真金册寶。壬申，前中書左丞相耶律鑄平章軍國重事，中書左丞張惠爲中書右丞。車駕幸上都。罷中興等處行中書省。

夏四月癸未朔，吕文煥入覲，授文煥侍衛親軍都指揮使、襄漢大都督。罷河南等路行中書省，以平章軍國重事史天澤、湖廣行中書省平章政事阿朮、參知行中書省事阿里海牙行荆湖等路樞密院事，鎮襄陽。淮西行中書省左丞相合丹，參知行中書省事劉整，山東都元帥塔出、董文炳行淮西等路樞密院事，守正陽。丁酉，贖江南儒士爲人掠賣者。辛丑，罷四川行中書省。以鞏昌二十四處便宜總師汪良臣行西川樞密院事，東川閬、蓬、廣安、順慶、夔府、利州等路統軍使合剌行東川樞密院事，東川副統軍王仲仁同僉行樞密院事。

五月壬子朔，詔獄囚除殺人者待報，餘一概疏放，限八月内自至大都。乙亥，免代輸僉軍户絲銀及伐木夫户税。負前朝官錢不能償者毋徵。主守失陷官錢者，杖釋之。陣亡軍及工匠無丁産者，量加廪給。

六月丁亥，免大都、南京兩路賦役。丁酉，立光州等處招討司。戊申，耽羅平，失里伯爲耽羅國招討使，尹邦寶副之。趙良弼自日本返。

閏月己巳，罷東西兩川統軍司。丙子，平章政事賽典赤行省雲南，統合剌章、鴨赤、赤科、金齒、茶罕章諸蠻。

秋七月戊申，高麗國遣使賀皇后、皇太子受册。國子祭酒許衡謝病歸。

八月庚戌朔，前所釋獄囚自至大都者二十二人，並赦之。丁丑，高麗國遣使賀聖誕節。

九月辛巳，合伯爲中書平章政事。壬午，立河南宣慰司。丙戌，立東宫宫師府。己丑，敕秋獵鹿豕，先薦太廟。丙午，車駕至自上都。

冬十月乙卯，有事於太廟。庚申，有司斷死罪五十人，詔審覆宥十三人，餘令有司再加審覆以聞。合答帶爲御史大夫。也速答兒與皇子西平王合兵攻建都，獲其酋卜濟，建都蠻降。

十一月癸未，命布只兒修起居注。

十二月甲寅，宋夏貴寇正陽，合丹等擊敗之。壬戌，召阿朮同吕文焕入覲。安南國遣使貢方物。

十一年春正月己卯朔，宫闕告成，帝始御正殿受皇太子、諸王、百官朝賀。高麗國遣使賀正旦，兼貢方物。庚寅，初立軍官以功升散官格。忙古帶等以兵戍建都，立建都寧遠都護府，兼互市監。壬辰，立四川屯田經略司。丙午，彰德人趙當道等謀叛，事覺，伏誅。免于闐采玉工差役。詔中書省僉軍十萬人伐宋。

二月壬申，廉希憲爲中書右丞，北京等處行中書省事。車駕幸上都。

三月庚寅，鳳州經略使忻都、高麗軍民總管洪茶邱等征日本。辛卯，改荆湖、淮西行樞密院爲行中書省，伯顔、史天澤並爲左丞相，阿朮爲平章政事，阿里海牙爲右丞，吕文焕爲參知政事，行中書省於荆湖。合答爲左丞相，劉整爲左丞，塔出、董文炳爲參知政事，行中書省於淮西。癸巳，獲嘉縣尹常德課最諸縣，優詔賞之。遣要速木、咱興憨失招諭八魯酋。

夏四月辛亥，分陝西、隴右諸州置提刑按察司，治鞏昌。癸丑，初建東宫。乙亥，也速帶兒同撒吉思所部戍益都。

五月丙申，皇女忽都魯揭里迷失公主下嫁高麗世子王愖。辛丑，敕新僉軍户銀絲均配於民者，並除之。

六月癸丑，敕合答選蒙古軍與漢軍分戍沿江堡隘，古不來拔都、翟文彬等略地荆南，以綴宋之西兵。丙辰，免上都、隆興兩路僉軍。庚申，大舉伐宋，詔曰：

自太祖皇帝以來，宋與使介交通，殆非一次。彼此曲直之事，亦所共知，不必歷舉。逮我憲宗之世，朕奉命南伐，師次鄂渚，賈似道復遣宋京詣我近臣博都歡、前河南路經略使趙璧請罷兵息民，願奉歲幣於我。朕以國之大事，必須入計，用報而還。即位之始，追憶是言，乃命翰林侍講學士郝經等奉書往聘，蓋爲生靈計也。古者兵交，使在其間，惟和與戰，宜俟報音，其何與於使哉？而乃執之，卒不覆命。至如留此一介行李，於此何損，在彼何益？以致師出連年，邊境之間，死傷相籍，係累相屬，皆彼宋自禍其民也。襄陽被圍五年，屢拒王師，義當不貸。朕先有成命，果能出降，許以不死，既降之後，朕不食言，悉全其命，冀宋悔過，或啟令圖。而乃執迷，罔有悛心，所以問罪之師，有不能已者。

今遣爾等水陸並進，布告遐邇，使咸知之。夫以天下爲事，爰及干戈，自古有之。無辜之民，初無與焉。若彼界軍民官吏人等，去逆效順，與衆來附，或别立奇功者，驗等第官資遷擢。其所附軍民，宜嚴敕將士，毋得妄行殺掠，父母妻孥毋致分散，仍加振給，令得存濟。其或固拒不從，及迎敵者，俘戮何疑。

甲子，忙古帶、八都、百家奴分率武衛軍南征。丙寅，合剌合孫爲中書左丞，崔斌參知政事，仍行河南道宣慰司。

秋七月乙亥朔，山北遼東道提刑按察使兀魯失不花同廉希憲行省北京，國王頭輦哥毋署事。癸未，宋度宗殂，其太子㬎嗣位。癸巳，高麗國王王禃卒。同知上都留守司事張煥册世子愖爲高麗國王。

八月甲辰朔，諸路立社稷壇。丁未，復改淮西行中書省爲行樞密院。辛未，高麗國王王愖遣使賀聖誕節。是月，都元帥忽敦、右副元帥洪茶邱、左副元帥劉復亨與高麗將金方慶等征日本。太保劉秉忠卒。

九月甲戌朔，伯顏、史天澤視師於襄陽，分三道伐宋。伯顏自率大軍趨鄂州。癸巳，車駕至自上都。

冬十月丁未，忽敦等克日本對馬島〔一〕。己酉，有事於太廟。庚申，長河西千户必剌沖反，副元帥覃澄率所部討之。帝曰：「澄勿獨往，趣益兵三千，付火你赤助澄。」壬戌，忽敦等敗日本兵於博多。甲子，引兵還。乙丑，伯顏克沙洋堡。宋新城總制黄順來降。己巳，克新城。

十一月壬午，西川行樞密院也速帶兒攻嘉定府。乙酉，宋復州安撫使翟貴以城降。丁亥，詔宋安撫使昝萬壽，及凡守城將校納款來降，與避罪及叛亡者，悉從原免。癸巳，東川元帥楊文安等敗宋兵於馬湖江。召征日本諸將忽敦、劉復亨等入覲。

十二月丙辰，伯顏克陽邏堡，宋制置使夏貴敗遁。己未，宋知鄂州張晏然、權知漢陽軍王儀並以城降。都統程鵬飛以本軍降。阿里海牙鎮鄂州，伯顏、阿朮將大軍水陸東下。襄陽路總管賈居貞爲宣撫使、商議行中書省事。

十二年春正月癸酉朔，高麗國遣使賀正旦，兼貢方物。甲戌，宋知黄州陳奕以城降。乙亥，東川副都元帥張德潤拔渠州禮義城，獲宋安撫使張資。丁丑，宋蘄州安撫使管景模遣使請降。丙戌，宋知江州錢真孫及知六安軍曹明俱以城降。丁亥，宋知南康軍葉閶以城降。戊子，知德安府來興國以城降。己丑，伯朮、唐永堅齎璽書招諭郢州。選蒙古、畏兀、漢人十四人赴行中書省，爲新附州郡民官。庚寅，左衛指揮副使鄭温、唐古、帖本兒率衛軍同札失的、囊力帶戍黄州。詔諭宋重慶府官吏軍民歸附。壬辰，宣撫使賈居貞僉書行中書省事，戍鄂州。乙未，兵部尚書廉希賢、工部侍郎嚴忠範、秘書監丞柴紫芝奉國書使於宋。合剌章舍里威叛。己亥，大理總管信苴日剌殺其酋。合剌章平，置合剌章民官，選廉能者任之。追諸王海都、八剌金銀符。

二月癸卯，宋知安慶府范文虎以城降。甲辰，中書右丞博魯歡爲淮南都元帥，中書右丞阿里爲左副都元帥，仍命阿里、撤吉思等各部蒙古、漢軍會邳州。丙午，宋都統制張林以池州降。罷西夏中興都轉運司。戊申，詔諭江、黄、鄂、岳、漢陽、安慶等處歸附官吏軍民，令農者就耒，商者就塗，士庶緇黄各安本業，如官吏妄有騷擾，詣行中書省陳告。平章軍國重事史天澤卒。庚戌，禮部侍郎杜世忠、兵部郎中何文著、計議官撒魯都丁等使日本國。辛亥，同知濟南府事張漢英齎璽書，招諭宋淮東制置使李庭芝。庚申，召降臣張晏然等赴闕，仍諭之曰：「朕省卿所奏云：『宋之權臣不踐舊約，拘留使者，實非宋主之罪。倘蒙聖慈，止罪擅命之臣，不令趙氏乏祀者。』卿言良是。卿既不忘舊主，必能輔翼我家。比卿奏上，已遣伯顔按兵不進，仍遣兵部尚書廉希賢等持書往使，果能悔過來附，既往之愆，朕復何究？至於權臣賈似道，尚無罪之之心，况肯令趙氏乏祀乎？若其執迷罔悛，未然之事，朕將何言？天其鑒之。」

辛酉，命闊闊出安輯湖南降附州縣。阿失罕、唐永堅、綦公直等齎璽書招諭郢州。伯顔等與宋都督賈似道、淮西制置使夏貴戰於魯港，大敗之。甲子，宋知太平州孟之縉、無爲軍劉權俱以城降。乙丑，遣使齎璽書招諭宋江陵府官吏軍民。宋福州團練使、知特摩道事農士貴率州縣三十有七、户十萬，詣雲南行中書省請降。戊辰，宋知和州王善、知安東州孫嗣武俱以城降。己巳，復遣拜朮、唐永堅等宣諭郢州官民。庚午，宋都統權兵馬司事徐玉榮等以建康府降。宋賈似道送國信使郝經、劉人傑等來歸。詔安南國王陳光炳以舊制六事諭之，趣其來朝。車駕幸上都。

三月壬申朔，宋鎮江府總管石祖忠以城降。甲戌，宋江陰軍僉判李世修以城降。乙亥，安西王忙兀剌、諸王只必帖不兒、駙馬昌吉等從西平王奥魯赤征吐蕃。丙子，國信使廉希賢等至建康。諭諸將毋妄有侵掠。宋知滁州王文虎以城降。庚辰，宋知寧國府顔紹卿以城降。甲申，宋知西海州丁順以城降。乙酉，知東海州施居文、知平江府潛説友並以城降。江東路得府二、州五、軍二、縣四十三，户八十三萬一千八百五十二，口一百九十一萬九千一百六。丙戌，宋常州安撫使戴之泰以城降。廉希賢、嚴忠範等至獨松關，宋將張濡殺忠範，執希賢送臨安，創甚卒。辛卯，宋將高世傑據岳州，未幾復降，誅之。丙申，側布番酋税昔、確州番酋莊寮男車甲等率四十三族，詣四川行樞密院降。辛丑，阿朮分兵攻揚州。

夏四月乙巳，改西夏中興道按察司爲隴右河西道。丙午，宋知荆門軍劉懋以城降。丁未，阿里海牙遣郎中張鼎齎璽書入江陵，宋荆湖制置使朱禩孫、副使高達等出降。知陝州趙真知、歸州趙仔權、澧州毛浚、常德府新城總制魯希文、權知府事周明等先後悉以城降。辛亥，遣使招諭宋鎮撫使吕文福。甲寅，立登聞鼓。辛酉，宋郢州安撫使趙孟桂以城降。丁卯，大司農、御史中丞孛羅爲御史大夫。罷隨路巡行勸農官，以其事隸提刑按察司。庚午，高達爲行省參知政事。

五月辛未朔，中書右丞廉希憲、參知政事脱博忽魯秃花行中書省於江陵府。丁丑，阿朮立木栅於揚子橋，斷淮東糧道。庚辰，諭參知政事高達曰：「昔我國家出征，所獲城邑即委而去之，未嘗置兵戍守，以此連年征伐不息。夫争國家者，收其土地、人民而已。得土地而無人民，其誰與居？今欲保守新附城邑，使百姓安業，蒙古人未之知也。爾熟知其事，宜加勉旃！」辛巳，宋知辰州吕文興、知沅州文用圭、知靖州康玉、知房州李鑑等皆以城降。荆南湖北路得府三、州十一、軍四、縣五十七，户八十萬三千四百一十五，口一百一十四萬三千八百六十。丁亥，召伯顔赴闕，蒙古萬户阿剌罕權行中書省事。庚寅，宋鎮撫使吕文福降。壬辰，宋都統制劉師勇復陷常州。

六月庚子朔，日有食之。宋嘉定安撫使昝萬壽以城降，賜名順。癸卯，范文虎招諭安豐、壽州等處官民。甲辰，萬户阿剌罕爲行中書省參知政事。敕失里伯、史樞同范文虎招諭安豐軍。乙卯，宋知叙州郭漢傑以城降。辛酉，宋潼川安撫使、知江安州梅應春以城降。丙寅，宋揚州都統姜才攻揚子橋木栅，阿朮大敗之。戊辰，罷山東經略司。

秋七月辛未，阿朮率阿塔海、董文炳等大敗宋舟師於焦山，宋將張世傑、孫虎臣等皆遁，宋人自是不復能軍。壬申，阿塔海敗宋將劉師勇、張彦於吕城。己卯，立燕南河北道提刑按察司。癸未，敕左丞相伯顔率諸將直趣臨安，右丞阿里海牙取湖南，蒙古萬户宋都帶，漢軍萬户武秀、張榮實、李恒，兵部尚書吕師夔行都元帥府，取江西。罷淮西行樞密院，右丞阿塔海、參知政事董文炳同署行中書省事。甲午，遣使招諭宋李庭芝及夏貴。伯顔爲河南行中書省右丞相，阿朮爲左丞相。

八月辛酉，車駕至自上都。丙寅，高麗國遣使賀聖誕節。

九月甲戌，杜世忠等爲日本人所殺。壬午，阿朮築灣頭堡。乙酉，罷襄陽統軍司。甲午，宋揚州都統姜才攻灣頭堡，阿朮、阿塔海等敗之。丙申，玉昔帖木兒爲御史大夫。括江南諸郡書版及臨安秘書省《乾坤寶典》等書。

冬十月戊戌朔，有事於太廟。

十一月丁卯，阿里海牙圍潭州。乙亥，伯顔等分軍趣臨安。丙子，宋權融、宜、欽三州總管岑從毅，沿邊巡檢使李維屏等詣雲南行省降。丁丑，立諸路都轉運司。己卯，宋江西轉運使判官劉槩以隆興府降。江西路得府州六、軍四、縣五十六，户一百五萬一千八百二十九，口二百七萬六千四百。壬午，伯顏克常州。改順天路爲保定路。

十二月己亥，宋主㬎遣柳岳奉書詣軍中，請班師修好。辛丑，宋都統制祁安以許浦降。甲辰，伯顏次平江府，都統王世傑以城降。戊申，中書右丞相忽都帶兒率内外文武官及緇黄耆庶，請上帝尊號曰「憲天述德仁文義武大光孝皇帝」，皇后曰「貞懿順聖昭天睿文光應皇后」，帝不允。癸丑，宋主再使陸秀夫、夏士材、吕師孟詣軍前請和。庚申，宋知隨州朱端履以城降。丙寅，宋安撫使趙與可以吉安州降。

十三年春正月丁卯朔，阿里海牙克潭州。湖南平，得府一、州六、軍二、縣四十，户五十六萬一千一百一十二，口百五十三萬七千七百四十。宋主㬎遣其宗正少卿陸秀夫等至軍前求稱姪納幣，或稱姪孫，伯顏卻之。己巳，宋安撫使劉漢傑以嘉興府降。辛未，宋乍浦鎮統制劉英以本軍降。辛未，宋澉浦鎮統制胡全、福建路馬步軍總管沈世隆來降。宋主㬎遣其監察御史劉岊奉表稱臣，乞存境土，以奉蒸嘗。甲戌，宋都帶克瑞州。乙亥，敕四川制置使趙定應入覲。甲申，宋主㬎遣其知臨安府事賈餘慶等齎傳國璽及降表至伯顏軍前。

乙酉，宋陳宜中、張世傑等以益、廣二王遁。丁亥，雲南行省賽典赤以改定雲南諸路名來上。戊子，大名路達魯花赤小鈴部坐姦贓論死，没其家。己丑，伯顏遣囊嘉特齎傳國璽赴闕。甲午，真定總管昔班爲中書右丞。

二月戊子，宋知建德軍方回、知婺州劉怡、知廬州梁椅、知台州楊必大，皆以城降。丁酉，詔劉頡、程德輝諭淮西制置使夏貴降。己亥，克臨江軍。庚子，宋主㬎率文武百僚詣祥曦殿望闕上表，諭各路郡縣歸附，遣其右丞相兼樞密使賈餘慶、樞密使謝堂、端明殿學士簽樞密院事家鉉翁、端明殿學士同簽樞密院事劉岊等充祈請使。辛丑，伯顔入臨安，得兩浙路府八、州六、軍一、縣八十一，户二百九十八萬三千六百七十二，口五百六十九萬二千六百五十。丁未，詔曰：

間者，行中書省右丞相伯顔遣使來奏，宋母后、幼主暨諸大臣百官，已於正月十八日齎璽綬奉表降附。朕惟自古降王必有朝覲之禮，已遣使往迎。爾等各守職業，其勿妄生疑畏。凡歸附前犯罪，悉從原免。公私逋欠，不得徵理。歸附州城官吏，非奉朝廷諭敕，不得擅自科取差發，騷擾百姓。應抗拒王師及逃亡嘯聚者，並赦其罪。百官有司、諸王邸第、三學、寺、監、秘省、史館及禁衛諸司，各宜安居。所在山林河泊出產，權免徵税，許貧民任便採取貨賣。秘書省圖書，太常司祭器、樂器、法服、樂工、鹵簿、儀衛，宗正譜牒，天文地理圖册，凡典故文字，并户口版籍，盡仰收拾。前代聖賢之後，高尚儒、醫、僧、道、卜筮，通曉天文曆算，並山林隱逸名士，仰所在官司具以名聞。鰥寡孤獨不能自存者，量加贍給〔二〕。

戊申，立浙東西宣慰司於臨安，户部尚書麥歸、秘書監焦友直爲宣慰使，吏部侍郎楊居寬同知宣慰司事，並兼知臨安府事。乙卯，諭宋淮東制置使李庭芝、淮西制置使夏貴歸附。丁巳，命焦友直括宋秘書省禁書圖籍。戊午，祀先農東郊。宋淮西制置使夏貴降，淮西路得府二、州六、軍四、縣三十四，户五十一萬三千八百二十七，口一百二萬一千三百四十九。庚申，召伯顔以宋主㬎入覲。辛酉，車駕幸上都。甲子，董文炳、唆都發三學諸生赴京師。太學生徐應鑣與子琦、崧，女元娘，同赴井死。

三月丁卯，伯顔籍宋太廟景靈宫禮樂器、册寶、郊天儀仗，秘書省、國子監、國史院、學士院、太常寺圖書、祭器、樂器送京師。戊寅，免諸路儒户徭役。置總管萬户府於廉州，中書右丞、河南等路宣慰使合剌合孫，襄陽管軍萬户邸浹並行府事。庚辰，囊家特以宋玉璽來上。乙酉，宋贛、吉、袁三州及南安軍俱來降。中書右丞音班罷爲户部尚書。

閏月丙申，置宣慰司於濟寧路。丁酉，詔阿里海牙、忽都帖木兒入覲，脱撥忽魯禿兒、崔斌並留後鄂州。辛亥，樞密副使張易以宋降臣吴堅、夏貴等赴上都。甲子，中書省左右司郎中郝禎爲參知政事。

夏四月丙子，省東川行樞密院及成都經略司。庚辰，修太廟。乙酉，召昭文館大學士姚樞、翰林學士王磐、翰林侍講學士徒單公履赴上都。

五月乙未朔，伯顏以宋主㬎至上都。丙申，召見㬎於大安殿，授開府儀同三司、檢校大司徒，封瀛國公。以宋平，告天地、祖宗於上都之近郊。己亥，以伯顏同知樞密院事。癸卯，放沂、莒、膠、密、寧海五州防軍爲民。丁未，宋都統姜才攻灣頭堡，千户董士元死之。戊申，昔里罕、阿塔赤敗宋兵於瓜洲。改博州爲東昌路。乙卯，宋江西制置使黄萬石以所部來降。是月，宋陳宜中、張世傑等立益王昰於福州，改元景炎。

六月己巳，置行户部於大名府。壬申，改兩浙大都督府爲安撫司。設諸路宣慰司，並帶相銜。甲戌，以《大明曆》浸差，命太子贊善王恂與亡宋日官更造新曆，樞密副使張易領之。史弼等敗姜才於丁村堡。壬辰，諭陳宜中、張世傑、劉師勇等歸附。户部尚書張澍爲中書參知政事，行中書省事於北京。

七月乙巳，宋制置使朱焕以揚州降。丁未，諭廣西路官民歸附。乙卯，宋泰州守將孫良臣以城降，獲李庭芝、姜才。通、滁、高郵等州相繼來降，得州十六、縣三十三，户五十四萬二千六百二十四，口一百八萬三千二百十七。淮東行省右丞阿里海牙爲行省平章政事，僉書樞密院事、淮東行樞密院别乞里迷失爲行省右丞，參知政事董文炳爲左丞，淮東左副元帥塔失、兩浙大都督范文虎、江東江西大都督吕師夔、淮東淮西左副都元帥陳巖並參知政事。

八月己巳，漢軍都元帥闊闊帶、李庭討海都、篤哇，詔諭庭曰：「汝從平江南，多出死力。男子立功，要在西北。今有違我太祖成憲者，汝往征之。」乙亥，殺宋淮東制置使李庭芝、都統姜才。庚辰，罷襄陽統軍司。車駕至自上都。奥魯赤爲荆湖行省參知政事。

九月己亥，有事於太廟。庚子，命姚樞、王磐選宋三學生有實學者留京師，餘聽還家。癸卯，以宋平，大赦天下。丙午，敕常德府歲貢包茅。丁未，諭西川行樞密院檄重慶官民内附。乙卯，以吐番合答城爲寧遠府。辛酉，阿朮入覲。

冬十月戊子，淮東左副都元帥阿里爲平章政事，河南等路宣慰使合剌合孫爲中書右丞，兵部尚書王儀、吏部尚書兼臨安府安撫使楊鎮、河南河北提刑按察使迷里忽辛並參知政事，與參知政事陳巖行中書省事於淮東。

十一月，宋知處州李珏以城降。甲辰，阿剌罕敗宋秀王與睪於瑞安，獲之。癸丑，宋知福州王剛中以城降。庚申，敕管民及理財官由中書省調，軍官由樞密院定議。高麗國王王愖遣使來告更名賰〔三〕。

十二月甲子，宋益王昰奔惠州，遣使奉表請降。丁卯，置元江府，以羈縻阿僰諸蠻。戊辰，宋泉州提舉市舶司蒲壽庚及知泉州田真子以城降。壬申，有告轉運使姜毅所言悖妄，指殺妻、子爲證，帝曰：「妻、子豈爲證者耶？」詔勿問。庚寅，詔：「管軍將校及亡宋官吏有奪民田廬産業者，俾各歸其主，無主則分給附近貧民。凡亡宋繁冗科差、聖節上供、經總制錢等百有餘件，悉蠲免之。」

十四年春正月，阿剌罕入汀關。癸巳，宋知循州劉興以城降。壬寅，宋知汀州黄去疾、監軍吴浚以城降。癸卯，復立諸道提刑按察司。戊申，宋知潮州馬發以城降。丁巳，宋權知梅州錢榮之以城降。甲寅，敕宋福王趙與芮家貲在杭州者，有司輦至京師付其家。己未，置江淮等路都轉運鹽使司及江淮榷茶都轉運使司。

二月壬戌，宋瑞州安撫使姚文龍以城降。癸亥，彗星出東北。戊辰，祀先農於東郊。甲戌，車駕幸上都。丙戌，宋知連州過元龍已降復叛，塔海將兵討之，元龍棄城遁。丁亥，宋知南恩州陳堯道、僉判林叔虎以城降。御史大夫孛羅爲樞密副使兼宣徽使。

三月庚寅朔，以冬無雨雪，遣使問便民之政於耶律鑄、姚樞、王磐、竇默等，對曰：「足民之道，唯節浮費。靡穀之多，無踰醪醴麯蘖。祈賽神社，費亦不貲。宜一切禁止。」從之。辛卯，復立行中書省於潭州，立廣南西路宣撫司於静江。壬寅，宋肇慶府新封等州來降。癸卯，知壽昌府張之綱坐附叛逆伏誅。庚戌，宋建寧府通判郭纘以城降。四川都掌蠻、羅計蠻及鳳凰、中壠、羅韋、高崖等四砦，播州蠻酋楊邦憲、思州蠻酋田景賢皆降。癸丑，廣南西路慶遠、鬱林、昭、賀、藤、梧、融、賓、柳、象、邕、廉、容、貴、潯等府州皆降。浙西宣慰使阿塔海爲平章政事，行中書省事於江淮。郡王合谷爲平章政事，行中書省事於北京。是月，宋文天祥陷梅州。

夏四月癸酉，罷各路轉運司。丙戌，禁江南用銅錢。宋張世傑陷潮州。

五月癸巳，淮西民張德興起兵陷黄州及壽昌軍。丁巳，宣慰使鄭鼎與德興戰於樊口，兵敗，死之。癸卯，改廣南西路宣撫司爲宣慰司。立安撫司於欽州。西番酋阿立丁寧占等來降。丙子，融州安撫使譚昌謀反，伏誅。諭瀘州阿永蠻及筠、連州蠻歸附。

六月辛酉，宋文天祥陷雩都、興國等縣。丙寅，宋涪州安撫使楊立降。丁亥，行省參知政事、行江東道宣慰使奥魯赤爲參知政事、行湖北道宣慰使。

秋七月癸卯，諸王昔里吉執北平王那木罕、右丞相安童以叛，詔伯顔討之。諸王忽魯帶所部來歸。丙午，立行御史臺於揚州，都元帥相威爲御史大夫。置八道提刑按察司。戊申，立行中書省於江西，參知政事、行江西宣慰使塔出爲右丞，參知政事、行江西宣慰使麥术丁爲左丞，淮東宣慰使徹里帖木兒、江東宣慰使張榮實、江西宣慰使李恒、招討使也的迷失、萬户昔里門、荆湖路宣撫使程鵬飛、兵馬招討使蒲壽庚並參知政事、行江西省事。壬子，宋文天祥圍贛州。丁巳，湖廣行省參知政事、行江東道宣慰使吕文焕爲行省左丞。

八月戊午朔，建太廟於大都。不花行西川樞密院事。辛未，常德府總管魯希文謀反，伏誅。車駕獵於上都之北。己卯，昂吉兒、忻都等獲張德興。甲申，李恒敗文天祥於興國，天祥走循州。

九月丙申，廣南東路廣、連、韶、德慶、惠、潮、南雄、英德等州府皆降。壬子，福建路宣慰使唆都克建寧府及南劍州。冬十月丙辰朔，日有食之。己未，有事於太廟。庚寅，塔出圍廣州，宋制置使張鎮孫以城降。壬午，立宣慰司於黄州。甲申，湖廣行省參知政事忽都帖木兒、脱搏忽魯秃花、崔斌並爲中書左丞，鄂州總管府達魯花赤張鼎、湖北道宣慰使賈居貞並參知政事。

十一月庚子，吏部尚書别都魯丁爲中書參知政事。

十二月庚午，宋梁山防禦使袁世安以城降。乙亥，都元帥楊文安克咸淳府。參議中書省事耿仁爲中書參知政事。

**【校勘記】**

〔一〕「日本」，原作「日木」，據下文改。

〔二〕「赡給」，原作「瞻給」，據《元史》卷九本紀第九《世祖六》至元十三年二月改。

〔三〕「賰」，原作「睶」，下文或從「目」，或從「日」，皆誤。據《高麗史》卷一二八《忠烈王世家》改。下同。

# 新元史卷之十　本紀第十

## 世祖四

十五年春正月辛卯，阿老瓦丁率所部戍斡端城。己亥，以諸路州縣管民官兼領收括闌遺，若官吏隱匿及擅易馬匹、私配婦人者，没其家。禁買賣江南良家子女。丙午，萬户秃滿答兒、郝札剌不花等克瀘州。庚戌，東川副都元帥張德潤克涪州。

二月戊午，祀先農，蒙古胄子代耕藉田。癸亥，命淮南行省平章政事阿塔海、阿里選擇江南廉能官吏，汰冗員與不勝任者。壬午，福建路宣慰使唆都克潮州。立太史院。淮南行省參知政事夏貴、范文虎、陳巖並爲行省左丞，黄州路宣慰使唐兀帶、史弼並行省參知政事。

三月乙酉，忙古帶、唆都、蒲壽庚行中書省事於福州。合剌帶以舟師討廣南。甲午，西川行樞密院招降重慶路。庚子，都元帥李庭自請討張世傑，從之。壬寅，以諸路歲比不登，免今歲田租、絲銀。癸卯，都元帥楊文安克紹慶府。乙巳，廣南西道宣慰司招降雷、化、高三州。宋張世傑以宋主昰奔硇洲。參知政事密立忽辛、張守智並行大司農司事。

夏四月乙卯，都元帥劉國傑以兵戍北邊。丙辰，僉軍討雲南蠻。戊午，江南行省左丞夏貴等分道檢覈錢穀，察郡縣被旱甚者、吏廉能者舉以聞，其貪殘不職者罷之。甲子，宋主昰殂於硇洲。庚午，張世傑等立其弟衛王昺。丁丑，雲南臨安、白衣、和泥城寨一百九，威楚、金齒、落落軍民三萬二千二百，禿老蠻、高州、筠連州城寨十九，俱來降。壬午，立行中書省於建康府。改北京行中書省爲宣慰司。

五月癸未朔，詔翰林學士和禮霍孫，今後用宰執及將兵重臣，與儒臣年老者同議。乙酉，福建宣慰使史格以兵討張世傑。己亥，江東道按察使阿八赤誣奏宣慰使吕文煥私匿兵仗，詔行臺御史大夫相威按之，事白，免阿八赤官。

六月辛酉，高麗國王王賰來朝。丙寅，選軍、民官廉能者各一人，分領江南防拓關隘。甲戌，汰江南冗官，其宣慰司除額設官員外餘並罷去，仍削各官舊帶相銜。罷茶運司及營田司，以其事隸宣慰司。罷漕運司，以其事隸行中書省。各路總管府依驗户數多寡，以上中下三等設官。亡宋官吏入仕者，付吏部録用。罷江淮行中書省參知政事史弼、唐兀帶，湖廣行中書省參知政事張鼎，無爲軍達魯花赤忙古帶。己未，宋張世傑等以宋主昺徙於厓山。戊寅，全州洞猺降。己卯，張弘範爲蒙古、漢軍都元帥，從海道攻厓山。庚辰，處州賊張三八、章焱作亂，宣慰使謁只里討平之。辛巳，安南國遣使貢方物。

秋七月壬午朔，宋湖南制置使張烈良、提刑劉應龍等起兵，阿里海牙討獲之。甲申，諸王愛牙赤率所部戍建都，立江南湖北道、嶺南廣西道、福建廣東道提刑按察司。丙戌，湖廣行省左丞崔斌爲江淮行省左丞，參知政事張守智爲湖廣行省左丞。丁亥，水軍萬户張榮實率所部防江口。丙申，右丞塔出、吕師夔，參知政事賈居貞行中書省事於贛州。丁酉，江西行省參知政事李恒爲都元帥，以蒙古、漢軍攻厓山。丙午，改開元宣撫司爲宣慰司。定江南官禄職田。禁江南、浙西等處非理徵科擾民。

八月壬子朔，禮部尚書柴椿等使安南國，徵陳光昞入朝。壬戌，漳州安撫使沈世隆斬受張世傑僞檄者，坐擅殺，籍家貲。帝曰：「世隆何罪？其還之。」擢本路管民總管。乙丑，濟南總管張宏代輸民賦，貸阿里、阿塔赤等銀不能償，詔依例停徵。封泉州神女爲護國明著靈惠協正善慶顯濟天妃。己卯，初立提刑按察司於畏兀兒。辛巳，詔行省唆都、蒲壽庚等曰：「諸番居東南海島者，皆有慕義之心，可因番舶商人，宣布朕意。誠能來朝，朕將寵禮之。其往來互市，各從所欲。」福州行省左丞董文炳，僉樞密院事、參知政事唆都、蒲壽庚並爲左丞。

九月癸未，省東西川行樞密院，分設宣慰司。

冬十月己未，有事於太廟。庚申，車駕至自上都。丁卯，弛山場樵采之禁。

十一月丁亥，立荆湖北道宣慰司。壬辰，徵宋丞相馬廷鸞、章鑑赴闕，不至。丁酉，召淮南行省左丞陳巖入覲。丁未，移江南行御史臺治杭州。立淮東道宣慰司於揚州。詔沿海通日本國市舶。是月，皇子西安王忙哥剌卒。

閏月庚戌朔，羅氏蠻酋阿榨、西南番酋韋昌盛並來降。甲寅，車駕幸光禄寺。甲子，都元帥張弘範克漳州。壬寅，張弘範獲宋丞相文天祥於潮州五坡嶺。

十二月己卯朔，大霸都掌蠻降。戊申，敘州秃老蠻殺使臣撒里蠻，四川行省以兵討之。封伯夷爲昭儀清惠公，叔齊爲崇讓仁惠公。置開成路屯田總管府。

十六年春正月己酉朔，高麗國遣使賀正旦，兼貢方物。癸丑，以瓊、崖、儋、萬諸州俱平，詔阿里海牙入覲。甲寅，移贛州行中書省於隆興。辛酉，宋合州安撫使王立以城降，詔誅立，籍其家，既而赦之，以爲潼川路安撫使、知合州事。壬戌，立成都等路四道宣慰司。丙子，乂巴、散毛等四洞蠻降。中書左丞别乞里迷失同知樞密院事。甲申，張弘範大敗宋張世傑於崖山，宋丞相陸秀夫負宋主昺蹈海死，世傑奪港遁去，遇颶風溺死。是月，高麗國王王賰來朝。

二月戊寅朔，祭先農於籍田。壬午，訪求通皇極數番陽祝泌子孫，其甥傅立以泌書來上。癸未，置五衛指揮司。甲申，敕江淮、湖南、江西、福建造戰船六百艘以征日本。禁諸奧魯及漢人執弓矢，出征還，甲仗即輸之官庫。癸卯，遣嘉定新附軍屯田脱里伯之地。甲辰，車駕幸上都。乙巳，立四川道提刑按察司。

三月戊申朔，詔：「大兵渡江以來，農民失業。今已安集，務宜敦本力田，各管民官以時勸課，如無成效者罪之。」壬子，囊嘉帶括兩淮造回回礮軍匠六百人及各路軍匠能造礮者，倶至京師。甲戌，順元、八番蠻降，以其酋龍方零等爲安撫使。太常寺纂《至元州縣社稷通禮》，上之。

夏四月己卯，立江西榷茶運司及諸路轉運鹽司。癸巳，以給事中兼起居注掌諸司聞奏事。揚州行省選南軍二萬人充侍衛軍。

五月辛亥，詔漳、泉、汀、邵武等處暨八十四畬官民，若舉衆來降，官遷擢，軍民安堵如故。癸酉，兀里養合帶言：「賦北京、西京車牛倶至，可運軍糧。」帝曰：「民之艱苦，汝等不問，但知役民。若今年盡取之，來歲禾稼何由得種？其止之。」甲申，宋張世傑所部將校百五十八人詣雷、瓊等州降。命高麗國造戰船以征日本。壬辰，參知政事、行河南等路宣慰使忽辛爲中書左丞、行中書省。癸巳，不花行西川樞密院事以兵討未降城寨。雲南都元帥愛魯、納速剌丁分定亦乞不薛及忙木、巨木禿等三百寨，軍還，獻馴象十二。

六月甲辰，免四川今年差税。參知政事、行中書省事别都魯丁爲河南等路宣慰使，忽辛爲湖南行省左丞。占城、馬八兒諸國遣使貢方物及犀、象各一。

秋七月戊申，寧國路新軍百户詹福謀反，伏誅。罷西川行樞密院。丁巳，安南國遣使貢馴象。癸酉，八番、羅氏諸蠻降。

八月丁丑，車駕至自上都。庚寅，沅州路蒙古軍總管乞答合以兵討桐木籠、犵狫伯諸蠻。

九月乙巳朔，范文虎薦可爲守令者三十人。詔曰：「今後所薦，朕自擇之。有不勤於官守者，勿問漢人、回回，皆論死，且没其家。」女直、水達達軍不出征者，隸民籍輸賦。戊午，遣使諭西南蠻酋，能率所部歸附者，官不失職，民不失業。乙丑，忽必來、别速台爲都元帥，率所部戍斡端城。己巳，麻陽縣達魯花赤武伯不花導軍官唐兀帶劫掠辰溪、沅等州，並伏誅。

冬十月己卯，有事於太廟。丁酉，詔皇太子參預朝政。

十一月壬子，禮部尚書柴椿偕安南國使杜中贊齎璽書，諭安南世子陳日烜來朝。乙卯，西安王相趙炳劾運使郭琮、郎中令郭叔雲盗用官錢，命尚書禿速忽、侍御史郭祐按之。

十二月庚辰，安南國遣使貢藥材。甲申，詔諭占城國王來朝。

十七年春正月癸卯朔，高麗國遣使賀正旦兼貢方物。丙午，萬户綦公直率所部戍别失八里。丙辰，定遷轉官員法及諸路差税課程。辛酉，廉州海賊霍公明等伏誅。丁卯，畋於近郊。戊辰，釋宋俘三萬餘人爲民。立行中書省於福州。都元帥張弘範卒。

二月乙亥，中書右丞張易言高和尚有秘術，能役鬼爲兵，命和禮和孫與高和尚同赴北邊。丁丑，答里不罕平羅羅斯，獲蠻酋谷納。詔答里不罕還，以阿答代之。納速剌丁以兵征緬國。己丑，殺宋制置使張珏。辛丑，以廣東民不聊生，召行省右丞塔出、左丞吕師夔廷詰之，也的迷失、賈居貞行宣慰司，往撫其民。

三月甲辰，車駕幸上都。己未，阿里海牙等以兵討羅氏鬼國。辛未，陝西運使郭琮等殺西安王相趙炳，詔械琮等至京師廷鞫之，並伏誅。

夏四月癸酉，南康賊杜可用僞稱萬乘元年，伏誅。庚子，權停百官俸。

五月甲辰，作行宫於察罕諾爾。癸丑，藥剌海以四川兵與納速剌丁同征緬國。移福州行省於泉州。甲寅，汀州賊廖得勝等作亂，伏誅。

六月辛未朔，忽都帶兒括闌遺户墾江北田。壬申，招諭占城國。丁丑，招諭羅氏鬼國。戊戌，高麗國遣使貢方物。敕江淮等處行鈔法，廢宋銅錢。《授時曆》成，詔曰：

自古有國牧民之君，必以欽天授時爲立治之本。黄帝、堯、舜以至三代，莫不皆然。爲日官者，皆世守其業，隨時考驗，以與天合，故曆法無數更之弊。及秦滅先聖之術，每置閏於歲終，古法蓋殫廢矣。由兩漢而下，立積年日法，以爲推步之準，因仍沿襲，以迄於今。夫天運流行不息，而欲以一定之法拘之，未有久而不差之理。差而必改，其勢有不得不然者。太史院作靈臺，制儀象，日測月驗，以考其度數之真，積年日法皆所不取，庶幾脗合天運，而永終無弊。乃者新曆告成，賜名《授時曆》，自至元十八年正月一日頒行。布告遐邇，咸使聞知。

秋七月己酉，立行中書省於安西府，李德輝爲行省參知政事，兼領錢穀事。徙泉州行省於隆興。戊午，中書參知政事郝禎、耿仁並爲左丞。開膠萊河。甲子，遣安南國王子陳倪還。乙丑，罷江南財賦總管府。己巳，中使咬難至江南訪求高士。

八月乙卯，改蒙古侍衛總管爲親軍都指揮使司。戊寅，占城、馬八兒國皆遣使奉表貢方物。唆都請招諭三佛齊等八國，不從。丁亥，集賢大學士兼國子祭酒許衡致仕。戊戌，高麗國王王賰來朝。范文虎、忻都、洪茶邱爲中書右丞，李庭、張拔突爲參知政事，並行中書省事。

九月壬子，車駕至自上都。壬戌，也罕的斤率所部戍斡端。丁卯，羅氏酋阿察等降。癸酉，高麗國王王賰加開府儀同三司、中書左丞相、行中書省事。丁丑，命湖南行省討亦奚不薛。壬午，立陝西四川等處行中書省，不花爲右丞，李德輝、汪惟正並爲左丞。己丑，命招討使都實窮河源。壬辰，亦奚不薛酋遣從子入朝，帝曰：「亦奚不薛不稟命，輒以官授其從子，無人臣禮。俟其酋出，乃罷兵。」丙申，招諭爪哇國。

十一月己亥朔，俱藍、馬八兒、闍婆等國俱遣使來朝。丁卯，復遣教化、孟慶元等齎書諭占城國。

十二月庚午，殺江淮行省平章政事阿里伯、右丞崔斌。辛未，高麗國王王賰率所部水軍征日本。諭諸將征日本取道高麗，毋擾其民。以高麗藩臣金方慶爲征日本都元帥，朴球、金周鼎爲管高麗國征日本軍萬户，並賜虎符。癸酉，高麗國王王賰爲行省中書右丞相。丁亥，復詔管民官兼管諸軍奥魯。戊子，征亦奚不薛軍戍羅葡甸。壬辰，陳桂龍據漳州叛。甲午，新建太廟成，自舊廟奉遷神主於祏室，行大享禮。改畏兀兒斷事官爲北庭都護府。丙申，遼東路新軍以妻子易馬，敕以今年所輸賦稅贖之。安南國來貢馴象。是月，左丞相阿朮卒於别失八里軍中。

十八年春正月戊戌朔，頒《授時曆》。高麗國遣使賀正旦兼貢方物。辛丑，召阿剌罕、范文虎、囊家帶入覲。丁未，畋於近郊。敕江南州縣官兼用蒙古、回回人。命忻都、洪茶邱率所部由高麗泛海至日本，范文虎率所部由慶元路泛海至日本，以張珪、李庭留後。丙辰，車駕幸漷州。

二月辛未，車駕幸柳林。乙亥，立上都留守司。移荆湖行省於鄂州，湖南宣慰司於潭州。己丑，詔諭烏瑣納等毋侵羅氏蠻，違者許羅氏酋阿利奏聞。乙未，皇后弘吉剌氏崩。丙申，車駕至自柳林。中書右丞、行江東道宣慰使阿剌罕爲中書左丞相、行中書省事，江西道宣慰使兼招討使也的迷失爲參知政事、行中書省事。

三月戊戌，國子祭酒致仕許衡卒。丙午，車駕幸上都。辛酉，立登聞鼓院。

夏四月辛未，命雲南行省討哈喇章。癸酉，復中外官吏俸。

五月戊申，罷畏兀兒提刑按察使司。

六月丙寅，謙州織工貧，鬻妻子，敕官與贖還，賜粟振之。己巳，忻都、洪茶邱等與日本兵戰於鹿島，失利。庚寅，阿剌罕有疾，以阿塔海代之。中書左丞忽都帖木兒爲中書右丞、行中書省事，御史中丞、行御史臺事忽剌出爲中書左丞、行尚書省事。

秋七月丁酉，分置安西行中書省於河西。己亥，阿剌罕卒。辛酉，賜唆都駝蓬以辟瘴毒。占城國來貢象、犀。

八月庚午，忙古帶爲中書右丞、行中書省事。申嚴大都總管府兵馬司、左右警巡院斂民之禁。庚寅，高麗國遣使賀聖誕。壬辰，范文虎等遇颶風敗舟，棄其全軍而返，左副都元帥阿剌帖木兒等皆溺死。

閏月丙午，車駕至自上都。丁巳，改思州宣撫司爲宣慰司，兼管内安撫使。汰中書省及諸司冗員。括江南户口税課。庚申，安南國遣使貢方物。

九月癸亥朔，畋於近郊。壬辰，占城國遣使貢方物。

冬十月乙未，有事於太廟，祔貞懿昭聖順天睿文光應皇后。己亥，立陳日烜叔父遺愛爲安南國王。庚子，鎮安州蠻酋岑從毅殺知州李顯，召從毅入朝。丁未，置安南國宣慰司，以孛顔帖木兒爲參知政事，行安南國宣慰使，都元帥柴椿、忽哥兒副之。壬子，集百官於憫忠寺，焚《道藏》僞經，有隱匿者罪之。封失里咱牙信合八剌麻合迭瓦爲占城國王，立行中書省於占城，唆都爲右丞，劉深爲左丞，也里迷失爲參知政事。庚戌，納陳遺愛於安南。招諭干不昔國。壬子，改大都、南陽等處屯田孛蘭奚總管府爲農政院。癸丑，皇太子至自北邊。辛酉，邵武賊高日新降。

十一月癸亥朔，招諭探馬禮蠻酋。甲子，漳州賊陳弔眼伏誅。壬午，召爪哇國王入覲。

十二月甲午，瓮吉剌岱爲中書右丞相。己亥，罷日本行中書省。癸丑，免益都、淄萊等路開河夫今年租賦，仍給傭直。丙辰，福州賊林天成伏誅。

# 新元史卷之十一　本紀第十一

## 世祖五

十九年春正月壬戌朔，高麗國遣使賀正旦。丙寅，罷征東行中書省。撒里蠻執叛王昔里吉等以獻，皇子北平王遣諸王札剌忽奏聞。丁卯，札剌忽入覲。立太僕院。丙子，畋於近郊。丁丑，高麗國貢紬布。

二月辛卯朔，車駕幸柳林。修太廟及司天臺。甲午，諸王相吾答兒、行中書省右丞太卜、參知政事也罕的斤征緬國。壬寅，命軍官陣亡者其子襲職，以疾卒降一等授官，著爲令。乙巳，立廣東道提刑按察司。戊申，車駕至自柳林。己酉，汰省部冗官。徙浙東宣慰司於溫州。僉都掌、阿永等部軍征答馬剌。都掌酋乞免僉軍，以牛馬運餉，允之。庚戌，以參知政事唐兀帶等分屯建康、江陵、池州等路。壬子，僉亦奚不薛及播、思、叙三州軍征緬國，亦奚不薛酋阿峻不從命。

三月辛酉朔，烏蒙蠻叛，那海、火魯思迷同討之。戊寅，益都千户王著與妖僧高和尚殺阿合馬、郝禎。壬午，王著、高和尚伏誅，殺樞密副使張易。戊子，領北庭都護府阿必失哈爲御史大夫、行御史臺事。

夏四月辛卯，敕和禮霍孫集中書省、御史臺、樞密院、翰林院等官，議阿合馬所管財賦。丁酉，和禮霍孫爲中書右丞相。降右丞相瓮吉剌帶爲大都留守，仍同僉樞密院事。壬寅，敕灤州造官車，勿賦於民。乙巳，汰倉庫官，考覈諸路平準庫。丙午，收諸王別帖木兒總軍銀印。庚戌，以用兵海外，供億繁重，詔慰諭軍民，應有逋欠錢糧及官吏侵盜，並權停罷。括江南隱匿逃軍。壬子，定民間貸錢取息法，以三分爲準。定内外官三年考滿法。

五月己未朔，黜省、部官黨附阿合馬者七百十四人。瀘州管軍總管李從受賄，縱軍士私還，致賊殺萬户爪難等，伏誅。追治阿合馬罪，戮其尸於通元門外。罷南京宣慰司。戊辰，並江西、福建行中書省爲一。壬申，逮參知政事耿仁至大都，命中書鞫之。中書右丞張惠罷。甘肅行省左丞麥朮丁爲中書右丞，行御史臺御史中丞張雄飛爲參知政事。

六月甲午，詔阿合馬濫設官府二百四，留三十三，餘悉罷之。戊戌，占城復叛，行省平章政事唆都以兵討之。己亥，管軍萬户何子志使暹國。壬子，敕中外官立限決事。癸丑，罷大司徒及農政院。丁巳，亦奚不薛降。

秋七月戊午朔，日有食之。分立行樞密院於揚州、岳州。辛酉，追治郝禎罪，戮其尸。

壬申，敕百官奏事同御史臺奏聞。癸酉，賜高麗王王賰金印。丁丑，鞏昌總帥汪札剌兒帶罷，以別速帖木兒代之。乙酉，闍婆國獻金佛塔。

八月癸巳，僉羅羅斯等軍征緬國。辛亥，車駕駐龍虎臺。甲寅，聖誕節，是日還宮。乙卯，御正殿受賀。

九月丁巳朔，敕中書省窮治阿合馬黨與。戊午，阿合馬子阿散伏誅。庚申，罷漣、海州屯田。游顯爲平章政事，行省揚州。辛酉，耿仁、撒都魯丁及阿合馬子忻都俱伏誅。俱藍國、蘇木都速國及也里可温教主並遣使奉表貢方物。壬戌，敕：「官吏受賄及倉庫官侵盜，御史知而不糾者，罪之。」乙丑，僉亦奚不薛軍。丁卯，安南國世子陳日烜遣使貢方物。己巳，罷雲南宣慰司。壬申，蠻洞向世雄兄弟及散毛諸洞叛，敕四川行省招撫之。辛巳，釐正選法，定諸路歲貢儒吏額。

冬十月丁亥朔，整治鈔法。辛卯，平章軍國重事耶律鑄爲中書左丞相。壬辰，有事於太廟。罷西京宣慰司。丙申，立詹事院。甲辰，占城國降。乙巳，招諭法里郎、阿魯、乾伯等國。罷屯田總管府。丁未，女直人六十，自請造船運糧，赴鬼國贍軍，從之。庚戌，移成都宣慰司於碉門。罷廣元路及順慶府宣慰司。詔兩廣、福建五品以下官，從行省銓注。乙卯，阿合馬子忽辛、秣速忽俱伏誅於揚州。

十一月戊午，宋衍聖公孔洙爲國子祭酒兼提舉浙東道學校事。頒示阿合馬罪狀。甲戌，敕天下重囚，除謀反大逆，殺祖父母、父母，妻殺夫、奴殺主外，其餘犯死罪者赦之，充軍征日本、占城、緬國。丙子，大盤洞酋向臬友等來朝。戊寅，馬八兒國遣使貢金葉書及方物。

十二月壬辰，昭文館大學士張文謙爲樞密副使。乙未，徙瀛國公趙㬎於上都。殺宋丞相文天祥。癸卯，定御史臺選擇臺臣格。徵處士劉因爲右贊善大夫，因以母老辭歸。中書右丞扎薩克爲平章政事。罷南京屯田總管府。

二十年春正月丙辰朔，高麗國遣使賀正旦。己未，立皇后弘吉剌氏。癸亥，藥剌海以兵討亦奚不薛。乙丑，高麗國遣使貢方物。阿塔海復爲征東行中書省左丞相。丙寅，發五衛軍征日本。以去歲河北、山東諸路旱，權停租稅勿徵，仍諭管民官，水旱逾時不報，及按察司不隨時檢察，皆罪之。壬申，移鞏昌按察司治甘州。行省右丞闍里帖木兒率三十五萬户征日本。丁丑，楊廷璧爲宣慰使，招諭俱藍等國。壬午，畋於近郊。改廣東提刑按察司爲海北廣東道，廣西按察司爲海北廣西道，福建按察司爲福建閩海道，鞏昌按察司爲河西隴北道。

二月戊子，賜俱藍國王瓦你金符。癸巳，敕斡脱錢仍其舊。亦奚不薛降。庚子，省西川東西北三道宣慰司，及潼川等路鎮守萬户府、新軍總管府，威、灌、茂等州安撫司。辛丑，定軍官選格及官吏贓罪法。癸丑，諭中書省大事奏聞，小事便宜行之，毋稽緩。

三月丁巳，罷河西行御史臺。立鞏昌等處行工部。罷泉州行中書省及福建市舶總管府。己未，罷安西行中書省，立行工部。乙丑，兀奴忽魯帶魯揚州罪囚。立雲南道提刑按察司。丙寅，車駕幸上都。丁卯，新會縣民林桂芳等作亂，僞號羅平國，伏誅。乙亥，阿塔海戍曲先，漢都魯迷失戍斡端。壬午，罷福建道宣慰司，復立行中書省於漳州。中書右丞張惠爲平章政事，御史中丞也先帖木兒爲中書左丞，並行中書省事。

夏四月丙戌，立別失八里、和林等處宣慰司。庚寅，藥剌海戍亦奚不薛。召也速答兒還成都。壬辰，都元帥張林、招討使張瑄、總管朱清等從征日本。高麗國王王睶領征東行省，規畫日本事宜。癸卯，王睶爲征東行中書省左丞相。庚戌，也速帶討獨山都掌蠻，平之，獲其酋得蘭紐。辛亥，麥朮丁等檢覈萬億庫，請使蒙古人鞫其獲罪者。詔曰：「蒙古人爲利所汩，亦異往日矣！其擇可任者使之。」

五月己未，罷五衛軍征日本。庚申，定江南民官及轉運司公田。丙寅，免江南租税三之二。辛未，唆都等入占城，其王孛由補剌者吾遁，降璽書招諭之。甲戌，並江淮、雲南州縣。耶律老哥爲中書參知政事。頒行宋文思院小口斛。立海西遼東道提刑按察司。己卯，宣慰使朱國寶率阿里海牙舊部討占城。

六月丙戌，甘州行省參知政事王椅爲中書參知政事。己丑，增官吏俸。庚寅，定市舶抽分法。丙申，修大都城。辛亥，四川行省參知政事曲立吉思等討平九溪十八洞，以其酋長入朝。

秋七月丙辰，免骨嵬軍賦役。丙寅，立亦奚不薛宣慰司。壬申，亦奚不薛軍民千户宋添富及順元路軍民總管阿里等降，立亦奚不薛總管府，以阿里爲總管。丁丑，立鋪軍，捕淮西盜賊。

八月癸未，以明里察平章軍國重事。甲午，安南國遣使貢方物。濟州新開河成。立都漕運司。戊午，象山縣海賊尤宗祖降。丙寅，古答奴國因商人阿剌畏等内附，罷占城行中書省。辛未，廣東盜起。

冬十月壬辰，車駕至自上都。甲午，平章政事扎散爲樞密副使。乙未，有事於太廟。庚子，建寧路總管黄華叛，僞稱宋祥興五年，卜鄰吉帶、史弼等合討之。耶律鑄罷。癸卯，造船於新開河，以分海運。己酉，僉河西質子充軍。癸丑，總管陳義自備海船三十艘征日本，授義萬户，佩虎符。壬戌，復立南京宣慰司。戊寅，禁雲南軍官没良民爲奴及黥其面。

十二月壬辰，以中書參知政事温迪罕、中書參議禿魯花廉貧，賜鈔旌之。丙午，罷雲南都元帥府。敕大官質子赴京師，著爲令。北勝州洞蠻叛，雲南行省阿合八失討平之。

二十一年春正月乙卯，右丞相和禮霍孫率百官上尊號曰「憲天述道仁文義武大光孝皇帝」，諸王百官朝賀如朔旦儀。詔曰：

惟我祖宗創業垂統，區宇之廣，衆所悉知。其御下也爲善，而有功者必賞，爲惡而有罪者必罰，此我祖宗之定制也。比者公卿耆舊詣闕拜章，謂朕壽祉方隆，請上尊號。屬茲大慶，宜布寬條。茲用播告中外，凡爾有衆，自今以始，各務維新，無替朕命。

己未，罷雲南都元帥府。甲子，罷揚州等處理算官。丁卯，建都蠻及金齒諸蠻俱降。庚午，立江淮、荆湖、江西、四川行樞密院及耽羅國安撫司。甲戌，王積翁齎璽書使日本，未至，爲舟人所殺。己卯，馬八兒國遣使貢方物。

二月辛巳，管如德爲行省參知政事，征緬國。丁亥，翰林學士承旨撒里蠻祀先農於藉田。壬辰，邕、賓、梧、韶、衡等州盜並起，湖南宣慰使撒里蠻討平之。丁未，阿塔海以水軍征占城。戊申，徙江淮行省於杭州，浙西宣慰司於平江，省黃州宣慰司。漳州盜起，江浙行省討平之。秦州總管劉發謀反，事覺伏誅。

三月丁巳，皇子北平王諾木罕及安童至自北邊。唆都攻占城不克，引兵還。丙寅，車駕幸上都。丁卯，太廟正殿成。乙亥，高麗國王王賰遣使賀上尊號。

夏四月乙酉，置大都留守司及大都路總管府。戊申，高麗國王王賰及公主以其世子源來朝。發思、播二州蠻軍征緬國。

五月癸丑，敕收集唆都及江淮、江西兩省潰軍，凡至者給糧，舟楫損壞者修之。戊午，敕中書省奏目及文書皆不用畏兀兒字。己未，占城國王請降，遣其孫路司理勒蟄等奉表來朝。庚午，鄂州達魯花赤趙翥等齎璽書諭安南國。括天下私藏天文圖讖《太乙雷公式》、《七曜曆》、《推背圖》、《苗太監曆》，有私習及收匿者罪之。丁丑，以征占城兵潰，追忽都虎、烏馬兒、劉君慶等敕命、虎符，以孛魯合答兒等代之，仍聽阿里海牙節制。

閏月己卯，封怯里剌王爲郡王，罷西南番安撫司四總管府。丙戌，遷揚州行御史臺於杭州。庚寅，賜歸附蠻酋十八人冠帶。理算江南造船隱弊，詔按察司毋得沮撓。癸巳，改封皇子北平王那木罕爲北安王。甲辰，安南國世子陳日烜遣使貢方物。

六月壬子，增官吏俸。甲寅，封皇子托歡爲鎮南王，鎮揚州。庚申，改蒙古都元帥府爲都萬户府，礮手元帥府爲萬户府，礮手都元帥府爲回回礮手軍匠萬户府。甲子，移阿剌帶和林屯田軍與憨答孫所部合屯五河。

秋七月丁丑朔，荆湖、四川合兵討叉巴、散毛洞蠻。詔軍官勿帶相銜。丁亥，江淮行省以占城使者大牛達連扎入朝，及其地圖來上。戊子，鎮南王托歡以兵征占城，假道安南。安南國世子陳日烜遣使貢方物。釋安南國前使黎英等還。

八月丁未，華帖、白水江、鹽井三部蠻叛，雲南行省討平之。占城國王乞歲修職貢，遣使獻三象。庚午，車駕至自上都。甲戌，建都女子沙智有功，授建昌路總管，佩虎符。

九月甲申，京師地震。置福建鹽課市舶都轉運司。并福建、江淮兩行省爲一，中書右丞、行省事忙兀帶爲江淮等處行中書省平章政事，左丞呼剌出、蒲壽庚參知政事，管如德分省泉州。

冬十月丁未，有事於太廟。戊申，藥剌海率探馬赤討金齒蠻。己酉，敕管軍萬户爲行省宣慰使者，毋兼管軍事；仍爲萬户者，毋兼管民政。辛酉，征東招討司征骨嵬夷。定處斷軍人逃亡例，爲首起意者處死。張萬爲征緬招討使，佩三珠虎符。戊辰，立常平倉。甲戌，詔行中書省，凡征日本船並增價募之。

十一月甲申，封南木里、忙哥赤爲郡王。己丑。海盜黎德伏誅。庚寅，占城國王遣使賀聖誕，獻禮幣及二象。占城舊州酋寶嘉婁亦奉表内附。庚子，范文虎爲中書左丞，商量樞密院事。辛丑，和禮霍孫、麥朮丁、張雄飛、温迪罕皆罷。前右丞相安童復爲右丞相，盧世榮爲中書右丞，史樞爲中書左丞，不魯迷失海牙、撒的迷失並參知政事，拜降參議中書省事。壬寅，敕中書省整鈔法。南巫里、别里剌、理倫、大力等國各遣使奉表貢方物。

十二月甲辰，置常平鹽局。乙巳，御史中丞崔彧罷。丙寅，八番酋龍昌寧、龍延萬等入朝。置八番宣慰司，招撫西南諸番。乙酉，鎮南王至安南境，陳日烜拒命，分六道攻之。

二十二年春正月戊寅，遣使慮諸路獄囚。壬午，置上都等路羣牧都轉運司、諸常平鹽鐵坑冶都轉運司。戊子，封駙馬唆都哥爲寧昌郡王。蜀人趙和尚冒稱宋廣王，伏誅。移五條河屯田軍於兀失蠻、扎失蠻之地。乙未，罷江南行御史臺。改提刑按察司爲提刑轉運司。立江西行樞密院。罷福建行中書省，置宣慰司。丙申，畋於近郊。阿必赤合爲中書平章政事。荆湖占城行省平叛蠻百六十六洞。辛丑，揚兀魯帶爲征骨嵬招討使。丙戌，烏馬兒敗陳日烜於富良江，日烜遁，鎮南王入安南都城。

二月乙巳，帝駐蹕柳林。改江淮、江西元帥招討司爲上、中、下三萬户府。辛亥，廣東宣慰使月的迷失討潮、惠二州盜郭逢貴等，平之。丙辰，罷開膠萊新河。壬戌，詔大都舊城居民遷新城者，以貲高及居官者爲先，定制以八畝爲一分，其地過八畝及貧不能作室者，皆不得冒據。收天下銅錢。戊辰，車駕幸上都。復立江南行御史臺，徙治江州。置真定、濟南、太原、甘肅、江西、江淮、湖廣等處宣慰司兼都轉運使司。瓮吉剌帶爲中書左丞相。己巳，復立提刑按察使司。忽都魯爲中書平章政事。詔各道提刑按察司，能遵奉條畫、涖事有成者，任滿升職；贓污不稱任者，除名。罷融州總管府。

三月丙子，張公禮、彭質等往占城測候日晷。癸未，罷甘州行中書省，立宣慰司。

夏四月癸卯，立行樞密院都鎮撫司。庚戌，監察御史陳天祥劾中書右丞盧世榮，詔世榮、天祥俱赴上都。癸丑，詔追捕宋廣王及陳宜中。中書省、樞密院、御史臺官慮大都及諸路罪囚。壬戌，御史中丞阿剌帖木兒、郭佑，侍御史白禿帖木兒等以盧世榮等罪狀奏，阿剌帖木兒等與世榮質於帝前，世榮款服下獄。癸亥，敕麥朮丁與安童治中書省事。

五月甲戌，御史中丞郭佑爲中書參知政事。壬午，忻都爲鵶里玉詔討使。詔近地不服者討之，毋興兵遠攻。右巴等洞蠻平。丁亥，汰六部冗官，擇廉潔有幹局者存之。戊子，復徙行御史臺於杭州。戊戌，鎮南王引大軍北還，大將唆都、李恒俱戰歿。庚戌，高麗國遣使貢方物。

秋七月戊寅，分甘州屯田新軍屯於亦集乃路。壬午，陝西四川行省左丞汪惟正入覲。以降酋郭逢貫等至京師。庚寅，唐兀帶復爲荆湖占城行省左丞。

八月丙辰，車駕至自上都。

九月戊辰，并哈喇章、金齒二宣撫司爲一，置臨安廣西道宣撫司。罷榷酤，聽民自造。乙亥，聽民自實兩淮荒地，免税三年。敕貢物惟地所産，非所産者，毋輒上。丙子，真臘、占城二國遣使貢方物及樂工十人。丙戌，速木都剌、馬答二國遣使貢朝。癸巳，烏蒙蠻叛，也速帶兒以兵討之。

冬十月己亥，合撒兒海牙使安南國。庚子，有事於太廟。乙巳，征東招討使朵兒台、楊兀魯克台征骨嵬，賜楊兀魯克台三珠虎符，爲征東宣慰使都元帥。癸丑，哈塔海爲征東行省左丞相，劉國傑、陳巖並爲左丞，洪茶邱爲右丞，同征日本。賜脱里安、答即古阿散等印，考覆中書省，其制如三品。丙辰，中書參議帖木兒爲參知政事，位郭佑上，且命之曰：「自今之事，皆責於汝。」馬法國遣使貢方物。戊午，江淮行省平章忙古岱爲江浙行省左丞相。復置叙州宣撫司。癸亥，答即古阿散理算江南錢穀。丁卯，烏蒙宣撫司使阿蒙叛，雲南行省以征羅必丹兵討之。壬申，以討日本，遣阿八剌督江淮軍需，察忽督遼東軍需。戊寅，徵高麗兵萬人、船六百五十艘征日本。癸巳，漕江淮米百萬石，貯於高麗合浦。征東行省及高麗各貯米十萬石，以備軍需。乙未，秃魯歡爲參知政事。盧世榮伏誅。

十二月己亥，減天下罪囚。丁未，皇太子卒。己未，丹太廟楹。辛酉，立集賢院。甲子，罷哈喇章都元帥，命哈喇酋長子入質京師，千户、百户子留質雲南。丙寅，停遷轉工匠官。

是歲，占城行省參知政事亦里迷失等引軍還。

二十三年春正月戊辰朔，以皇太子哀，罷朝賀。庚辰，馬八兒國來獻銅盾。丁亥，禁陰陽僞書《顯明曆》。丁酉，畋於近郊。

二月甲辰，雪雪的斤爲緬中行省左丞相，阿台董阿參知政事，兀都迷失僉行中書省事；阿里海牙爲安南行省左丞相，奥魯赤平章政事，烏馬兒、亦里迷失、阿里、昝順、樊楫並參知政事。乙巳，罷山北遼東道宣慰司，立東京等處行中書省，闊闊你敦爲左丞相，塔出行省右丞，楊仁風、亦而撒合並參知政事。戊午，罷江南行樞密院。荆湖占城行省以兵征安南。封陳益稷爲安南國王，陳秀爰爲輔義公。甲子，立甘州行中書省。

三月乙亥，麥朮丁復爲中書右丞。立欽察衛親軍都指揮使。丙子，車駕幸上都。丁丑，徙東京行中書省於咸平府。

夏四月庚子，立燕南、河東、山東等路宣慰司。甲辰，徙江南行御史臺於建康路。己未，遣要束木鈎考荆湖行省錢穀。

五月己巳，以阿里海牙言，遣參知政事禿魯歡等按治要束木贓罪。甲戌，徙江東道按察司於宣州。辛卯，安南國遣使貢方物。湖廣行省左丞相阿里海涯自殺於京師。

六月乙巳，立大司農司。辛亥，亦馬剌丹忒忽里使安南。丁巳，薛闍干爲中書平章政事。辛酉，高麗國遣使貢方物。

秋七月丙寅朔，必速蠻等使爪哇國。己巳，罷遼陽行中書省，復置三道宣慰司。壬申，拜答兒以兵討阿蒙，斬之。壬午，鐵木兒爲中書左丞。癸巳，銓定中書省、行省、樞密院、御史臺、行臺、六部官。詔諭中外。

八月丙申，敕樞密院選侍衛軍千人扈從北征。罷淮東、蘄黄宣慰司。辛酉，永康縣民陳巽四等謀反，伏誅。

九月乙丑朔，馬八兒、須門那、僧急里、南巫力、馬蘭丹、那旺、丁呵兒、來來、急闌亦帶、蘇木都剌十國，各遣子弟上表貢方物。壬辰，高麗國來獻日本俘。

冬十月丁酉，有事於太廟。己亥，車駕至自上都。己酉，塔塔兒、楊兀魯帶以兵征骨嵬。辛亥，河決開封路祥符、陳留等州縣十五處。壬戌，馬八兒國來獻鞍勒、氈甲。

十一月乙丑，張瑄、來阿八赤爲海道運糧萬户，佩虎符。丁丑，塔察兒、忽難使於諸王阿兒渾。

十二月癸卯，籍阿里海牙貲産。

是歲，大都饑。

二十四年春正月癸酉，俱藍國遣使來朝。丙戌，程鵬飛爲中書右丞，阿里爲中書左丞。丁亥，不顔里海牙爲中書參知政事。復改江浙行省爲江淮行省。辛卯，發江淮、江西、湖廣三行省蒙古及漢券軍、雲南行省軍及海外黎兵，分道討安南。立征交趾行尚書省。

二月甲午，畋於近郊。乙未，麥朮丁爲中書平章政事。庚子，范文虎爲中書右丞、商議樞密院事。壬子，封駙馬昌吉爲寧濮郡王。丙辰，馬八兒國來貢方物。

閏月乙丑，畋於近效。立尚書省，桑哥、鐵木兒爲尚書省平章政事，阿魯渾撒里爲尚書右丞，葉李爲左丞，馬紹爲參知政事。甲申，鎮南王脱歡徙鎮南京。范文虎改尚書右丞、商議樞密院事。改行中書省爲行尚書省。吏部尚書忻都爲尚書省參知政事。庚寅，車駕幸上都。

三月甲午，造至元寶鈔。乙卯，車駕駐涼陘。丙辰，馬八兒國來獻異獸。河決汴梁。

夏四月，諸王乃顏反。

五月庚子，高麗國王王賰授行尚書省平章政事。是月，車駕親征乃顏。

六月，車駕次撒兒都魯之地。前軍獲乃顏，誅之。乙亥，車駕駐於大利斡魯脱之地。盡得乃顏輜重。

秋七月癸巳，皇子愛牙赤等敗叛王失都兒於咸平。

八月乙丑，車駕還京師。李海剌孫爲征東行省參知政事。脱滿答兒爲都元帥，分道討緬國。己巳，謫從逆諸王從軍自效。癸酉，朶兒朶海獲叛王阿赤思，赦之。甲申，女國來貢方物。

九月辛卯，安南國遣使貢方物。壬子，高麗國王王賰來朝。

冬十月朔，日有食之。甲子，有事於太廟。丙子，殺中書參知政事郭佑、楊居寛。乙酉，羅葡甸蠻酋火者阿禾等來降。丙戌，立遼陽行尚書省，薛闍干、闍里帖木兒並爲行省平章政事，洪茶邱爲右丞，亦兒撒合爲左丞，楊仁風、阿老瓦丁並爲參知政事。

十一月壬辰，雲南行省右丞愛魯敗安南兵於木兀門。桑哥爲尚書省右丞相，帖木兒爲左丞相，阿里渾撒里爲平章政事，葉李爲右丞，馬紹爲左丞。丙午，鎮南王脱歡敗安南兵於界河。己酉，封駙馬帖木兒爲濟寧郡王。

十二月癸亥，金竹寨蠻酋搔驢等來降。乙酉，鎮南王脱歡以諸軍入安南。陳日烜奔敢喃堡。

# 新元史卷之十二　本紀第十二

## 世祖六

二十五年春正月辛卯，忙古帶爲江淮行尚書省右丞相。戊戌，大赦。壬寅，高麗國遣使貢方物。癸卯，海都寇北邊，諸王朮伯、駙馬昌吉等以兵討之。丙午，畋於近郊。癸丑，立江南行大司農司及淮東西兩道勸農營田司。

二月丁巳，改濟州漕運司爲都漕運司，領南北漕運。戊午，諸王哈丹禿魯干叛，李庭等以兵討之。庚申，大司徒撒里蠻等進讀祖宗《實録》，帝曰：「太宗事則然，睿宗少有可易者，定宗固日不暇給。憲宗事汝不能憶之，猶當詢知者。」壬戌，罷遼東海西道提刑按察司。改南京路爲汴梁路，北京路爲武平路，西京路爲大同路，東京路爲遼陽路，中興府爲寧夏府路。己卯，高麗國王王賰爲征東行尚書省左丞相。壬午，皇孫雲南王也先鐵木兒出鎮大理。

三月丁亥，松江民曹夢炎歲以米萬石輸官，遥授夢炎浙東道宣慰副使。改曲靖路總管府爲宣撫司。庚寅，車駕幸上都。李庭爲征東行省左丞、商議樞密院事。辛卯，鎮南王自安南班師。丁酉，車駕駐野狐嶺。阿東、塔不帶總京師禁衛諸軍。己亥，陳日烜遣使進金人代罪。

夏四月乙丑，循州賊鍾明亮作亂，江淮行省左丞相忙古帶、行樞密院副使也的迷失以兵討之。庚辰，安南國遣使貢方物。甲申，皇孫鐵木兒率諸軍討叛王火魯火孫、哈丹禿魯干。

五月戊子，諸王察合子闊闊帶叛應哈丹，牀兀兒討獲之。己丑，河決襄邑。丁酉，改雲南烏撒宣撫司爲宣慰司，兼管軍萬户府。戊戌，汪家奴、火魯忽帶、察罕等復叛。壬寅，渾天儀成。癸丑，移四川行中書省於重慶。高麗國遣使貢方物。河決開封。

六月辛酉，定御史任滿，驗所言事大小、多寡爲升降。乙丑，詔蒙古人總漢軍，習水戰。戊辰，管軍元帥阿里帶敗海都兵於業里干腦兒。癸未，處州賊柳世英作亂，宣慰副使史耀討平之。

秋七月戊戌，車駕幸許泥百牙之地。乙巳，保定路唐縣野蠶成繭，可爲帛。

八月丙辰，安童率本部怯薛蒙古軍巡北邊。庚辰，車駕次孛羅孩腦兒。

九月壬辰，車駕至大都。乙未，篤哇入寇。庚子，鬼國及建都蠻貢方物。癸卯，置徽理司，專治合追錢穀，禿烈羊阿、吴誠並爲徵理使。江南行台御史中丞劉宣自殺。

冬十月己未，有事於太廟。庚申，參知政事忻都等十二人理算江淮、江西、福建、四川、甘肅、陝西六行省錢穀。丙寅，大同民李伯祥、蘇永福謀反，伏誅。庚午，海都入寇。丙子，瀛國公趙㬎學佛法於土蕃。己卯，也不干入寇，不都馬失等敗之。免儒户雜徭。高麗國遣使貢方物。是月，用壽張縣尹韓仲暉議，自安山開河至臨清以濟運。

十一月丁亥，金齒蠻來貢方物。山東東西道提刑按察使何榮祖爲中書參知政事。柳州賊黄德清、潮州賊蔡猛等作亂，俱伏誅。庚寅，牀哥里合寇建州。癸巳，也速帶兒、牙林海剌孫執叛王揑坤、忽都答兒來降。己亥，禮部侍郎李思衍等使安南國，諭陳日烜入朝。辛丑，馬八兒國遣使來朝。叛王帖列涅入寇。

十二月丁巳，海都入寇，諸王闊闊出等敗之。丙子，也速不花以昔烈門叛，諸王八八、拜答罕，駙馬昌吉等以兵討之。也速不花降，昔烈門遁至朵郎不帶之地，獲之。庚辰，高麗國遣使貢方物。

二十六年春正月丙戌，京師地震。辛卯，哈丹入寇。戊戌，蒙古都萬户按的忽都合、荆湖行省左丞唐兀帶與月的迷失等討江西羣盗。立武衛親軍都指揮司。癸卯，罷膠萊海道運糧萬户府。高麗國遣使貢方物。鍾明亮寇贛州。畲民卯大老等作亂，伏誅。戊申，湖廣行省參知政事張守智、翰林直學士李天英徵糧運於高麗。移廣州按察司於韶州。

二月辛亥朔，籍江南户口。癸亥，移江淮行尚書省於杭州。改浙西道宣慰司爲淮東道，治揚州。丙寅，福建行省拜降、江西行院月的迷失、江淮行省忙古帶合兵討江西羣盜。丁卯，車駕幸上都。伯顔知樞密院事，總北邊諸軍。伯答兒爲中書平章政事。哈丹入寇開元路，治中兀顔牙兀格敗之。己巳，立左右翼屯田萬户府。甲戌，鞏昌總帥汪惟和率所部北征，敕入都受命。

三月庚辰朔，日有食之。台州賊楊鎮龍僭稱大興國，宣慰使史弼討斬之。癸巳，金齒蠻酋賽完降。

夏四月己酉朔，福建行省參知政事魏天佑執宋江西提刑謝枋得送京師，枋得不食卒。戊辰，安南國遣使貢方物。甲戌，御史大夫玉魯吕爲太傅，加開府儀同三司。召江淮行省參知政事忻都至京師，户部尚書王巨濟理算江淮錢穀，左丞相忙古帶總之。丁丑，徙乃顔降衆於江南充水軍。

五月丙申，鍾明亮降。復徙行御史臺於杭州，浙西按察司於平江。參知政事忻都爲尚書左丞，中書參知政事何榮祖爲尚書參知政事，參議尚書省事張天佑爲中書參知政事。己亥，置回回國子學。辛丑，青山猺降。

六月辛亥，安山渠成，賜名會通河。庚申，諸王乃蠻台敗哈丹於托吾兒河。丙寅，要忽兒入寇。辛巳，尚書省斷事官秃烈羊阿理算雲南錢穀。復立雲南提刑按察司。海都寇和林，宣慰使怯伯、同知乃蠻台、副使八黑鐵兒並叛降海都。宣慰使劉哈剌拔都脱歸，賜名察斡脱赤。甲戌，雲南中下爛土洞蠻酋忽帶等降。乙亥，乃顔餘黨金剛奴寇折連怯兒。

秋七月戊寅朔，海都入寇，帝下詔親征。辛卯，敕和林屯田乞兒吉思等軍討海都。戊戌，信州賊鮑惠日等作亂，伏誅。李庭等率所部北征。壬寅，賦百官家，製軍人衣襖。

九月丁亥，罷斡端宣慰使元帥府。

冬十月甲子，有事於太廟。

閏月戊寅，車駕至自上都。庚辰，月的迷失獲賊首邱應祥、董賢舉送京師。乙酉，命自今所授宣敕並付尚書省。丙戌，四川生番心㮨等來降。鍾明亮復叛，寇梅州，月的迷失與福建、江西行省合兵討之。丁亥，安南國遣使貢方物。己丑，籍江南、四川户口。婺州賊葉萬文作亂，江淮行省平章政事不憐吉歹討平之。庚子，取泗濱石爲磬，以補宫縣之樂。辛丑，羅斛國、女國俱來貢方物。乙巳，緬國來貢方物。壬子，漳州賊陳機容、邱大老、張順等降。癸丑，建寧賊黄福等謀反，伏誅。

十二月丁丑，諸王小薛與哈丹秃魯干通謀，伏誅。丁亥，封皇子闊闊出爲寧遠王。甲午，管軍萬户汪惟能爲征西都元帥，屯漠北。

是歲，馬八兒國來獻花驢。

二十七年春正月戊申，改大都路總管府爲都總管府。庚戌，河東山西道宣慰使阿里火者爲尚書右丞，宣慰使如故。癸丑，安南國遣使貢方物。乙卯，製祀天幄殿。高麗國遣使貢方物。己未，掌吉寇甘木里，諸王朮伯、拜答罕、亦憐真等敗之。乙丑，伸思、八兒等謀作亂，事覺伏誅。丙寅，敕高麗國發耽羅戍兵，討哈丹。辛未，高麗國王王賰來朝。

二月乙亥朔，立全羅道萬户府。癸未，泉州地震。己丑，鍾明亮降。癸巳，江西賊華大老等作亂，伏誅。

三月己未，立雲南蒙憐、蒙萊二路軍民總管府。放福建獵户、沙魚皮户爲民。庚申，罷行大司農司及各道勸農營田司。復移四川行中書省於成都。詔風憲之選仍歸御史臺，如舊制。癸亥，建昌縣賊邱大老等作亂，伏誅。辛未，太平縣賊葉大五等作亂，伏誅。

夏四月癸酉朔，車駕幸上都。癸未，罷海道運糧萬户府，置臨清漕河運糧上萬户府。庚子，哈丹寇海陽。

五月乙巳，哈丹寇開元。戊申，鍾明亮叛，江西行省左丞管如德、行樞密副使也的迷失合兵討之。罷江西行樞密院。戊午，移江西行中書省於吉州。癸亥，績溪縣賊胡發等作亂，伏誅。己巳，立雲南行御史台。庚午，婺州賊呂重二、泉州賊陳七師作亂，並伏誅。

六月壬申朔，河決太康。甲戌，桑州蠻酋黄布蓬等來降。庚辰，杭州賊唐珍等作亂，伏誅。丁酉，大司徒撒里蠻等進《定宗實録》。

秋七月癸丑，罷緬中行尚書省。江淮行省平章政事沙不丁以倉庫吏欺盜，請依宋法黥面、斷腕，帝曰："此回回法也。"不允。高麗國遣使賀聖誕。戊午，建平賊王静照作亂，伏誅。壬午，車駕駐老鼠山西。乙丑，蕪湖賊徐汝安等作亂，伏誅。丙寅，雲南闍力白衣甸等蠻酋來降。

八月辛未朔，日有食之。丁亥，復移四川南道宣慰司於重慶。癸巳，武平路地大震，壓死官民七千二百二十人。己亥，中書平章政事帖木兒等以兵赴武平路。

九月乙巳，遼東行省平章政事闍里帖木兒敗哈丹於瓦法。戊申，武平地復震。丙辰，大赦。

冬十月壬申，封皇孫甘剌麻爲梁王，出鎮雲南。癸酉，有事於太廟。己卯，僉甘肅民兵。乙酉，梁洞、吴湯暖等二十洞蠻來降〔一〕。己丑，新作太廟登歌、宫縣樂。罷成都路歲貢鸕鷀。

十一月戊申，立揚州、建康、鎮江七萬户府，杭州四萬户府。壬戌，大司徒撒里蠻等進

《太宗實録》。癸亥，河决祥符義唐灣。甲子，移河北河南道提刑按察司於許州。

十二月丙戌，興化縣賊朱三十五作亂，伏誅。乙未，諸王乃蠻台、遼陽行省平章政事薛闍干、右丞洪察忽分屯雙城及婆娑府諸城，以禦哈丹。己亥，青田賊劉甲乙等寇温州。

二十八年春正月癸丑，高麗國遣使貢方物。甲寅，有虎入於南城。辛酉，復行海運，置都糧運萬户府，以督歲運。壬戌，尚書右丞相桑哥有罪免。

二月癸酉，罷福建行中書省，立宣慰司。丙子，罷徵理司。丁丑，太子右詹事完澤爲尚書右丞相，翰林學士承旨不忽木爲平章政事。己卯，立金齒等處宣慰司都元帥府、曲靖等處宣慰司管軍萬户府。壬午，以桑哥答監察御史，命御史大夫月兒魯與桑哥廷辯。癸未，車駕幸上都，駐蹕大口。召御史臺及中書、尚書兩省官議桑哥罪。乙酉，立江淮、湖廣、江西、四川等處行樞密院。丙戌，改提刑按察司爲肅政廉訪司。集賢大學士何榮祖爲尚書右丞，集賢學士賀勝爲尚書參知政事。皇子鎮南王脱歡出鎮揚州。丁亥，逮湖廣行省平章政事要束木，籍其家。辛卯，封諸王帖木兒不花爲肅遠王。癸巳，籍桑哥家。

三月乙卯，乃顔餘黨牙兒馬赤等作亂，塔海討平之。壬戌，中書右丞崔彧罷爲御史中丞。南丹州蠻酋莫國麟入覲，授安撫使，賜三珠虎符。

夏四月乙未，徙湖廣行樞密院於鄂州。

五月丁酉朔，薛闍干等及高麗兵與哈丹戰，大敗之。戊戌，脱脱、塔剌海等至杭州，鞫僧官楊璉真伽贓罪。參知政事廉希恕爲湖廣行省右丞，與海北海南宣慰使都元帥陳仲達合討瓊州黎蠻。立左右兩江宣慰司都元帥府。移江淮行樞密院於建康。甲辰，要束木伏誅。辛亥，徵前太子贊善劉因爲集賢學士，不至。癸丑，罷尚書省，尚書右丞相完澤爲中書右丞相，平章政事麥朮丁、不忽木並中書平章政事，尚書右丞何榮祖爲中書右丞，左丞馬紹爲中書左丞，參知政事賀勝、高翥並參知中書政事。征東行尚書省左丞相、駙馬、高麗國王王賰爲行中書省左丞相。丁巳，頒《至元新格》。己未，門答占爲御史大夫，行御史臺事。

六月乙酉，彬州、桂陽、寶慶、武岡盜起，江淮行樞密院以兵討之。

七月丙申朔，高麗國遣使賀聖誕。己亥，尚州蠻降。庚子，移江西行樞密院於贛州。戊申，揚州學正李淦劾尚書右丞葉李妄舉桑哥，請斬李以謝天下，驛召淦至京師。丁巳，桑哥伏誅。

八月乙丑朔，平陽地震。丙寅，馬八兒國來貢方物。己卯，諭思州溪洞官楊都要招撫叛蠻。戊子，咀喃番遣使進金書寶塔及黑獅子。

九月辛丑，平章政事麥朮丁商議中書省事，哈喜魯丁爲中書平章政事。丙午，立行宣政院於杭州。辛亥，安南國世子陳日烜遣使貢方物，且謝不朝之罪。壬子，宣撫使楊祥等齎璽書諭流求國。乙卯，復置四川行樞密院，治成都。庚申，禮部尚書鐵里，禮部侍郎阿老瓦丁、不剌同使俱藍，禮部侍郎别帖木兒、亦列失金同使馬八兒，禮部侍郎脱西使於馬都。

冬十月己巳，修真定路玉華宫孝思殿。癸酉，有事於太廟。辛巳，塔剌海、張忽辛等坐理算錢穀受贓，並伏誅。召高麗王王賰及忽都魯揭里迷失公主入朝。癸未，羅斛國來進金字表及方物。罷行樞密院。己丑，召諸路轉運司至京師議稅法。癸巳，禮部尚書張立道使安南。免衛輝路種仙茅户徭役。

十一月壬寅，左吉使新合剌的音。丁亥，耽羅國來貢方物。乙卯，新添葛蠻酋來貢方物。增中外官吏俸。戊午，金齒蠻酋阿腮入覲。

十二月己巳，立新添葛蠻安撫司。辛未，兵部尚書帖滅、兵部侍郎明思昔答思使於羅孛卜兒。壬申，立河南江北行中書省。甲戌，罷鈎考錢穀。庚辰，改江淮行中書省爲江浙行中書省。癸未，别都兒丁爲中書左丞。丙戌，八番洞蠻來貢方物。戊子，敕罪囚非殺人抵死者，悉釋之。

二十九年春正月甲午朔，日有食之，免朝賀。己亥，太史令郭守敬兼領都水監事。丙午，敕用蒙古語諭河南官吏，用漢語諭江浙官吏，著爲令。罷河南道宣慰司。諭平伐、木甕眼等蠻酋歸附。癸丑，立陳蒙、爛土軍民安撫司。

二月甲子朔，金竹蠻來貢方物，減所部貢馬，賜衣襖遣還。丁卯，畋於近郊。己巳，敕罪人勿鞭背。庚午，諭百眼、左阿、吉谷、各當、各迪等蠻酋歸附。壬申，遣使分行諸路，釋死罪以下囚。乙亥，復立福建行中書省，亦黑迷失、史弼、高興並爲福建行省平章政事，征爪哇。戊寅，立征行左右軍都元帥府。加高麗王賰太保，賜號推忠宣力定遠功臣。詔諸王叛附合丹者納答兒從鎮南王，聶怯來從合剌合孫，阿禿從雲南王，朵列禿從阿里，八里帶從月的迷失自效。丁亥，乞台不花等使緬國。

三月甲午，脱忽思等至合敦奴孫之地，與駙馬闊里吉思議屯田。己亥，以討女直納里哥，立征東招討司。丁未，桑哥黨納速剌丁滅里、忻都、王巨濟並伏誅。定贓罪十三等，枉法者五，不枉者八〔二〕，罪入死者以聞。己酉，同知宣徽院事帖哥、通政院使剌真並爲中書平章政事，兼領舊職。阿里爲中書右丞，梁諳都剌爲參知政事，麥朮丁、何榮祖並參議中書省事。罷八番、羅甸宣慰司，改順元等處宣慰司爲八蕃、順元等處宣慰司，兼都元帥府。遥授安南國王陳益稷湖廣行省平章政事，居鄂州。庚戌，車駕幸上都。賜蠻酋五十六人綾絹及鞍轡弓矢。

夏四月辛卯，立雲南諸路廟學。

五月丁未，雪楊居寬、郭佑冤，給還家貲。

六月己巳，察昔折乙烈番酋率其部衆來降。

閏月壬寅，罷福建歲造象齒鞶帶。回回人獻大珠，卻之。辛亥，上思州蠻酋黄勝許作亂，行樞密副使劉國傑以兵討之。高麗饑，來請粟，賜米十萬石以賑之。戊寅，岑從毅降。乙卯，張立道以安南使者入覲，奉陳日烜表貢方物。

秋七月庚申朔，高麗國王遣其世子謜來賀聖誕。辛酉，移河北河南道廉訪司於汴梁。壬申，建社稷壇。戊寅，黎兵百户鄧志願謀反，伏誅。

八月壬寅，括唐兀秃魯花所部闊象赤及河西逃户。甲辰，車駕幸上都。丙午，開新河，自通州至大都，以郭守敬董其役。詔丞相以下皆操畚牐，聽守敬指撝。壬子，都元帥塔剌赤、行樞密副使程鵬飛以兵討黄勝許，勝許遁入安南。戊午，移燕南河北廉訪司於真定。不敦、忙兀魯迷失以兵征八百媳婦蠻。

九月辛酉，吏部尚書梁曾、禮部郎中陳孚使安南，諭陳日烜入朝。丁丑，罷雲南行御史臺。丁亥，立烏斯藏、納里、速古兒孫三路宣慰使司。

冬十月戊子朔，日本人至四明，求互市。丙申，四川行省以蠻酋向思聰等入覲。甲辰，信合納帖音國遣使來朝。廣東道宣慰使進暹國所上金字表。乙卯，諸王明里帖木兒叛附海都。

十一月丙子，思州蠻酋楊秀朝等來貢方物。

十二月庚寅，改封皇孫梁王甘剌麻爲晉王，鎮北邊。己酉，金齒蠻酋忽魯馬使其子阿魯來貢方物。

三十年春正月壬戌，諭溙頭、金齒蠻歸附。乙丑，省內外官司二百五十五，汰冗官六百六十九員。庚午，驗洞蠻酋楊總國等來朝。乙亥，謚皇太子真金曰明孝太子。丙子，西番一甸酋來朝。是月，前右丞相安童卒。

二月己丑，高麗王王賰奏易名曰昛。丙申，江淮行樞密院不憐吉歹進鷹，卻之。敕軍官勿從禽擾民。丁酉，回鶻人獻答納珠，直鈔數萬錠，帝曰：「珠何用？宜留吾鈔以賙貧者。」卻之。丁未，車駕幸上都。辛亥，敕鞏昌便宜總帥汪惟和以兵討土番，行樞密院明安答兒以兵討西番。復立雲南行御史臺。

三月庚申，同知樞密院事札散知樞密院事。己巳，復立行大司農司。

夏四月己亥，移江南行大司農司於揚州。甲寅，授光州、邦厓、金竹府、大龍番、師璧散毛洞諸酋軍民長官，賜以璽書。

五月壬戌，定雲洞蠻酋來降。以江南民怨楊璉真珈，罷其子江浙行省左丞暗普。

六月丙戌，選河西質子軍從皇孫阿南達討西番。乙巳，授皇孫帖木兒皇太子寶，撫軍北邊。

秋七月，免福建貢沙魚皮及泉州織作紵絲。壬申，月失察兒知樞密院事。丁丑，新河成，賜名通惠河。庚寅，梁曾、陳孚以安南使者陶子奇、梁文藻入覲。

九月癸丑朔，車駕至自上都。

冬十月癸未朔，祔明孝太子於太廟。安置陶子奇等江陵，賜以冬衣。己丑，兵部侍郎禿魯禿花等使闍藍、可兒納答、信合納帖音三國。庚寅，有事於太廟。慧星見。甲辰，大赦天下。

十一月丁巳，立海北海南道肅政廉訪司。己卯，河南行省平章政事伯顏爲中書平章政事，位帖哥、剌真、不忽木上。

十二月壬辰，中書左丞馬紹以病免，詹事丞張九思爲中書左丞。庚子，亦里迷失、史弼坐縱爪哇酋，師還，各杖七十，没家資三之一。辛丑，高麗國王王昛及魯國公主來朝。

三十一年春正月壬子朔，帝不豫，免朝賀。癸亥，知樞密院事伯顏至自北邊。庚午，帝大漸。癸酉，崩於紫檀殿。在位三十五年，年八十。乙亥，葬起輦谷。

夏五月戊午，上尊謚曰聖德神功文武皇帝，廟號世祖，國語曰薛禪皇帝。

史臣曰：唐太宗承隋季之亂，魏徵勸以行王道、敦教化，封德彝駁之曰：「書生不知時務，聽其虛論，必誤國家。」太宗黜德彝而用徵，卒致貞觀之治。蒙古之興，無異於匈奴、突厥。至世祖獨崇儒嚮學，召姚樞、許衡、竇默等敷陳仁義道德之說，豈非所謂書生之虛論者哉？然踐阼之後，混壹南北，紀綱法度燦然明備，致治之隆，庶幾貞觀。由此言之，時無今古，治無夷夏，未有舍先王之道，而能保世長民者也。至於日本之役，棄師十萬，猶圖再舉；阿合馬已敗，復用桑哥。以世祖之仁明，而吝於改過如此，不能不爲之歎息焉。

【校勘記】

〔一〕「梁洞吴湯暖」，《元史》卷一六本紀第十六《世祖十三》作「梁洞梁宫朝、吴曲洞吴湯暖」。

〔二〕「不枉者八」，「八」原作「七」，據《元史》卷一七本紀第十七《世祖十四》至元二十九年三月甲午條改。

# 新元史卷之十三　本紀第十三

## 成宗上

成宗欽明廣孝皇帝，諱鐵木耳，明孝太子真金第三子也。母爲太子元妃弘吉剌氏。至元二年九月庚子生。二十五年，諸王哈丹等叛，世祖遣帝率諸將討平之，命帝撫軍北邊。三十年六月乙巳，受皇太子寶。

三十一年春正月癸酉，世祖崩，諸王大臣遣使赴於北邊。夏四月壬午，帝至上都。先是，御史中丞崔彧得傳國玉璽，上之，元妃遣中書右丞張九思賫至上都授於帝。晉王甘剌麻率諸王勸進。甲午，即皇帝位於上都之大安閣。知樞密院事伯顏宣揚顧命詔曰：

朕惟太祖聖武皇帝受天明命，肇造區夏，聖聖相承，光昭兹緒。迨我先皇帝體元居正以來，然後典章文物大備。臨御三十五年，薄海内外，罔不臣屬。宏規遠略，厚澤深仁，有以衍皇元萬世無疆之祚。我昭考早正儲位，德盛功隆，天不假年，四海觖望。顧惟眇質，仰荷先皇帝殊眷，親授皇太子寶，副以撫軍之任。今春宮車遠馭，奄棄臣民，乃有宗藩昆弟之賢，戚畹官僚之舊，謂祖訓不可以違，神器不可以曠，合詞推戴，誠切意堅。朕勉徇所請，於四月十四日即皇帝位。可大赦天下。除殺祖父母、父母，妻妾殺夫，奴殺主，不赦外，其餘一切罪犯，咸赦除之。議行貢舉法，無學田處，量撥閒田以贍生徒。勸課農桑，停罷一切不急之役。軍官奥魯官撫養軍人，不得妄行科配，陣亡及病死者依例優恤。江淮以南夏税特免一年，已納者準充來年數目。各處酒税等課，定額三十分取一，若額外辦出增餘，額自作額，增自作增，禁諸人撲買。名山大川、聖帝明王、賢臣烈士載於祀典者，除常禮外，擇日遣官致祭。其不盡事件，仰中書省續議奏聞。

是日，追尊皇考明孝太子曰皇帝，尊太子元妃曰皇太后。庚子，忽篤海、明哥頒即位詔於高麗，李衎、蕭泰登頒即位詔於安南。丁未，湖廣盜起，劉國傑等以兵討之。己酉，金齒蠻酋阿魯爲孟定路總管，賜虎符。

五月戊午，上大行皇帝尊謚曰聖德神功文武皇帝，廟號世祖，皇后尊謚曰昭睿順聖皇后，皇考尊謚曰文惠明孝皇帝，廟號裕宗。庚申，雲南蠻酋適習、四川散毛洞蠻酋覃順等來獻方物。壬申，議增官吏俸。乙亥，札珊知樞密院事。戊寅，封皇姑高麗王妃爲安平公主。加御史大夫月魯吕太師，知樞密院事伯顔太傅，月赤察兒太保。賜月魯吕上方玉帶寶服，還鎮北邊。

六月庚辰朔，日有食之。壬辰，帖木兒復爲中書平章政事。乙未，以上世祖、裕宗尊謚，詔天下，免本年包銀、俸鈔及中原地税、江淮以南夏税之半。辛丑，賜宋使簽書樞密院事家鉉翁號處士，放還田里。癸卯，封駙馬闊里吉思爲高唐王。甲辰，修《世祖實録》。

秋七月壬子，詔御史大夫月魯呂振臺綱。

壬戌，詔曰：「孔子之道，垂憲萬世，有國家者，所當崇奉。諸路應設廟學、書院，禁官民褻瀆。學田勿得侵奪。作養後進，嚴加訓誨。若文行可觀者，有司保舉，肅政廉訪司體覆，以備擢用。」

癸亥，省肇州宣慰司入遼東道。癸酉，陝西行省平章政事不忽木爲中書平章政事。甲戌，詔諭暹國王敢木丁來朝。

八月戊子，初祀社稷，用堂上樂。己丑，大都留守段貞、平章政事范文虎監浚通惠河。

九月壬子，駐蹕三部落，受諸王百官賀聖誕。辛未，禿古帖木耳使闍藍國。

冬十月戊寅，車駕至自上都。乙未，金齒孟愛甸蠻酋遣其子來朝，立孟愛甸軍民總管府。壬寅，緬國來貢馴象。乙巳，遣南巫里、速木答剌等國使者還，賜三珠虎符及金幣有差。

十一月丁未朔，朝皇太后於隆福宫，上玉册、玉寶。壬子，罷湖廣、江西行樞密院。丁巳，伯顔察兒參議中書省事，其兄平章政事伯顔奏曰：「兄弟宜相嫌避。」辭職。帝曰：「兄平章於上，弟參議於下，何所嫌耶？」不允。甲子，湖南道宣慰使何瑋爲中書參知政事。癸酉，詔改明年爲元貞元年。

十二月庚子，孛羅曷答兒將禁衛兵戍和林。從帝師請，釋京師死囚三十人、杖以下百人。曲靖、澄江等路蠻酋來獻方物。太傅、知樞密院事伯顔卒。

元貞元年春正月戊申，諸王阿失罕來朝。癸丑，太僕卿只而合朗爲御史大夫。癸亥，雲南行省左丞楊炎龍爲中書左丞。庚午，江浙行省平章政事阿老瓦丁爲中書參知政事。壬申，立北庭都元帥府。中書平章政事合伯爲都元帥，江浙行省右丞撒里蠻副之，皆佩虎符。立曲先塔林都元帥府，釁都察爲都元帥，佩虎符。甲戌，有飛書告朱清、張瑄謀反，詔慰勉之。乙亥，封皇姑囊家真公主爲魯國大長公主，駙馬蠻子台爲濟寧王。

二月丁丑，合伯、撒里蠻、孛來將探馬赤軍萬人戍北邊。壬午，罷江南茶税。戊子，思州蠻酋田哈剌不花等來朝。緬國阿剌札高微班的來獻舍利。丁酉，車駕幸上都。癸卯，工部尚書吕天麟爲中書參知政事。罷河西軍，聽各還所屬。

三月己巳朔，安南國世子陳日燇遣使來慰國哀，並謝罪。丙辰，金齒蠻酋來朝。

夏四月辛巳，妖人蒙蟲僭擬乘輿，伏誅。癸巳，牙那木假兵部尚書，佩虎符，使馬答兒的音國。敕官吏不得擅離職任。

閏月甲寅，立梭鼇招討使司，塔兒忽帶爲招討使，佩虎符。壬戌，塔即古阿散坐不法伏誅。戊辰，遣愛牙赤覈實高麗儲糧。是月，蘭州上下三百餘里河清三日。

五月戊寅，命麥朮丁、何榮祖釐正選法。己卯，流別闍於江西，從月的迷失討賊自效。辛巳，罷行大司農司。平章政事麥朮丁加平章軍國重事。中書左丞、商議中書省事何榮祖罷爲昭文館大學士，與中書省事。丙申，前太傅伯顔子買的爲僉書樞密院事。

六月甲寅，翰林學士承旨董文用等進《世祖實録》。乙卯，省左右兩江宣慰司都元帥府、宣撫司爲廣西兩江道宣慰司都元帥府。敕上封事者，命中書省檢視再聞奏。癸亥，立蒙古都元帥府於西川。阿拉帖木兒、岳樂罕並爲都元帥，佩虎符。

秋七月己卯，詔諸路有儒知吏事、吏通經術者，廉訪使歲貢二人，委省臺官考試，中程者用之，所舉非人，罪坐選舉官。壬午，立肇州屯田萬户府，以遼陽行省左丞阿散領之。戊戌，管軍萬户朱永福、邊珍裕坐妖言惑衆伏誅。

八月辛酉，緬國進馴象。己巳，駙馬阿海知樞密院事。

九月甲戌，帝至自上都。乙亥，從帝師請，釋死罪三人、杖以下四十七人。己卯，罷四川淘金户，還其原籍，追論建言者之罪。庚辰，罷寧夏路行中書省。丁亥，爪哇國來貢方物。

冬十月癸卯，有事於太廟。帝曰：「親享之禮，祖宗未行，今玉册、玉寶成，朕其躬涖之。」癸丑，平章軍國重事答失蠻以兵討西北叛王。戊辰，遣安南貢使還，仍詔諭陳日燇來朝。

十一月丙戌，毯陽佐、法兒剌、阿魯等國各遣使奉金字表來朝。戊戌，詔江浙行省括隱漏官田及檢劾避役户。是月，戒飭御史臺、廉訪司，凡糾察官吏不公，及不知百姓疾苦者，罪之。敕各投下及影占户計者，均當雜泛差傜。

十二月甲子，徙縉山乞里乞思等部衆於山東。

二年春正月丙子，蠲兩都站户和雇、和市。己丑，御史中丞秃赤爲御史大夫。乙未，禁諸王、公主、駙馬擅罷官吏。

二月丙午，禁軍官擅以家奴代役。括蒙古漸丁充行伍。庚戌，詔軍人擅更代及逃歸者死。庚申，自六盤山至黄河置屯田。丙寅，大都留守司達魯花赤段貞爲中書平章政事。

三月壬申，中書平章政事不忽木罷爲昭文館大學士、平章軍國事。癸酉，忻都劾晉王甘剌麻，朵羅台劾太師月魯吕，皆有異志。詔樞密院鞫之，事不實。忻都論死，朵羅台謫從軍自效。丙子，車駕幸上都。

夏四月己亥朔，命撒的迷失招集忙古歹部流民。

五月戊辰朔，免兩都徭役。甲戌，詔蒙古馬牛羊百取其一，羊不滿百者亦取之，色目人羊滿百，乃取其一，著爲令。庚辰，土番寇階州，諸王帖木兒不花、只列等以兵討之。庚寅，罷四川馬湖進獨本葱。是月，野蠶成繭。

六月丙午，上思州叛蠻黄勝許遁入安南。

秋七月庚午，肇州萬户府置屯田。壬午，括伯顔、阿朮、阿里海牙等占江南民田，及權豪隱匿者，令輸租。增江西、河南行省參知政事各一員，朱清爲河南行省參知政事，張瑄爲江西行省參知政事。授高麗世子王謜爲儀同三司，領都僉議司事。丙戌，岳樂也奴等使馬八兒國。己丑，廣西賊陳飛等寇昭、梧、藤、容等州，湖廣行省左丞八都馬辛討平之。

八月丁酉朔，禁舶商以金銀渡海。

九月辛未，車駕幸安同泊，受諸王、百官賀聖誕。戊寅，臨安路捨資蠻叛，梁王松山討降之。甲申，也先不花討乞藍蠻，其别部酋答剌率諸蠻降，以其地爲雲遠路軍民總管府。是月，河決杞、封邱、祥符、寧陵、襄邑五縣。

冬十月丁酉，有事於太廟。壬子，車駕至自上都。贛州賊劉六十作亂，江西行省左丞董士選討平之。

十一月丁卯，答馬剌國來進馴象。己巳，兀都帶等進所譯《太宗》、《憲宗》、《世祖實録》，帝曰：「忽都魯迷失非昭睿順聖皇后所生，何爲稱公主？順聖太后崩時，裕宗已還自軍中，所紀日月先後差錯。又別馬里思丹礮手亦思馬音及泉府司皆小事，不足書也。」辛未，遣樞密院官整飭江南鎮戍諸軍，列將校勤惰以聞。壬辰，緬王遣其子僧伽巴叔撒邦巴來貢方物。

十二月戊戌，立徹里軍民總管府。癸亥，釋大都獄囚百人。金齒、羅斛蠻酋來朝。

大德元年春正月辛未，諸王亦憐真來朝，卒於道，賜幣帛五百匹。己丑，分和林漢軍屯田於五條河。辛卯，張斯立爲中書參知政事。

二月丙申，蒙陽甸蠻酋緬吉遣其弟阿不剌等來獻方物，以其地立通西軍民總管府。戊午，羅羅斯蠻酋來朝。己未，改福建行省爲福建平海等處行中書省，徙治泉州。封的立普哇拿阿迪提牙爲緬國王。庚申，行徽政院副使王慶端爲中書右丞。改元貞三年爲大德元年，赦天下，免上都、隆興差税三年。詔曰：

朕荷天地之洪禧，承祖宗之丕祚，仰遵成憲，庶務和平。比者藥木忽兒、兀魯速不花、朵兒朵懷等去逆效順，率衆來附，畢會宗親，釋其罪戾。適星芒之垂象，豈天意之儆予？宜推一視之仁，誕布更新之化。可改元貞三年爲大德元年。於戲！側身修行，咸攄奉若之誠；革故鼎新，幸底雍熙之治。咨爾臣庶，體予至懷。

是月，敕自正月一日至七月二十日，禁捕打禽獸，著爲令。

三月庚午，陝西行省平章政事也先帖木兒爲中書平章政事，中書左丞梁德珪爲中書右丞。癸酉，畋於柳林。甲戌，西番寇階州，陝西行省平章政事脱列伯討平之。丙子，車駕幸上都。丁丑，封諸王帖木兒不花爲鎮西武靖王，江西行省左丞八都馬辛爲中書左丞。庚辰，札忽魯赤脱而速坐受賂，爲奴所告，毒殺其奴，論死。庚寅，立江淮等處財賦總管府。

夏四月癸巳朔，日有食之。壬寅，賜暹國及羅斛蠻來朝者衣幣有差。詔優恤江南茶户。

五月丙寅，河決開封。戊辰，安南國遣使來朝。庚寅，平伐蠻酋來降，乞隸於亦奚不薛，從之。上思州叛蠻黄勝許遣其子來降。

六月甲午，湖廣行省參知政事崔良知廉貧，賜鹽課鈔千錠旌之。戊戌，平伐九寨蠻來降。甲寅，罷亦奚不薛歲貢馬及氈衣。是月，和州歷陽縣江漲，漂没民居一萬八千餘家。詔江浙、湖廣、江西秋糧折輕賞鈔。

秋七月辛未，省蒙古軍萬户府入曲先塔林都元帥府。丁亥，河決杞縣蒲口。衡州路酃縣大水，山崩。

八月丁巳，妖星出於奎。

九月甲子，八百媳婦蠻寇徹里，也先不花以兵討之。丙寅，罷括兩淮民田。壬午，車駕至自上都。己丑，罷南丹州安撫司，立慶遠南丹溪洞等處軍民安撫司。平珠六洞蠻及十部蠻皆來降。

冬十月丁酉，有事於太廟。辛丑，温州妖人陳空崖僞稱羅平國正治元年，伏誅。乙卯，爪哇國遣使奉表來降。

十一月癸亥，高麗國王王昛告老，乞以爵傳其子謜。丁丑，以謜爲征東行中書省左丞相、高麗國王，仍封昛逸壽王，賜號推忠宣力定遠保節功臣。

十二月戊戌，禁諸王、駙馬奪民田，其獻田者罪之。壬寅，朝洞蠻來降。丁未，旌表烈婦漳州萬户府知事闞文興妻王氏。

閏月甲子，福建行省平章政事高興奏，漳浦縣産水晶，乞采之。帝曰：「不勞民則可，勞民勿取。」己卯，播州宣撫使楊漢英請討平伐叛蠻，命湖廣行省平章政事哈剌哈孫從宜收撫。

二年春正月壬辰，以水旱，免郡縣田糧十之三，災甚者盡免之，老病單弱免差稅三年。己酉，釋流求俘歸，諭其國王效順。省土番碉門安撫司、運司，立碉門、魚通、黎、雅、長河西、寧遠安撫司。

二月壬戌，徙重慶宣慰司都元帥府於成都。立福建軍民宣慰司都元帥府。乙丑，中書右丞張九思爲平章政事，與中書省事。己巳，畋於漷州。丙子，罷中外土木之役。乙酉，車駕幸上都。詔民播種，怠惰及有司勸課不至者，各道廉訪司治之。丙戌，梁德珪爲中書平章政事。

三月戊子，詔僧人犯罪，聽有司專決，輕者與僧官約斷，不至者罪之。壬子，封東鎮沂山爲元德東安王，南鎮會稽山爲昭德順應王，西鎮吳山爲成德永靖王，北鎮醫巫閭山爲貞德廣寧王，與嶽瀆同祀，著爲令。

夏四月庚申，也速帶兒擅調甘州戍軍，遣伯顏等笞之。

五月辛卯，罷海南黎兵萬户府及屯田萬户府。壬辰，昭文館大學士何榮祖加平章政事，與中書省事。中書左丞八都馬辛爲中書右丞。己酉，耽羅國來貢方物。

六月庚申，罷江南門攤，復行兩稅法。

秋七月癸巳，河復決蒲口，遣尚書阿海、御史劉賡等塞之。壬寅，詔高麗國王王謜入侍，復以其父䂓爲國王。

九月己丑，車駕幸阻嬀之地，受諸王、百官賀聖誕。安南、爪哇及金齒蠻各來貢方物。丙申，帝至自上都。癸卯，命御史臺鞫樞密副使塔剌忽帶贓罪。庚戌，汰中外冗員。

冬十月壬戌，立蒙古萬户府於鳳翔路。

十一月庚寅，安南國來貢方物。丙申，罷雲南行御史臺，置肅政廉訪司。壬寅，中書右丞王慶端爲中書平章政事。

十二月庚午，湖廣行省平章政事哈剌哈孫爲江浙行省左丞相。甲戌，彗星見。

# 新元史卷之十四　本紀第十四

## 成宗下

三年春正月癸未朔，暹國、羅斛國及没刺由諸番來貢方物。賜暹世子虎符。庚寅，遣使問民疾苦。除本年内郡包銀、俸鈔。免江南夏税十之三。增小吏俸。置各路惠民局。封藥木忽兒爲定遠王。辛卯，命御史臺鞫浙西廉訪使王遇贓罪。壬辰，杖流高麗藩臣趙仁規於安西，崔沖紹於鞏昌。工部尚書也先帖木兒、翰林待制賈汝舟齎詔諭高麗王王昛：「自今命官有罪，毋輒行殺戮」。癸巳，哈剌哈孫爲中書左丞相。是月，詔中外軍官奥魯官撫養軍人，不得妄有科配。置各路管民官。招誘新附軍人逃竄者，限百日内出首免罪。

二月癸丑朔，車駕幸柳林。丁巳，罷四川、福建等處行中書省，陝西行御史臺，江東、荆南、淮西三道宣慰司，立四川、福建宣慰司都元帥府，陝西漢中道肅政廉訪司。壬申，加號解州鹽池神惠康王曰廣濟，資寶王曰永澤，泉州海神曰護國庇民明著天妃，鹽官州海神曰靈感宏祐公，吴大夫伍員曰忠孝威惠顯聖王。金齒蠻來貢方物。庚辰，車駕幸上都。

三月癸巳，緬國世子信合八的奉表來謝，賜衣遣之。補陀僧一山齎詔使日本，諭以通好息民之意，日本人不報。甲午，命何榮祖等更定律令。

夏四月庚午，申嚴江浙、兩淮私鹽之禁。己卯，禮部尚書月古不花爲中書左丞。

五月丙申，海南速古臺諸番來貢方物。庚子，復立征東行中書省，闊里吉思爲平章政事，耶律希逸爲左丞。

六月癸丑，罷大名路黄河故道田租。

秋七月丙申，淮安等縣蝗，在地者爲鶖啄食，飛者鶖擊殺之。詔禁捕鶖，著爲令。

八月己酉朔，日應食不食。

九月癸未，車駕幸古栅，受諸王、百官賀聖誕。癸巳，罷括江南手號軍。己亥，車駕至自上都。

冬十月戊申朔，有事於太廟。壬子，册立伯牙吾氏爲皇后。甲寅，復立海北海南道肅政廉訪司。

十一月戊子，釋罪囚二十人。

十二月癸酉，禁捕天鵝、鴡鶻。

四年春正月辛丑，詔蒙古都元帥也速帶兒勿擅決重刑。癸卯，復淮東漕渠。

二月丁未朔，日有食之。丙辰，皇太后崩。甲戌，罷稱海屯田，改置於阿札之地。乙亥，車駕幸上都。置西京太和嶺屯田。丙子，命李庭提調諸衛屯田。

夏四月丙辰，置五條河屯田。丁巳，緬國遣使進白象。戊午，中書省斷事官不蘭奚爲中書平章政事。

五月癸未，諭集賢大學士阿魯渾撒里等曰：「集賢、翰林乃養老之地，自今滿秩者遷官，勿令輒去。」

六月己酉，立緬國王子窟麻剌哥撒八爲緬國王。壬子，高麗國王王昛來朝。丙辰，太傅月赤察兒爲太師，中書右丞相完澤爲太傅。丁巳，御史中丞不忽木卒，貧無以葬，賜鈔五百錠。甲子，立眈羅總管府。暹、爪哇、弔吉而、蘸八等國遣使來朝。

秋七月甲戌朔，上皇太后尊謚曰徽仁裕聖皇后。乙酉，緬國阿散哥也遣其弟者蘇等九十一人來貢方物。詔者蘇赴上都，餘留安慶。

八月癸卯朔，阿魯渾薩里爲中書平章政事。

閏月庚子，車駕至自上都，中書右丞賀仁傑爲平章政事。

九月甲子，改中御府爲中政院。

冬十月癸酉朔，有事於太廟。

十一月壬寅朔，詔免兩都、隆興路大德五年絲銀、税糧，附近養駝馬諸郡免税糧十之三，其餘免十之二，徒罪減半，杖以下釋之。江北荒田，耕種者收税展限一年，著爲令。敕中書省定鹽法條畫。

十二月癸巳，劉深、合剌帶等將兵三萬討八百媳婦蠻。

五年春正月壬子，罷檀、景兩州採金鐵冶提舉司。

二月己卯，劉深、合剌帶並爲湖廣行省中書右丞，鄭祐爲參知政事，皆佩虎符。丁亥，立征八百媳婦二萬户府。丁酉，車駕幸上都。敕雲南行省汰冗官千五百一十四員。己亥，永寧路阿永蠻酋雄挫來朝，賜幣帛有差。

三月戊午，馬來忽等國遣使來朝。己巳，戒飭中外官吏。己未，也速忽都爲湖廣行省參知政事，與劉國傑等討四川叛蠻。是月，征東行省平章政事闊里吉思以不能和輯高麗，召還。薛超兀兒、忙兀都魯迷失等自緬國阿占城班師。

夏四月壬午，調雲南軍討八百媳婦。癸巳，宣慰使塔察兒、刑部尚書王爲亨使高麗，詔諭高麗王曰：「向以爾國自作不靖，遣平章政事闊里吉思等與王鎮撫之，非欲久任於彼，今已召還。然聞爾國越禮濫罰，官冗民弊。王其勉思累朝覆育之恩，以本國生靈爲念。威福予奪，當自己出。事體有未便，民情有未安者，其審圖之。」

五月辛亥，怯烈亦帶脱脱以兵討土番。丙辰，曲靖等路宣慰使忽林失入覲。壬戌，雍真葛蠻宋隆濟叛。

六月丙戌，宋隆濟陷楊黄寨，雍真總管府達魯花赤也里干遁。己丑，緬國遣使貢馴象九。壬辰，宋隆濟寇貴州，知州張懷德戰敗，死之。

秋七月丁未，命御史大夫禿忽赤整飭臺綱。軍官受贓者，與民官同例，量罪殿黜。戊申，立耽羅軍民萬户府。癸亥，叛王哈丹孫脱歡來降。暗伯、阿忽台並知樞密院事。河南妖人段丑厮等詐稱神異誑衆，伏誅。

八月甲戌，雲南行省平章政事薛超兀兒等以兵討金齒蠻。水西土官妻蛇節叛應宋隆濟。

九月庚辰，彗星出東井。征緬萬户曳剌福山等進馴象六。河南行省平章政事二哥等赴雲南訊諸王闊闊，平章政事薛超兀兒、忙兀都魯迷失，左丞劉得禄，參知政事高阿康受賂旋師之罪。

冬十月丙寅朔，以畿内饑，增明年海運糧爲百二十萬石。己巳，緬國遣使來貢方物。戊寅，雲南武定路蠻酋羣則來貢方物。壬午，車駕至自上都。丙戌，以歲饑禁釀酒。弛山澤之禁。

十一月丁未，劉國傑、也先忽都將萬人，八剌、阿塔赤將五千人，討宋國濟、蛇節、羅兒酋阿女等。戊申，猺人藍賴率丹陽三十六洞來降。

十二月甲戌，定强竊盜條格。

六年春正月乙巳，晉王甘剌麻卒。丁未，命江浙行省平章政事阿里專領江浙財賦。庚戌，江南僧石祖進告朱清、張瑄不法十事，命御史臺鞫之。帝問臺臣曰：「朕聞江南富民侵占民田，致貧者流離轉徙，卿等聞之否？」對曰：「富民乞護持璽書，依倚以欺貧民，官府不能詰治，宜悉追之。」帝即命行之，毋越三日。己未，諸王真童坐誣告濟南王也里只，謫劉國傑軍中自效。

二月庚午，謫諸王孛羅於四川從軍自效。丙戌，陝西行省平章政事也速帶而、參知政事汪維勤、湖廣行省平章政事劉國傑同討亦奚不薛，一切聽也速帶而、劉國傑節制。罷討八百媳婦，免右丞劉深等官。癸巳，帝不豫，釋京師重囚三十八人。是月，遣乾討虜軍征亦奚不薛，依例給軍械糧餉。

三月丁酉，以水旱災，大赦天下。甲寅，合祭昊天上帝、皇地祇於南郊，中書左丞相哈剌哈孫攝祭事。

夏四月丁卯，曲赦雲南諸部蠻夷。釋大都輕重囚三十八人。庚辰，上都大水。戊子，車駕幸上都。

五月戊申，太廟寢殿災。

六月癸亥朔，日有食之，太史院失於推驗，詔中書省議罪以聞。甲子，建孔子廟於京師。辛未，有事於太廟。乙亥，安南國遣使貢方物及馴象二。

秋七月辛酉，江浙行省參知政事忽都不丁爲中書右丞。

九月己酉，龍興路譌言括民間童男女，至有殺其子者，命誅爲首者三人。

冬十月甲子，改浙東宣慰司爲宣慰司都元帥府，徙治慶元。罷軍儲所，立屯儲軍民總管萬户府。浙西人林都鄰告廉訪使張珪藏禁書及推算帝五行，運使合只亦劾珪沮撓鹽法，敕臺省官同鞫之。丙子，車駕至自上都。

十一月甲午，劉國傑裨將宋光與蛇節等戰，大敗之。辛亥，同知樞密院事合答知樞密院事。

十二月庚申朔，雲南地震。戊辰，又震。甲子，衡州賊袁舜一等伏誅。高麗國王王昛來朝。

七年春正月乙卯，籍朱清、張瑄家資。戊午，定民官陣亡子孫，降祖父秩二等廕叙格。

二月壬戌，詔中書省汰諸司冗員。辛未，平章政事、行上都留守木八剌沙，陝西行省平章政事阿老瓦丁並爲中書平章政事，江南行臺御史中丞尚文爲中書左丞，江浙行省參知政事董士珍爲中書參知政事。丁丑，定中書省自左、右丞相以下，平章政事二員，左、右丞各一員，參知政事二員，爲八府。己卯，侍御史朵台爲中書參知政事。庚辰，監察御史杜肯構等劾太傅完澤受朱清、張瑄賄，不報。壬午，諭中書省曰：「比有以歲課增羡希求爵賞者，此非掊克於民，何從而出？自今除元額外，勿以增羡爲正數。」罷江南財賦總管府及都水庸田司、行通政院。

三月庚寅，遣郝天挺、塔出等十四人宣撫循行諸道，仍下詔戒飭之。都城火。徙甘肅政廉訪司治甘州。乙未，中書平章政事伯顏、梁德珪、段貞、阿里渾薩里，右丞八都馬辛，左丞月古不花，參知政事迷而火者、張斯立並坐受朱清、張瑄賄免官，洪君祥爲中書右丞。甲辰，詔曰：

慶賞刑罰，國之大柄，二者不可偏廢。朕自即位以來，恪遵聖祖成憲，優遇臣下。品爵以榮其身，禄賜以厚其家。期於履正奉公，有裨國政，百姓乂安，以稱朕懷，不務出此。若平章伯顔、暗都剌，右丞八都馬辛等，營私網賄，蒙蔽上下，以致政失其平，民受其弊。今已籍没家資，投戍邊遠，明正其罪。用是更張，以清庶務。遣使巡行郡邑，問民疾苦，分别淑慝。以近年所定贓罪條例，互有輕重，特敕中書集議，酌古準今爲十二章。又以官吏俸薄，不能養廉，京朝百司，月俸之外，增給禄米，外任官無公田，官標撥公田，無田則量支禄米。自今已始，凡在内外有官守者，洗心滌慮，公勤奉職，治民均平，無俾吾民重困，式符委任責成之意。

乙巳，殺前雲南行省右丞劉深。罷雲南征緬分省。戊申，卜蘭奚、岳鉉等進《大一統志》，賜賚有差。己酉，諸王脱歡坐誣告諸王脱脱，謫湖廣軍前自效。甲寅，車駕幸上都。

夏四月癸亥，徵陳天祥、張孔孫、郭筠至京師，天祥、孔孫爲集賢大學士，筠爲昭文館大學士，皆商議中書省事。庚辰，蛇節降。丁亥，蛇節伏誅。禁管民官打量軍人地畝。

五月丁未，諸王牀兀兒入覲。乙卯，立和林宣慰司都元帥府，忽剌出遥授中書左丞，爲宣慰使都元帥。

閏月戊午朔，日有食之。壬戌，禁軍民犯曲阜林廟。己巳，徵諸王孛羅、真童入覲。右丞相完澤卒。庚辰，雲南行省平章也速帶而入覲，獻金五百兩。帝曰：「此卿等效死所獲者。」賜鈔償之。

六月癸巳，叛蠻雄挫降。乙未，命阿伯、阿忽台等整飭河西軍事。

秋七月丙寅，哈剌哈孫爲中書右丞相、知樞密院事。丙子，敕集賢、翰林院老臣預議朝政，其餘三品以下年七十者，皆升散官一等致仕。罷遼東宣慰司。丁丑，叛王篤哇、察八而、滅里帖木兒等皆請降，詔安西王置馹傳以俟其來。戊寅，叛蠻麻剌降，獻童男女二百人，金五百兩，及馬牛羊，卻之。是月，斷事官帖木兒不花等使高麗，執其藩臣石胄及胄子天補赴京師。

八月辛卯，地震，平陽、太原尤甚。庚戌，緬國獻馴象四。

九月戊午，車駕至自上都。兵部尚書脱脱帖木兒使高麗，執其國相吴祈赴京師。是月，高麗國王王昛入朝，詔止之。

冬十月辛卯，復立陝西行御史臺。刑部尚書塔察兒、翰林直學士王約使高麗。癸巳，只而合忽知樞密院事。庚子，改普定府爲普定路，以蠻酋容苴妻適姑爲總管，佩虎符。改敘州路爲敘南等處諸部蠻夷宣撫司。庚戌，翰林國史院進太祖、太宗、定宗、睿宗、憲宗五朝《實録》。

十一月甲寅，併海道運糧萬户府爲海道都漕運萬户府。亦乞不薛賊黨魏傑等降。己卯，諸王滅怯禿、玉龍帖木而使察八而。

十二月甲申朔，詔内郡歲比不登，其民已免差徭者，並免其田租。乙酉，弛京師酒課。辛丑，免順元等路本年逋税。丁未，以轉運勞，免思、播二州，辰、沅等路税糧年，常、澧三分之一，淘金、站户無種佃者免其雜役。

是年，諸道奉使宣撫，罷贓吏一萬八千四百七十三人，徵贓四萬五千八百六十五錠，審冤獄五千一百七十六事。

八年春正月甲寅，彗星出於奎。己未，以災異迭見，詔恤民隱，省刑罰。除色目人外，願爲僧道者，若平户丁多差役不缺，及有昆仲侍養父母者，方許簪剃。凡妄獻田土、山場、窰冶，希圖徼名貪利者，悉禁之。平陽、太原兩路免差稅三年，上都、隆興、延安、大同、懷孟、衛輝、彰德、真定、河南、安西等路免二年，保定、河間兩路免一年。江南佃户私租太重，以十分爲率，減二分，著爲令。仍弛山場、河泊之禁。其田宅之訟，除契約分明，依例賜給外，其餘盡行革撥諸路。罪囚廉訪司分別審録，輕者決之，有疑者分具始事，申臺詳讞。庚申，雲南順元同知宣撫事宋阿重執其叔父隆濟來獻。癸亥，禁錮朱清、張瑄族屬。丙寅，御史中丞、太僕卿塔思不花爲中書右丞，江南行臺御史中丞趙仁榮爲中書參知政事。是月，平陽地震。

二月甲午，徙建康道廉訪司治寧國。甲辰，翰林學士承旨撒里蠻進金書《世祖實録節文》一册，漢文《實録》八十册。丙午，車駕幸上都。

三月戊辰，中書左丞尚文乞致仕，不允。詔受宣敕不赴任者，永不叙用。

夏四月丁未，分教國子生於上都。丙寅，禁納鷹鶻人濫給鋪馬。

五月癸未朔，日有食之。壬申，罷福建都轉運鹽使司。是月，霖雨，河決祥符、太康、獲嘉、陽武等縣。

六月丁酉，汝寧縣妖人李曹驢等妄言得天書惑衆，伏誅。

秋七月辛酉，罷江淮等處財賦總管。癸亥，諸王合贊遣使入貢。

八月，杭州火。

九月癸丑，車駕至自上都。庚申，伯顏、梁德珪復爲中書平章政事，八都馬辛爲中書右丞，迷而火者爲中書參知政事，江浙行省平章阿里爲中書平章政事。庚午，户部尚書張祐爲中書參知政事。癸酉，叛王察八而、朵瓦等來降。

冬十月辛卯，有事於太廟。辛巳，宣徽使、大都護長壽爲中書右丞，陝西行省右丞脱歡爲中書參知政事。丁亥，安南國遣使入貢。庚寅，封皇姪海山爲懷寧王。戊戌，杖流吴祈、石天補等於安西。

十一月壬子，制用院使忽鄰、翰林直學士林元撫慰高麗。戊辰，武備卿鐵古迭而爲御史大夫。

十二月辛丑，封諸王出伯爲威武西寧王。

九年春正月壬申，弛京師酒禁。

二月丁酉，封諸王完澤爲衛安王，定遠王岳木忽而爲威定王。辛丑，大赦天下。詔御史臺、翰林院、國史院、集賢院、六部舉五品以上廉能識治體者三人，行省、行臺、各路宣慰司舉五人。大都、上都、隆興三路免本年差發、税糧，腹裏各路免包銀俸鈔，江南佃種官田免租税三分，前年拖欠差税課程並行蠲免。敕有司非急之務，毋生事煩擾，小罪即與疏決，勿禁係。鰥寡孤獨，常年養濟外，每人賜中統鈔十兩，官司常加存問，年八十以上存侍丁一名，九十以上存二名，免其差役。流民不能復業者，官司常加優恤，願種官田者，免差税五年。是月，忽鄰卒於高麗。

三月丁未朔，車駕幸上都。戊午，樞密副使高興爲中書平章政事，仍樞密院副使。

夏四月乙酉，大同路地震，壞廬舍無算，壓死二千餘人。懷仁縣地裂，湧黑水。己丑，東川路蠻酋阿葵來獻方物。

五月戊申，徵陝西儒學提舉蕭𣂏赴闕，命有司給以安車。戊午，改各道肅政廉訪司爲詳刑觀察司。以地震，改平陽爲晉寧路，太原爲冀寧路。

六月丙子朔，以立皇太子，遣中書右丞相哈剌哈孫告昊天上帝，御史鐵古迭而告太廟。庚辰，立皇子德壽爲皇太子。賜高年帛有差，孝子順孫量材任用，親年七十别無侍丁者，從近遷除。外任五品官以下，並減一資致仕。官止一子承廕者，免傈使。家貧給終身半俸，其精力未衰者録用之。罪囚五年以上，除惡逆外，疑不能決者，釋之。流人量移内地。

秋七月辛亥，始立郊壇。丁卯，大司徒段貞、中書右丞八都馬辛並爲中書平章政事，參知政事合剌蠻子爲右丞，參知政事迷而火者爲中書左丞，參議中書省事也先伯忽爲參知政事。

八月丁丑，給曲阜林廟灑掃户。以尚珍署田五千頃供祭祀。是月，歸德、陳州河決。

九月戊申，帝御壽寧宫，受諸王、百官賀聖誕。庚申，車駕至自上都。

冬十月辛巳，有事於太廟。庚寅，駙馬按替不花自篤哇來歸。乙未，諭中書省、樞密院、御史臺曰：「省中事聽右丞相哈剌哈孫總裁，自後用人，非與哈剌哈孫共議者，悉罷之。」辛丑，復以詳刑觀察司爲廉訪司。

十一月丁未，置南城警巡院。庚午，祀昊天上帝於南郊，攝太尉右丞相哈剌哈孫、左丞相阿忽台、御史大夫鐵古迭而爲三獻官。

十二月丙子，京師地震。庚寅，皇太子卒。

十年春正月壬寅朔，高麗國遣使貢方物。甲辰，詔訪莊聖皇后、昭睿順聖皇后、徽仁裕聖皇后儀範中外之政，以備紀録。丁卯，封駙馬合伯爲昭武郡王。營國子學。

閏月甲午，前中書平章政事鐵哥、江浙行省平章政事闊里、河南行省平章政事阿散並爲中書平章政事，行宣政院使張閭、四川行省左丞杜思敬並爲中書左丞，參議中書省事劉源爲中書參知政事。

二月丙辰，封孛羅爲鎮寧王。是月，晉寧、冀寧二路地震。篤哇遣使來朝。丁卯，月古不花爲中書左丞。戊辰，車駕幸上都。三月己卯，崆古國遣使來貢方物。乙未，慮大都囚釋上都死罪三人。

夏四月庚子朔，詔匿鷹犬者没家貲之半。壬戌，雲南行省平章政事也速帶而討羅雄州叛蠻，獲其酋阿邦龍，斬之。癸亥，立崑山、嘉定等處水軍上萬户府。

五月辛未，京師旱。乙酉，同知樞密院事塔哥忽台、塔剌海並知樞密院事。封駙馬鐵木而爲濮陽王，公主忙歌台爲鄆國大長公主。丁亥，詔右承相哈剌哈孫、左丞相阿忽台等整飭庶政百司勤惰，悉以名聞。

六月壬戌，來安路總管岑雄叛，未幾遣其子來降。復立淮西道肅政廉訪司。

秋七月辛巳，釋諸路罪囚，凡常赦所不原者皆赦之。

八月壬寅，開成路地震，壞官民廬舍無算，壓死故秦王妃也里完等五千餘人。丁巳，重修文宣王廟成，行釋奠禮。

九月壬申，諸王篤哇遣使賀聖誕。是月，高麗國王王昛入朝。

冬十月丁未，有事於太廟。丁卯，安南國遣使貢方物。

十一月己巳，車駕至自上都。丁亥，武昌路火。

十二月乙卯，帝不豫。丙寅，宣政使沙的等禱于太廟。癸亥，瓊州那蓬洞蠻酋王文何等作亂，伏誅。

十一年春正月丙寅朔，帝大漸。癸酉，崩於玉德殿。在位十有三年，年四十有二。乙亥，葬起輦谷。九月壬申，上尊謚曰欽明廣孝皇帝，廟號成宗，國語曰完澤篤皇帝。

史臣曰：成宗席前人之業，因其成法而損益之，析薪克荷，帝無愧焉。晚年寢疾，不早決大計，傳位武宗，使易世之後，親貴相夷，禍延母后。悲夫！以天子之尊，而不能保其妃匹，豈非後世之殷鑒哉！

# 新元史卷之十五　本紀第十五

## 武宗

武宗仁惠宣孝皇帝，諱海山，順宗答剌麻八拉第二子也。順宗三子：長曰魏王阿木哥，其母徵；帝與仁宗皆昭獻元聖皇后弘吉剌氏所出，所謂興聖皇太后也。帝以至元十八年七月十九日生。

成宗大德三年，命帝代寧遠王闊闊出鎮北邊，禦叛王海都。四年八月，敗海都於闊別列之地。五年，海都率篤哇等大舉入寇。八月朔，與海都戰於鐵堅古山，敗之。越二日，海都悉衆來攻，大戰於合剌合塔。王師失利，帝親冒矢石，援諸王、駙馬以出。明日復戰，王師分五隊，爲海都所乘。帝突出敵陣之後，全師而返。海都遁去，旋病死。

八年十月，封懷寧王，賜金印，食瑞州六萬五千户，歲給五户絲及幣帛千匹。九年七月，置王府官。時海都子察八兒擁其父衆，雖納款，不肯入朝。十年七月，帝自脱忽思圈之地追察八兒弟斡羅思，獲其妻孥輜重。八月，襲察八兒於也兒的石河，盡俘其衆。察八兒奔於篤哇。諸王明里鐵木兒、阿魯灰等悉降。冬，駐於按台山，擊察八兒弟禿曲滅，走之，北邊悉平。

十一年春正月，成宗崩，左丞相阿忽台等潛謀推成宗皇后伯牙吾氏稱制，以安西王阿難答輔之。皇弟愛育黎拔力八達奉興聖太后入定内難，執阿忽台等，殺之，遣使迎帝於北邊。既而太后意猶豫，使日者推帝及皇弟之星命，問所宜立，曰：「重光大荒落有災，旃蒙作噩祚久。」重光，帝年幹；旃蒙，皇弟年幹也。太后惑其言，遣近侍托爾諭帝：「日者所言運祚修短，不可不思。」是時帝已至和林，謂康里脱脱曰：「我扞禦邊陲，勤勞十年，又位居嫡長，神器應歸於我。今太后以星命休咎爲言，天道茫昧，安能豫知？此殆任事之臣造奸謀以惑聖聽耳，汝爲我往察之。」康里脱脱既行，帝率大軍由西道，使諸王昂哈由中道，床兀兒由東道，分趨上都。康里脱脱入見太后，述帝意。太后愕然曰：「此我爲太子遠慮耳。今諸王、大臣議已定太子，不速來何爲？」

五月，帝至上都。皇弟奉太后來會，左右部諸王畢至。乃廢成宗皇后伯牙吾氏出居東安州，執安西王阿難答至上都，俱賜死。甲申，帝即位，受諸王百官朝賀於大安閣。詔曰：

昔我太祖皇帝以武功定天下，世祖皇帝以文德洽海内，列聖相承，丕衍無疆之祚。朕自先朝撫軍朔方，殆將十年，親御甲胄，力戰卻敵者屢矣。方諸藩内附，邊事以寧，遽聞宫車宴駕，乃有宗室諸王、貴戚元勛，相與定策於和林，咸以朕爲世祖曾孫之嫡，以功以賢，宜登太寶。朕謙讓未遑，至於再三。還至上都，宗王、大臣復請於朕。間者奸臣乘隙，謀爲不軌，賴祖宗之靈，母弟愛育黎拔力八達禀命太后，恭行天罰。内難既平，神器不可久虚，合詞勸進，誠意益堅。朕勉徇輿情，於五月二十一日即皇帝位。任大守重，若涉淵冰。屬嗣服之云初，其與民而更始。可大赦天下。教育學校人才，以備擢用。係籍儒户，蠲免雜徭差役。優恤北庭戰士，仍禁管軍官、奥魯官非理科擾。經過軍馬，牧養駝馬人等，毋得擾民。諸色人等，勿得别投户名，影避差徭，亦不得將土地妄詞呈獻。優恤蒙古站赤，仍禁各投下濫給鋪馬。義夫節婦、孝子順孫，具實以聞，别加恩賜。上都、大都、隆興三路，免差税三年。其餘路分，量輕重蠲免。雲南八番田場地面，免差發一年，並免積年逋欠。鰥寡孤獨不能自存者，常加存問。逃户復業者，免差税三年。被災之處，山場湖泊課税權行停罷，聽貧民采取。各處鐵冶，聽人煽辦。名山大川、聖帝明王、忠臣烈士載在祀典者，官吏擇日致祭。其餘民間利害，有合興修者，中書省核議奏聞。

是日，追尊皇考答剌麻八拉爲皇帝，尊皇考元妃弘吉剌氏爲皇太后。詔曰：「蓋聞孝治天下者，王政所先；養以天下者，尊稱爲大。恭承先德，寅紹丕基。愴昭考之長違，賴慈闈之篤祜。方衍無疆之慶，曷勝報本之情。謹依先朝成憲，追尊皇考曰皇帝，尊太母元妃曰皇太后，其應行典禮，以次舉行。」

壬辰，加知樞密院事朵兒朵海太傅，中書右丞相哈剌哈孫答剌罕太保，並録軍國重事。知樞密院事塔剌海爲中書左丞相，預樞密院、宣徽院事。同知徽政院事床兀兒、也可札魯忽赤阿沙不花、江浙行省平章政事明里不花並爲中書平章政事。江浙行省左丞劉正爲中書左丞，遥授中書左丞欽察、福建道宣慰使也先帖木兒並爲中書參知政事。中書右丞、行御史中丞塔思不花爲御史大夫。平章政事床兀兒旋改知樞密院事。特授乞台普濟中書平章政事。延慶使抄兒赤、同知和林等處宣慰司事塔海並爲中書右丞。阿里爲中書左丞。脱脱爲御史大夫。

是月，敕高麗王王昛歸國。平章政事撒勒帖木兒，翰林學士郭貫鎮撫高麗。中書平章政事合散出爲遼陽行省平章政事。

六月癸巳朔，立皇弟愛育黎拔力八達爲皇太子，受金寶，詔曰：

朕承列聖之貽謀，協宗王之翌戴，必謹親賢之託，共成繼述之功。母弟愛育黎拔力八達性稟温文，行全孝敬，夙著忠勤之節，素明治理之方，載惟靖亂之殊勛，式符元良之渥命，乃遵裕皇居東宫舊制，於六月朔旦授以皇太子寶，俾領中書之務，仍兼宥密之司。匪特篤兄弟友愛之情，實以衍宗社隆昌之福。

甲午，建行宫於旺兀察都之地，立爲中都。丁酉，上皇考尊謚曰昭聖衍孝皇帝，廟號順宗，大行皇帝尊謚曰欽明廣孝皇帝，廟號成宗。元妃弘吉剌氏失憐答里尊謚曰貞慈静懿皇后。祔廟躋順宗於成宗之上。己亥，羅羅斯宣慰使斡羅思爲中書左丞。諸司聽皇太子各置一人。拱衛直都指揮使馬謀沙角觝屢勝，遥授平章政事。壬寅，左丞相塔剌海加太保、録軍國重事，兼太子太師。癸卯，立詹事院。甲辰，平章政事、行和林宣慰使都元帥憨剌合兒，通政使、武備院卿帖木兒不花，並知樞密院事。戊申，特授尚乘卿索蘭奚、床兀兒並爲平章政事。大同屯儲軍民總管府達魯花赤怯里朮丁爲中書右丞。辛卯，中書平章政事脱虎脱出爲江西行省平章政事。壬子，封皇妹祥哥剌吉爲魯國大長公主，駙馬琱阿不剌爲魯王。敕樞密院銓調軍官遵世祖定制，近侍勿輒有請。軍官許父子兄弟襲職，近侍不得援以爲例。丙辰，御史大夫塔思不花、脱脱並遥授左丞相。戊午，高麗前王王謜進封瀋陽王，加開府儀同三司、太子太傅、上柱國、駙馬都尉，入中書省參議政事。己未，寧遠王闊闊出進封寧王。庚申，遥授左丞相塔思不花爲右丞相。

七月癸亥朔，封諸王秃剌爲越王。甲子，御史大夫鐵古迭兒等以即位告天地於南郊。

丙寅，前中書參知政事趙仁榮爲太子詹事。太傅右丞相哈剌哈孫、左丞相塔剌海綜理中書庶務。己巳，立宫師府。壬申，御史大夫鐵古迭兒等以即位告太廟。癸酉，立和林行中書省。太師月赤察兒爲行省右丞相，中書右丞相哈剌哈孫爲左丞相，依前太保、録軍國重事。丙子，江浙行省平章政事塔失海牙、知樞密院事床兀兒並爲中書平章政事。丁丑，封諸王八不沙爲齊王，朵列納爲濟王，迭里哥兒不花爲北寧王，太師月赤察兒爲淇陽王。加平章政事脱虎脱太尉。中書左丞相塔剌海爲中書右丞相，御史大夫塔思不花爲中書左丞相，浙江行省平章政事教化、河南江北行省平章政事法忽魯丁並爲中書平章政事。平章政事鐵木迭兒出爲江西行省平章政事。己卯，集賢院使别不花爲中書平章政事。庚辰，御史中丞只兒合郎爲御史大夫。辛巳，加至聖文宣王尊號爲大成至聖文宣王。置行工部於中都。同知樞密院事也兒吉尼知樞密院事。御史中丞王壽、浙江行省左丞郝天挺並爲中書右丞。壬午，御史大夫鐵古迭兒等，以即位告社稷。甲申，瞻思丁使西域。丙戌，同知宣徽院事孛羅答失爲中書左丞。中書參知政事欽察出爲四川行省左丞。辛卯，敕唐兀秃魯花户籍已定，其入諸王、駙馬部下避役及冒匿者，皆罪之。

八月甲午，敕不由中書奏者，勿與官。外任官勿帶相銜。乙未，治書侍御史兀伯都剌爲中書參知政事。戊戌，封御史大夫脱脱秦國公。辛亥，中書左丞孛羅帖木兒以國文譯

《孝經》進，詔曰：「此乃孔子之微言，自王公至於庶人，皆當由是而行。其命中書省刊印，諸王以下皆賜之。」丁巳，中書左丞王壽罷爲御史中丞。戊午，中書平章政事乞台普濟、牀兀兒、别不花等並加太尉。中書右丞塔海加太尉、平章政事。中書左丞孛羅帖木兒爲中書右丞。禁諸色人帶金翅雕帽頂。

九月甲子，車駕至自上都。時巡狩三不刺，翰林學士王文用諫曰：「先帝新棄天下，陛下巡狩不以時，無以慰臣民之望，宜早還。」帝即日還大都。乙丑，中書右丞相塔剌海攝太尉，請皇考皇帝、大行皇帝尊謚於南郊。辛未，加塔剌海、塔思不花太尉。壬申，塔剌海奉册寶，上皇考及大行皇帝尊謚、廟號，又上大行皇帝元妃弘吉剌氏尊謚，祔於太廟。甲戌，改太常寺爲太常禮儀院。丁丑，定中書省官爲十二員：右丞相塔剌海，左丞相塔思不花，平章政事牀兀兒、乞台普濟如故，阿沙不花、塔失海牙爲平章政事，孛羅答失、劉正爲右丞，郝天挺、也先帖木兒爲左丞，于璋、兀伯都剌爲參知政事。甲申，立尚書省。塔剌海、塔思不花仍領中書省，脱虎脱、教化、法魯忽丁任尚書省。命自舉官屬。丙戌，中書平章政事别不花出爲江浙行省平章政事。辛卯，御史臺臣諫立尚書省，帝曰：「卿言良是，脱虎脱、教化、法魯忽丁此三臣願任其事，姑聽之。」

冬十月壬寅，封知樞密院事牀兀兒爲容國公。乙巳，敕陰陽法師勿謁諸王、駙馬之門。丙午，詔整飭臺綱。封御史大夫鐵古迭兒爲鄆國公。中衛親軍都指揮使買奴爲知樞密院事。

十一月癸亥，鎮遠王牙忽都進封楚王。丙寅，朝皇太后於隆福宮，上册寶。己巳，詔中書省官十二員。脱虎脱仍爲宣政院，教化留京師，其餘各授職任。戊寅，授皇太子玉册。己卯，帝御大明殿，受諸王、百官賀。

十二月辛丑，幸大聖壽萬安寺。吏部尚書察乃授平章政事，領工部事。禁漢人挾弓箭、彈弓。庚申，詔曰：

仰惟祖宗應天順人，肇啟疆宇，華夏一統，罔不率從。逮朕嗣服丕圖，纘膺景命，遵承遺訓，恪慕洪規，祗惕畏敬，未知攸濟。永思創業艱難，煢然軫念。萬事之統，在予一人。間者歲比不登，流民未還。是以責任股肱耳目大臣，贊襄嘉猷，朝夕入告，樂與率土之民，共享治安之化。邇寧遠肅，顧不韙歟？可改大德十二年爲至大元年。誕布維新之令，式符永固之休。凡公事，並經由中書省可否施行，内外大小衙門毋得隔越聞奏。監察御史、廉訪司嚴糾内外官吏，年終考其殿最者一人，以憑黜陟。政令得失、軍民利病，許人上書陳言。若言無可采，並無罪責；如其可取，重加遷擢。培養學校人才，以備擢用。其貢舉法，中書省續議舉行。勸課農桑，孝弟力田之人，量加旌賞。存恤蒙古探馬赤各翼軍人及各翼漢軍。管軍官舉放軍人錢物，詔書到日，盡行除免。典賣親丁，悉聽圓聚，價不追還。圍獵飛放，毋得騷擾百姓。驅户毋得投充怯歹、鷹房子名色，影避差徭。站赤消乏，仰中書省、通政院先將户口合并截補，管設頭目，其整治事理次第舉行。禁捕野物地面，除上都、大同、隆興三路外，大都周圍各禁五百里。其餘禁斷處所及山場、河泊、蘆蕩，並開禁一年，聽民採捕。民户流移，所在官司勿與本管户一體科徵。其原籍官司，用心招誘，毋侵占所抛田産。内庭作佛事，毋釋重囚，以輕囚代之。岳鎮、海瀆，風師、雨師、雷師，有司潔齋致祭。

至大元年，春正月辛酉，曲赦御史臺見繫贓吏。甲子，中書平章政事阿沙不花授右丞相，行御史大夫。丙寅，罷江南行都水監。丁卯，中書右丞也罕的斤爲平章政事，議陝西行省事。己巳，緬國進馴象六。己丑，雲南王也先帖木兒進封營王。是月，召前中書右丞尚文至京師，以疾辭。

二月甲辰，立皇太子衛率府。戊午，不達達思等送爪哇使歸其國。是月，中書平章政事乞台普濟爲中書左丞相。

三月戊寅，車駕幸上都。封阿沙不花爲康國公。甘肅行省右丞脱脱木兒爲中書平章政事，加大司徒。己卯，修《順宗》、《成宗實録》。敕怯薛歹、昔寶赤、諸王駙馬部下勿踐百姓田禾，犯者罪之。

夏四月戊戌，以永平路鹽課賜桑哥剌失公主，中書省臣執不可，從之。封三寶奴爲渤國公，香山爲賓國公。加鐵古迭兒右丞相，都護買住中書右丞。癸卯，加平章政事教化太子太保、太尉、平章軍國重事，封魏國公。甲辰，知樞密院事也兒吉尼遥授右丞相。乙卯，米楫等使蘇魯國。丙辰，罷征東行中書省。

五月丙寅，知樞密院事塔魯忽台遥授右丞相。己巳，緬國進馴象六。乙亥，知樞密院事憨剌合兒遥授左丞相。丙子，禁白蓮社，放其人隸民籍，加右丞相塔思不花上柱國，左丞相乞台普濟太子太傅。甲申，立大同侍衛親軍都指揮使司。

六月己丑，加三寶奴録軍國重事，曲出太子太保，脱虎脱上柱國、太尉、大慈都平章軍國重事。戊戌，威定王藥木忽兒進封定王。封駙馬阿失爲昌王。宦者李邦寧遥授左丞相。己酉，乞台普濟録軍國重事。敕無照會官不得赴任。

七月庚申，立廣武康里侍衛親軍都指揮使司。壬戌，立中都留守司兼開寧路總管府。壬申，塔察兒等九人使諸王寬闍，月魯等十二人使諸王脱脱。癸酉，禮部尚書阿里灰等賫璽書諭安南國，禮部侍郎管祝思監等使緬國，脱里不花等十二人使諸王合兒班答。壬午，封乃蠻帶爲壽王。是月，詔中書右丞相塔思不花、左丞相乞台普濟曰：「中書，政本也，軍國之務，小大由之。朕自即位以來，勵精求治，爰立輔相，以總中書。期年於兹，大效未著，豈選用之未當歟？何萬機之猶繁，而羣生之寡遂也？今特命塔思不花爲中書右丞相，乞台普濟爲左丞相，統百官，平庶政，便者舉行，弊者革去，一新條理。諸内外大小事務，並聽中書省區處奏聞。違者罪之。」

八月戊申，特授佤頭太師。

九月丙辰，高麗國王王昛卒。雪尼台等使薛思迷干部。辛酉，諭諸王察八兒、寬闍入朝。乙亥，車駕至自上都。庚辰，册王謜爲征東行省右丞相，嗣高麗國王，依前駙馬都尉、瀋陽王。封諸王秃滿爲陽翟王。

冬十月甲午，阿沙不花知樞密院事。敕持内降文書買河間路鹽及以諸王、駙馬命至運司者，一切禁之。甲辰，加左丞相、知樞密院事帖木兒不花録軍國重事。中書右丞秃忽魯、河南行省右丞也速、内史脱孛花並知樞密院事。

十一月丁卯，知樞密院事也兒吉尼爲御史大夫。己巳，塔思不花、乞台普濟並爲中書右丞相，脱虎脱爲左丞相。壬申，高麗國王王謜來朝。是月，覈天下屯田。

閏月甲寅，太傅達剌罕哈剌哈孫卒。

十二月庚申，封和郎撒爲隴王。甲戌，平章政事、太子賓客王大亨行太子詹事，平章軍國重事、太子少詹事大藏都爲太子詹事。

二年，春正月己丑，從皇太子請，罷宮師府。庚寅，殺越王秃剌。辛卯，皇太子率諸王、百官上尊號曰統天繼聖欽文英武大章孝皇帝。乙未，以上尊號謝太廟。己亥，容國公床兀兒進封句容郡王。丙申，詔曰：

朕荷三靈之隆眷，承列聖之丕基，永言置器之艱，恒切履霜之懼。迺者皇太子率中外臣庶，僉謂撫軍十載，遐邇悉平，當宁九重，成規具舉，苟稽舊典，盍進徽稱？豈朕躬之克當，惟祖武之顯式。已於正月十七日御大明殿，受統天繼聖欽文英武大章孝皇帝之號，越五日躬詣太室謝訖。爰念即位之初，恒以賑災恤民爲務，而恩澤猶未溥博，流離猶未安集，豈有司奉行之不至歟？今特命中書省遴選内外官僚，專以撫治爲事。簡汰冗員，撙節浮費，官吏各修乃職。勸農桑，興學校，撫字百姓，嚴戢吏胥。御史、廉訪司年終每道考其殿最者一人，以憑黜陟。圍獵飛放及過往屯戍、出使人等擾害百姓，有司再行禁戢。災區經賑濟百姓，本年腹路差税、江淮夏税並行蠲免。本年正月以前，民間逋欠、差税課程，並行蠲免。鰥寡孤獨不能自存者，除常例外，每名給中統鈔十五兩。禁捕野獸地面，除上都、中都、大同三路及大都周圍五百里外，其餘再弛禁一年。諸位下占據山場、河泊、關津、橋梁並抽分等錢，盡行革罷。檢視流民，計口贍濟。其還鄉者，量給行糧。流民合納差税，勿令見户包納。岳瀆、帝王及忠臣、烈士載於祀典者，有司蠲潔致祭。大小職官四品以下，普覃散官一等。

二月癸亥，罷行泉府院，歸市舶於行省。

三月己丑，遼陽行省右丞洪重喜告高麗國王王璋不法，敕王璋從皇太后幸五臺山，勿令辨對。諸王老章代梁王松山鎮雲南。庚寅，車駕幸上都。封諸王也速不干爲襄寧王。己亥，封阿剌的納八剌公主爲趙國公主，駙馬注安爲趙王。

夏四月辛酉，立興聖宫江淮財賦總管府。癸亥，立鎮守海口屯儲親軍都指揮使司。

五月丁亥，通政院使憨剌合兒爲知樞密院事，督建興聖宫，大都留守養安等董其役。

六月甲戌，革「毆西番僧者斷手，詈者斷舌」之令。

秋七月癸未，河決歸德府。壬辰，改四川松、潘、威、茂等州安撫司爲宣撫司，移治茂州汶川縣。己亥，河決封邱縣。

八月癸酉，立尚書省。乞台普濟爲尚書省右丞相，脱虎脱爲左丞相，三寶奴、伯顔、也速爲平章政事，保八爲右丞，忙哥帖木兒爲左丞，王羆爲參知政事，中書左丞劉楫授尚書左丞、商議尚書省事。甲寅，海剌孫授平章政事、商議樞密院事。己未，立皇太子左衛率府。江西行省參知政事郝彬爲尚書省參知政事。甲戌，賜太師瓜頭名脱爾赤顔。丁丑，詔天下敢有沮撓尚書省事者罪之。

九月庚辰朔，頒尚書省條畫於天下，改各行中書省爲行尚書省。詔：「朝廷得失，軍民有上言者，得實封上聞。饑民復業者，一切逋欠，並行蠲免，仍除差税三年。中外吏員依世祖皇帝定例，以九十日爲滿。如有子證父，奴訐主，及妻妾、弟姪干犯名義者，一切禁之。」頒行至大銀鈔。

壬寅，追奪前平章政事教化魏國公爵。丙戌，車駕至自上都。丙申，占八國遣使貢白面象、伽藍木。禿堅、張也先、伯顏使不憐八孫國，薛徹兀、李唐、徐伯顏使八昔國，察罕、亦不剌金、楊呼答兒、阿里使占八國。陝西行台御史大夫沙的授左丞相、行土番等處宣慰使都元帥。

冬十月庚戌朔，皇太子爲尚書令。頒行銅錢法。癸亥，翰林學士承旨不里牙敦爲御史大夫。乙丑，以皇太后不豫，釋天下大辟囚百人。丁卯，御史大夫只兒合郎、中書左丞相脱虎脱、尚服院使大悲都並爲知樞密院事。癸酉，知樞密院事禿忽魯加左丞相。丁丑，遼陽行省平章政事合散爲左丞相、行中書平章政事，中書參知政事伯都爲平章政事、行中書右丞，商議中書省事忽都不丁爲右丞、行中書左丞，參議中書省事帖里脱歡、賈鈞並中書參知政事。是月，杖流洪重喜於潮州。

十一月庚辰，雲南行省右丞算只兒威招諭蠻酋谷保等，受谷保賂，復進兵失利。詔嚴鞫其罪，已而釋之。乙酉，詔冬至祀南郊，以太祖皇帝配；明年夏至祀北郊，以世祖皇帝配。丁亥，湖廣行省左丞散朮帶爲平章政事、商議樞密院事。丙午，諸王孛蘭奚坐私怨殺人，杖流北邊。是月，中書參知政事賈鈞僉知樞密院事。

十二月乙卯，有事於太廟。上太祖聖武皇帝尊謚曰法天啟運聖武皇帝，光獻皇后尊謚曰光獻翼聖皇后，睿宗莊聖皇后尊謚曰顯懿莊聖皇后。和林行省右丞囊家帶擅至京師，詔鎖囊家帶至和林鞫之。丁丑，增百官俸，定流官封贈格，内外官三品以上者，許請謚，贈謚不在此例。是年，常豐洞蠻叛，率洗土、不兒、散毛諸洞蠻寇永寧路。

三年春正月癸未，汰中書省官吏一百八十一員，聽尚書省遷敘。乙酉，特授李孟平章政事、集賢大學士、同知徽政院事。辛卯，立弘吉剌氏爲皇后，脱虎脱攝太尉，授皇后寶册。戊戌，敕湖廣行省招諭叛蠻黄勝許。辛丑，萬户移剌四奴討湖廣乖西帶叛蠻，聽其便宜調遣。壬寅，雲南行省右丞算只兒威招諭八百媳婦。乙巳，定樞密院知院七員、同知院事二員、副使二員、僉院事二員、同僉院事一員。御史臺增御史大夫、中丞、侍御史、治書侍御史各二員。丁未，立右衛阿速親軍都指揮使司。

二月庚戌，以皇后受册寶，告謝太廟。己未，商議尚書省事劉楫整頓鈔法。甲子，以上皇太后尊號，告祀南郊。乙丑，僉樞密院事賈鈞復爲中書參知政事。己巳，寧王闊闊出與越王禿剌子阿剌納失里等謀反，事覺，闊闊出下獄，賜其妻完者死，竄阿剌失里於伯鐵木兒分地，磔畏兀僧鐵里等於市。三寶奴賜號答剌罕，餘並晉秩二等。辛未，加脱克赤顔録軍國重事。壬申，尚書平章政事樂實遥授左丞相，封齊國公。癸酉，左丞相、行中書省平章政事合散商議遼陽行省事。甲戌，以上皇太后徽號，告祀太廟。是月，詔大司農司總天下農政，定奪黜陟。

三月乙酉，知樞密院事只兒合郎爲陝西行尚書省平章政事。壬辰，車駕幸上都。回回人木八剌等坐妖言伏誅。

夏四月己酉，容美洞蠻叛。高麗國王王謜加號純誠守正推忠宣力定遠保節功臣。

五月甲申，封諸王完者爲衛王。乙未，尚書參知政事王羆加大司徒。

六月丁未朔，詔太尉尚書右丞相脱虎脱、太保尚書右丞相三寶奴總治百司，庶務並從尚書省奏行。戊申，中書左丞忽都不丁爲中書右丞。甲子，太子詹事斡赤爲中書左丞。壬申，以西北叛王察八兒等來朝，告祀太廟。賜脱虎脱、三寶奴珠衣，封三寶奴爲楚國公。是月，荆門州大水，山崩，死者三千四百餘人。

秋七月，封晉王長女寶塔失憐爲韓國長公主。

八月丁未，浙江行省左丞相呼剌出、遥授中書右丞相鳌日並爲御史大夫。甲子，畋於昂兀腦兒。

九月己卯，平伐蠻酋不老丁來降。辛巳，立宣慰司都元帥府於察罕腦兒。丙戌，車駕至自上都。尚書右丞保八遥授平章政事。是月，流寧王闊闊出於高麗。

冬十月戊申，帝率皇太子、諸王、羣臣朝興聖宫，上皇太后尊號曰儀天興聖慈仁昭懿壽元皇太后。庚戌，告謝太廟。辛酉，大赦天下。大都、上都、中都免至大三年秋税，其餘諸路今歲被災人口曾經體覆者，依上蠲免。内外不急之役，截日停罷。至大二年以前負欠差税、課程，並行蠲免。闊闊出餘黨未發覺者，並原其罪。官民田土，諸人勿得陳獻。諸收取錢物者，許實訴。丁卯，封駙馬買住韓爲衮王。壬申，馬合謀但的遥授尚書右丞，爲海外諸番宣慰使都元帥、領海道運糧漕運萬户府事。丞相鐵古迭兒爲陝西行臺御史大夫。

十一月辛巳，脱虎脱進太師、録軍國重事，封義國公。戊子，容美蠻酋田墨施什用等來降。丙申，有事於南郊，尊太祖皇帝配享昊天上帝。己亥，殺武衛親軍都指揮使鄭阿思蘭，籍其家。

十二月甲辰朔，以建大崇恩福元寺，乞其剌遥授左丞，曲列、劉良遥授參知政事，並領行工部事。己未，鎮南王老章坐僭擬乘輿，召赴京師。

四年春正月癸酉朔，帝不豫，大赦天下。庚辰，帝崩於玉德殿。在位四年，年三十有一。壬午，葬起輦谷。夏六月甲子，上尊謚曰仁惠宣孝皇帝，廟號武宗，國語曰曲律皇帝。

史臣曰：武宗舍其子而立仁宗，與宋宣公舍與夷而立穆公無以異。公羊子曰：「宋之亂，宣公爲之。」然則英宗之弑，文宗之篡奪，亦帝爲之歟？《春秋》貴讓而不貴争，公羊子之言過矣！帝享國日淺，濫恩倖賞，無一善之可書，獨傳位仁宗，不愧孝友。其流祚於子孫，宜哉！

# 新元史卷之十六　本紀第十六

## 仁宗上

仁宗聖文欽孝皇帝，諱愛育黎拔力八達，順宗第三子，武宗同母弟也。以至元二十二年三月丙子生。

大德九年冬十月，成宗不豫，皇后伯牙吾氏出帝與興聖皇太后居懷州。十年冬十二月，帝至懷州。所過屏供張，戒飭扈從之士毋擾累郡縣，民皆感悦。

十一年春正月癸酉，成宗崩。戊子，帝與皇太后赴喪。二月辛亥，至大都，入臨出居舊邸。時安西王阿難答、諸王明里帖木兒已先至。中書左丞相阿忽台、平章政事八都馬辛、前中書平章政事伯顔、中政院使怯烈道興等，潛謀推皇后稱制，以阿難答輔之。三月乙卯朔，阿忽台等請皇后以丁巳日垂簾，自右丞相哈剌合孫以下皆列牘署名。丙辰，帝率衛士入宫，召阿忽台等，責以亂祖宗舊制，執之。戊辰，殺左丞相阿忽台、平章政事八都馬辛、中政院使怯烈道興等。寧王闊闊出、楚王牙忽都進曰：「今内難已平，太子世祖之孫，宜早正大位。」帝曰：「王何爲出此言？奸臣搆亂，故誅之，吾豈欲覬覦神器耶？懷寧王吾兄，宜入承大統。」乃遣使迎武宗於北邊，帝以太子監國。武宗遲回不至，夏五月乙丑，帝奉皇太后幸上都，率左右部諸王勸進。武宗即位，六月癸巳，立帝爲皇太子，受金寶。

帝遣使求經籍，有進《大學衍義》者，命詹事丞王約等節而譯之。帝曰：「治天下，此一書足矣。」命與《圖像孝經》、《列女傳》並刊布天下。十一月戊寅，受玉册，領中書省、樞密院。

至大二年八月，立尚書省，詔帝兼尚書令。詹事院啟金州獻瑟瑟洞，請采之。帝曰：「吾以賢爲寶，瑟瑟何用？若此者，後勿復言。」淮東宣慰使撒都獻玉觀音、七寶帽頂、寶帶、寶鞍，俱卻之。

四年春正月庚辰，武宗崩。壬午，罷尚書省。命中書右丞相塔思不花、知樞密院事鐵木兒不花等參鞫尚書右丞相脱虎脱、左丞相三寶奴、平章政事樂實，右丞保八、左丞忙哥帖木兒、參知政事王羆罪狀。丙戌，脱虎脱、三寶奴、樂實、保八、王羆俱伏誅。杖流忙哥帖木兒於海南，流平章政事速思不花於高麗。壬辰，詔世祖舊臣前平章政事程鵬飛、董士選，太子少傅李謙，少保張驢，中書右丞陳天祥、尚文、劉正，中書左丞郝天挺，御史中丞董士珍，太子賓客蕭𣂏，參知政事劉敏中、王思廉、韓從益，侍御史趙君信，廉訪使程鉅夫，杭州達魯花赤阿合馬乘傳至京師，咨以庶政。丁酉，雲南行省左丞相鐵木迭兒爲中書右丞相，太子詹事完者、集賢大學士李孟並爲中書平章政事。戊戌，中書右丞相塔思不花、徽政院使沙沙並爲御史大夫。己亥，改尚書行省仍爲中書行省。庚子，停各處營造。罷廣武喀剌衛、萬户等府。辛丑，塔失鐵木兒知樞密院事。

二月乙巳，命和林、浙江二行省依前設左丞相，餘省但置平章政事。辛亥，禁諸王、駙馬擅據山場，聽民樵采。罷阿老瓦丁買賣浙鹽，供中政院食羊。禁宣政院違制度僧人。甲寅，罷江南行通政院、行宣政院。甲子，命中書平章政事李孟領國子監。丙寅，陝西行省平章政事孛羅帖木兒、江浙行省平章政事烏馬兒、甘肅行省平章政事闊里吉思、河南行省參知政事塔失帖木兒、江浙行省參知政事萬僧，坐前任贓罪及挾勢害民，俱免官。庚午，思州蠻酋楊正思等來朝，賜金帛有差。是月，中書左丞相康里脱脱罷爲江浙行省左丞相。

三月庚辰，詔前樞密副使吴元珪、前中書左丞拜降、前陝西行省右丞兀伯都剌至京師，同諸老臣議事。丙戌，罷五臺山行工部。己丑，命毋赦謀反大逆、殺祖父母父母，妻妾殺夫、奴婢殺主等罪。庚寅，即皇帝位於大明殿，受諸王、百官朝賀。詔曰：

惟昔先帝事皇太后撫朕眇躬，孝友天至。踐祚曾未逾月，授朕皇太子寶，領中書令、樞密使，百揆機務，悉聽總裁，於今五年。先帝奄棄天下，勛戚、元老咸謂：「大寶之承既有成命，非與前聖賓天而始徵集宗親議所宜立者比，當稽前代故事，即正宸極。」朕以國恤方新，誠有未忍，是用經時。今則上奉皇太后之命，下徇諸王勸進之誠，三月十八日於大都大明殿即皇帝位。凡尚書省誤國之臣，先已伏誅。同惡之徒，亦已放殛。百司庶政，悉歸中書。命丞相鐵木迭兒，平章政事完者、李道復等從新按治。可大赦天下。敢以前赦事相告者，以其罪罪之。

其可爲法程拯民者，具如左方：一，凡制詔、號令、錢糧、選法、刑名，一切政務，並從中書省聞奏區處，敢有擅自奏請者，以違制論。一，内外百司，其清慎公勤，五事備具者，優加遷擢，有貪污敗事者，陳告得實，依條斷罪。一，庶事更張，圖治伊始，式遵世祖皇帝成憲，仰中書省參酌舉行。一，凡言軍民利病政事得失有可采者，量加旌擢；如不可采，亦無罪譴。一，仰提調官申明累降條畫，勸課農桑，經過軍馬及昔寶赤、探馬赤等，毋得索取飲食芻藁，縱放頭匹。一，康里軍衛已罷，上項屯軍悉聽放還，其各處軍馬陣亡病死者常例存恤外，各加一半，雲南等處新附漢軍每名給布一匹。一，各投下、諸色人等，不得擅招户計，誘占奴婢，違者治罪。一，站赤消乏，除海青外，應進獻鷹犬，並令止罷，毋給諸王駙馬投下及各衙門鋪馬。一，陳獻地土及山場窰治之人，並行治罪。一，比者寶合丁、乞兒八答私買所盜内府寶帶，既已伏誅，今後諸人毋得似前申獻。一，民間和雇和買、一切雜泛差役，除軍人並大都至上都自備站户外，其餘不論是何户計，一體均當。一，恢辦商税、課租，並遵舊制，法外多取及欺盜入己者，依例究治。一，營築中都，已令停罷，其餘不急之役，截日停止。一，鰥寡孤獨、廢疾無恤者，除常例外，每人給至元鈔一貫。一，名山大川、聖帝明王、忠臣烈士，凡在祀典者，次第加封。除常祀外，主者施行。一、韓脱因不花、唐華、鄭阿思蘭等已經昭雪，元没資産悉還本家，今後内外重囚，省部再三詳讞，方許奏准。一，比年詔赦頻數，吏貪民盜，不知儆畏。

自今以始，其各洗心節慮，以保厥身，非常之恩，不可再覬。於戲！凡我有官君子，皆古所謂治天職、食天禄者，宜一心力，欽乃有司，無替朕命。

遣僉知樞密院事不蘭奚頒即位詔於高麗。辛卯，御史中丞李士英爲中書左丞。丁酉，命月赤察兒依前爲太師，宣徽使鐵哥爲太傅，集賢大學士曲出爲太保。是月，前陝西行省左丞兀伯都剌爲中書右丞，昭文館大學士察罕爲參知政事。平章政事、知樞密院事床兀兒，欽察親軍都指揮使脱火赤拔都兒，左丞相、知樞密院事鐵木兒不花，並録軍國重事。知樞密院事也速、兼山東河北蒙古軍都萬户也先帖木兒、仁虞院事也兒吉尼、太子詹事月魯帖木兒並知樞密院事。

夏四月戊申，以即位告天地於南郊。丁巳，罷中政院。戊午，以即位告於大廟。辛酉，敕國子監師儒之職，有才德者，不拘品級選用。乙丑，封知樞密院事鐵木兒不花爲宣寧郡王。丁卯，詔曰：

> 朕惟食貨，生民之本，權以幣帛，先在適時。我世祖皇帝參酌古今，立中統、至元鈔法，天下流行，公私蒙利，五十年於兹矣。比者尚書省不究利病，輒意變更，既創至大銀鈔，又鑄至大銅錢。鈔以倍數太多，輕重失宜；錢以鼓鑄弗給，新舊滯用；曾未再期，其弊滋甚。爰咨廷議，允協輿言，皆願變通，以復舊制。其罷資國院及各處泉貨監提舉司，買賣銅器聽民自便。應尚書省已發各處至大鈔本及至大銅錢，截日封貯，民間行使者，赴行用庫倒换。有司依舊印造中統鈔，子母並行，以便民用。

改封北寧王帖里哥兒不花爲湘寧王。革僧、道、也里可温、答失蠻、白雲宗、頭陀教等各衙門免差發。

五月癸酉，八百媳婦及大小車里蠻俱叛，命雲南王及行省右丞阿忽台討之。丙子，命翰林國史院修《大行皇帝實録》及累朝皇后、功臣列傳。壬午，金齒蠻來獻馴象。戊子，羅鬼蠻來獻方物。

六月乙巳，命侍臣咨訪内外才堪信用者，悉以名聞。仍戒飭諸王恪恭乃職。甲寅，封亦思丹爲懷仁郡王。丁巳，命和林行省右丞孛里、馬速思經理青海屯田。己未，封知樞密院事孛羅爲澤國公。甲子，請大行皇帝謚於南郊，上尊謚曰仁惠宣孝皇帝，廟號武宗。己巳，魏王阿木哥入朝。命翰林侍講阿林鐵木兒以國語譯《貞觀政要》，使蒙古、色目人誦習之。

秋七月癸未，甘州地震，大風有聲如雷。己亥，詔諭中書省曰：「朕前戒近侍，毋輒以文記傳旨中書，自今敢有犯者，不須奏聞，直捕其人，付刑部究治。」敕御史臺選老成更事者爲監察御史。

閏七月辛丑，遣國子祭酒劉賡至曲阜，以太牢祀孔子。丙午，祔武宗皇帝於太廟。戊申，封李孟秦國公，亦憐真乞剌思爲司徒。己酉，吐蕃寇禮店、文州，命亦憐真等討之。壬戌，立上都通政院，領蒙古諸驛。乙丑，魯國大長公主祥哥剌吉進號皇姊大長公主。遣使招諭黑水、白水等蠻。

八月己巳朔，裁京官諸司員額，並依至元三十年舊制。丙戌，安南世子陳日㸊來貢方物。

九月己亥朔，遥授左丞相不花進太尉。壬子，改元皇慶，詔曰：

朕賴天地祖宗之靈，纂承聖緒，永惟治古之隆，羣生咸遂，國以乂寧。朕夙興夜寐，不敢怠遑，任賢使能，興滯補弊，庶其臻兹斂時五福，用敷錫厥庶民，朕之志也。逾年改元，厥有彝典，其以至大五年爲皇慶元年。

是月，遣都水監木八剌沙往取杭州所造龍舟，中書省臣諫曰：「陛下踐阼，誕告天下，凡非宜取索，勿得擅進。若取此舟，有乖前旨。」詔止之。

冬十月戊辰朔，有事於太廟。丁丑，禁僧寺勿冒占民田。戊子，以故太師月兒魯那演子木剌忽知樞密院事。壬辰，議收至大銀鈔。

十一月戊戌，封司徒買僧爲趙國公。辛亥，諸王不里牙敦等誣告八不沙不法，詔竄不里牙敦於河南。己未，遼陽行省平章政事阿散爲中書平章政事。丙寅，加徽政使羅源大司徒。

十二月癸酉，封宣政使愛薛秦國公。壬午，詔曰：「今歲不登，民何以堪！春蒐其勿令供億。」甲申，占城國遣使貢方物。庚寅，曲赦京師大辟囚一人，並流罪。乙未，敕内降旨，一切勿行，遣禮部尚書乃馬台等頒皇慶元年曆於安南國。

皇慶元年春正月戊戌朔，召河南行省右丞王約至京師。庚子，帝諭御史大夫塔思不花曰：「凡大臣不法，卿等劾奏勿避，朕自裁之。」加太師、録軍國重事、知樞密院脫兒赤顏開府儀同三司，封淇陽王。庚戌，封知樞密院事、駙馬醜漢爲安遠王，出總北軍。癸丑，旌表廣州路番禺縣孝子陳韶孫。戊午，改封濟王朵列納爲吴王。崇福使也里牙襲封秦國公。是月，以中書平章政事李孟爲翰林學士承旨、知制誥，仍兼平章政事。

二月甲戌，改和林行省爲嶺北行省。己卯，八百媳婦蠻來獻馴象。壬午，封孛羅爲永豐郡王。

三月己亥，以帝生日爲天壽節，高麗國遣使來賀聖誕。戊申，前河南行省平章政事塔失海牙爲御史大夫。甲寅，諸王也先不花等遣使來貢方物。丙辰，封同知徽政院事不蘭奚爲趙國公。庚申，遣户部尚書馬兒經理河南屯田。乙丑，封諸王塔思不花爲恩平王。

夏四月癸酉，車駕幸上都。封鄆國大長公主忙哥台爲大長公主。壬午，封知樞密事木剌忽爲廣平王。

五月丙申朔，中書平章政事阿散爲中書左丞相，江浙行省平章政事張驢爲中書平章政事。加知樞密院事也先帖木兒開府儀同三司。

六月乙丑朔，日有食之。丁卯，天雨毛。己未，京師地震。丁亥，敕罷封贈，戒左右勿僥倖加官。

秋七月丙午，中書參知政事賈鈞乞病歸，賜鈔三百錠，給安車還籍。

八月己卯，吏部尚書許師敬爲中書參知政事。庚辰，車駕至自上都。辛卯，安南國王陳益稷來朝。

九月戊戌，罷討八百媳婦及大小車里，以璽書招諭之。辛丑，遣司徒田忠良等至真正府玉華宫祀睿宗御容。八百媳婦及大小車里蠻來獻方物。甲辰，參議中書省事阿里海涯爲參知政事。

冬十月甲子，有事於太廟。癸未，中書參知政事察罕加平章政事、商議中書省事。戊子，翰林學士承旨玉連赤不花等進《順宗》、《成宗》、《武宗實録》。辛卯，以諸王入覲，赦天下，敢以赦前事相告者，以其罪罪之。

十一月丙午，諭六部官毋踰越奏事。丙辰，晉封濮陽王、駙馬脱脱木兒爲岐王。庚申，占城國來獻犀象。緬國遣使來朝。雲南不農蠻酋岑福來朝。

十二月癸亥，中書平章政事李孟致仕。樞密副使張珪爲中書平章政事。庚辰，知樞密院事答失蠻罷。丁亥，遣使祈雪於社稷及嶽鎮海瀆。定省部減削繁冗格例。是月，諸王春丹叛。黎賊王奴歐等作亂，僞稱平章元帥。

二年春正月甲午，察罕腦兒等處宣慰使伯忽爲御史大夫。辛丑，封乞台普濟爲安吉王，中書右丞相鐵木迭兒以病免。丁未，太府卿秃忽魯爲中書右丞相。是月，黎賊王奴歐降。

二月甲子，立弘吉剌氏爲皇后，遣使祭告天地、太廟。丁丑，命張珪領國子學。丁亥，帝諭左右曰：「回回人以寶玉鬻於官，朕思此物何足爲寶？惟善人乃可爲寶。善人用則國家安，此朕所宜寶也。」

三月丙申，御史中丞脱歡答剌罕爲御史大夫。杖流高麗陪臣李思温、金深於臨洮。丙午，詔曰：「《易》述《家人》，《詩》美《關雎》，故帝王受命，必建置后妃，所以順天地之義，重人倫之本也。弘吉剌氏夙由世戚，來嫁我家，事皇太后有孝恭之懿，輔朕躬着淑慎之善。於二月十六日授以册寶，立爲皇后。於戲！位乎内，位乎外，得政道之相成；用之國，用之鄉，庶民風之不變。咨爾有衆，咸使聞知。」

壬子，右丞相秃忽魯等以天時亢旱，又隕霜雨沙，乞黜免，以當天意，帝不允。甲辰，高麗王王謜以長子燾入覲，請傳位於燾。詔授燾征東行省左丞相、上柱國，襲封高麗國王。

夏四月丙戌，遣納剌忽等護送高麗王謜歸國。乙亥，車駕幸上都。辛巳，加御史大夫伯忽開府儀同三司。

五月辛丑，中書右丞兀伯都剌爲平章政事，左丞八剌脱因爲右丞，參知政事阿里海牙爲左丞，參議中書省事禿魯花帖木兒爲參知政事。是月，中書平章政事張珪罷爲大司徒。

六月己未，京師地震。癸亥，禿忽魯等以災異，乞賜放黜，不允。丙寅，京師地震。辛未，以參知政事許師敬綱領國子學。甲申，以宋儒周敦頤、程顥、程頤、張載、邵雍、司馬光、朱熹、張栻、吕祖謙及前中書左丞許衡從祀孔子廟廷。河決陳、亳、睢等州及開封、陳留縣。

秋七月壬寅，京師地震。

八月丁卯，車駕至自上都。庚午，侍御史薛居敬爲中書參知政事。是月，崇明、嘉定二州海溢。

九月癸巳，宣徽院使完者知樞密院事。戊申，封脱歡爲安定王。

冬十月己卯，敕中書省議科舉法。封不答里爲安德王。乙酉，旌表高州民蕭又妻毛氏貞節。

十一月甲辰，詔曰：

惟我祖宗以神武定天下，世祖皇帝設官分職，徵用儒雅，崇學校爲育才之地，設科舉爲去取之方，規模宏遠矣。朕以眇躬，獲承丕祚，繼志述事，祖訓是式。若稽三代以來，取士各有科目，要其本末，舉人宜以德行爲首，試藝則以經術爲先，詞章次之。浮華過實，朕所不取。爰命中書參酌古今，定其條制。其以皇慶三年八月，天下郡縣舉其賢者、能者，充賦有司，次年三月會試京師，中選者朕將親策焉。

是月，辰州蠻酋吴千道作亂。

十二月丙子，定百官致仕資格。

# 新元史卷之十七　本紀第十七

## 仁宗下

延祐元年春正月丁亥，授前中書右丞劉正平章政事、商議中書省事。庚子，江浙行省左丞高昉爲中書參知政事。丁未，詔曰：

惟天惟祖宗眷佑有國，朕自即位，於今四年。比者陰陽失和，災異屢見，豈朕修德之未至歟？抑官吏未選，而政令之或乖歟？思以回天心，召和氣，側身修行，實切朕衷。庸敕有司，務共乃職，爰布維新之令，誕敷濟衆之仁。可改皇慶三年爲延祐元年。

所有合行事理，條列於後：一，上都、大都差税，自延祐元年蠲免二年。一，曾經賑濟災户，免延祐元年差税。一，内外一切不急之役，截日停罷。一，普免百姓欠負錢糧。一，流民所至，有司勤加存恤，復免差役三年，原抛田産，盡行給復。一，除謀反大逆、謀殺祖父母父母、妻妾殺夫、奴僕殺主及强盜、僞造寶鈔、官吏侵盜錢糧，不在原宥外，其餘一切罪犯，並行釋放；一，湖廣、雲南叛蠻如能悔過，即與免罪。於戲！以實應天，爰聿新於庶政，用孚有衆，同保合於太和。咨爾多方，體予至意。

庚戌，右丞相秃忽魯等以災變乞罷黜，不允。

二月甲戌，侍御史趙世延爲中書參知政事。壬午，右丞相秃忽魯罷，阿散爲中書右丞相、監修國史。癸未，中書參知政事高昉罷爲集賢大學士。

三月癸卯，暹國來貢方物。丙午，封駙馬阿魯秃爲趙王。戊申，車駕幸上都。癸丑，中書參知政事察罕致仕。是月，沅州猺賊蒲狗、向金朝等來降。

閏三月丁丑，馬八兒國來貢方物。

夏四月己酉，敕郡縣官勤職者，賜幣帛。以鐵木迭兒録軍國重事、監修國史。立回回國子監。是月，皇后弘吉剌氏崩。五月戊寅，京兆府爲許衡建魯齋書院，降璽書旌之。

六月戊子，召河南行省左丞相卜憐吉歹至京師，封爲河南王。

秋七月庚午，開下番市舶禁。是月，遣使賜高麗國宋秘閣書籍一萬七千卷。

八月戊子，車駕至自上都。

九月己巳，復以鐵木迭兒爲中書右丞相，阿散爲左丞相。罷陝西行御史臺。

冬十月戊申，復甘肅屯田，立沙、爪等處屯儲總管萬户府。庚戌，遣張驢經理江南田賦。

十一月戊辰，通政使蕭拜住爲中書右丞。辛未，翰林學士承旨答失蠻知樞密院事。癸酉，前中書右丞相禿忽魯知樞密院事。

十二月己亥，敕中書省，孔子五十三代孫當襲衍聖公者，以名聞。庚子，復以翰林學士承旨李孟爲中書平章政事。

二年正月乙亥，遣宣撫使分十二道問民疾苦，黜陟官吏。命中書省臣分領庶務。禁南人販買妻子爲驅。是月，黄聖許復叛，陷忠州。

二月己卯朔，會試進士於禮部。壬寅，雲南王老的來朝。

三月己卯，廷試進士，賜忽都答兒、張起巖等五十六人及第，出身有差。庚午，上皇太后尊號曰儀天興聖慈仁明懿壽元合德泰寧福慶皇太后。免延祐二年四月初一日以前百姓拖欠課税，官吏失陷短少錢糧，亦與免徵。丁丑。中書平章政事張驢出爲江浙行省平章政事。

夏四月戊寅朔，日有食之。辛巳，賜進士恩榮，宴於翰林院。辛丑，賜會試下第舉人從七品官致仕，及教授、學正、山長等有差，後不爲例。乙巳，車駕幸上都。丙午，封諸王察八兒爲汝寧王。五月戊申朔，復立陝西行御史臺。乙丑，秦州成紀縣山移，陷没民居。甲戌，授宦者續元暉昭文館大學士。

六月戊戌，河決鄭州。丙午，緬國王遣其子脱剌合來貢方物。

秋七月乙卯，贛州賊蔡五九等作亂，自稱洞王。己丑，命鐵木迭兒總宣政院事，詔諭中外。

八月丙戌，蔡五九陷汀州寧化縣，僭號蔡王，遣江浙行省平章政事張驢等討之。己丑，車駕至自上都。乙未，以蔡五九之亂，罷江浙經理田賦及冒括田租。壬寅，詔江浙行省印《農桑輯要》萬部，頒行各路。旌表貴州達魯花赤相兀孫妻脱脱真死節。

九月丁未，敕吏部尚書王居仁鞫張驢括江浙田租，逼死九人之罪。壬戌，蔡五九伏誅。

冬十月丁丑，封托忽赤爲威寧郡王，忽兒赤帖木兒不花爲趙國公。庚辰，淮西廉訪使郭貫爲中書參知政事。壬午，有事於太廟。乙未，以同知樞密院事帖木兒脱知樞密院事。授白雲宗道人沈明仁榮禄大夫、司空。丁酉，加鐵木迭兒太師。癸卯，八百媳婦蠻來貢馴象。

十一月丙午，彗星見。辛未，以星變，赦天下，免民間拖欠差税，大都、上都、興和三路免差税三年，其餘路分輕重減免有差。甲戌，封武宗長子和世㻋爲周王。左丞相阿散等以星變，乞罷黜。帝曰：「此朕之過，豈卿等所致？其復乃職。苟政有差謬，勿憚更改，以安百姓。」

十二月庚寅，旌表汀州寧化縣民賴禄孫孝行。是月，廣東黎賊陷横州永淳縣，殺達魯花赤。

三年春正月乙巳，特授昔寶赤合剌合孫、達魯花赤脱歡金紫光禄大夫、太尉。丙午，封前左丞相忽魯答兒壽國公。辛酉，以同知樞密院事買閭知樞密院事。是月，高麗國王王燾來朝。

二月戊寅，命湖廣行省諭安南，歸占城國王。

三月辛亥，授高麗世子王暠開府儀同三司，封瀋王。加將作院使吕天麟大司徒。甲寅，命中書右丞蕭拜住等護送周王和世㻋之雲南。癸亥，車駕幸上都。是月，德慶路猺叛。

夏四月壬午，敕衛輝、昌平官吏修殷比干、唐狄仁傑祠。庚子，上都留守憨剌合兒知樞密院事。

五月辛亥，江西行省右丞斡赤爲典瑞院使、大司徒。庚申，大都留守伯鐵木兒、中書右丞蕭拜住並爲中書平章政事，左丞阿里海牙爲右丞，參知政事郭貫爲左丞，參議不花爲參知政事。

六月乙亥，封孟子父爲邾國公，母爲邾國宣獻夫人。丙子，横、融、賓、柳等州猺叛。己卯，詔諭百官各勤其職，毋隳廢庶政。

秋七月壬子，命御史大夫伯忽、脱歡答剌罕整治臺綱，仍詔諭中外。乙卯，封月魯帖木兒爲保恩王。丙寅，燕帖木兒知樞密院事。

八月癸酉，兵部尚書乞塔爲中書參知政事。己卯，車駕至自上都。

九月辛丑，中書左丞郭貫爲集賢大學士，集賢大學士王毅爲中書左丞。

冬十月辛未，江南行台侍御史高昉爲中書參知政事。壬申，有事於太廟。是月，周王和世㻋至延安，陝西行省左丞相阿思罕、平章政事塔察兒、行臺御史大夫秃魯卜、御史中丞脱歡與周王常侍教化等奉和世㻋舉兵反。

十一月壬寅，命監察御史監治嶺北行省。乙巳，改澧州路安撫司爲安定軍民府。

十二月庚午，知樞密院事秃忽魯爲陝西行省左丞相。丁亥，立皇子碩德八剌爲皇太子，兼中書令、樞密使。以同知樞密院事床兀兒知樞密院事。

四年春正月戊申，詔曰：

朕仰惟太祖皇帝聖訓，若曰應天順人，惟以至誠，保安天下，宜遵正道。重念列聖繼承丕祚，我世祖皇帝混一之初，顧予菲德，懼勿克荷，不遑寧處。比者和世㻋年幼，聽信憸人阿思罕等，謀爲不軌，搆亂我家，已爲陝西行省行臺管軍官等將叛賊阿思罕、教化、徹里哥思等斬首以徇。其同謀及協從者，欲一概加誅，有所不忍。宜推曠蕩之恩，開以自新之路，可大赦天下。凡常赦所不原者，罪無輕重，咸赦除之。若有避罪逃從逆黨竄匿者，赦書到日，限百日内出首，與免本罪。限外不首，復罪如舊。敢以赦前事告訐者，以其罪罪之。

乙卯，以襄寧王按灰代遼王脱鋭鎮雲南。丙辰，知樞密院事完者爲雲南行省平章政事。

閏月壬申，流魏王阿木哥於耽羅，尋移大青島。庚辰，晉封鎮遠王孛羅爲冀王。丙戌，詔曰：

朕荷上天之鴻禧，纂列聖之丕緒。比承皇太后慈訓，若稽世祖皇帝成憲，深惟國本，宜建儲嗣。親王、大臣詢謀僉同，皇子碩德八剌地居嫡長，天錫仁孝，可以主重器，奉宗祧。已於延祐三年十二月十九日，授以金寶，立爲皇太子，中書令、樞密使一如舊制。

因前盛典，庸布新條：一，勉勵學校，以作人才。一，勸課農桑，耕作以時。一，免探馬赤軍人合納糧税。一，經行屯戍軍馬，勿騷擾百姓。一，免各路差税有差。一，停罷内外不急之役。一，免徵應合追賠係官錢糧。一，存恤鰥寡孤獨。一，岳瀆、帝王、忠臣、烈士，除常祀外，長吏擇日致祭。於戲！萬國以貞，允屬元良之重；四方其訓，永建太平之基。咨爾臣民，體予至意。

辛卯，封别帖木兒爲汾陽王。

二月甲辰，敕州縣復置社倉。

三月辛卯，車駕幸上都。甲午，高麗國遣使來獻方物。

夏四月壬寅，加太常禮儀院使拜住大司徒。戊申，答合孫寇邊，吴王禿烈納等敗其衆於和懷。己未，翰林學士承旨忽都魯兒迷失、劉賡等譯《大學衍義》以進，敕翰林學士阿憐帖木兒，以國語譯之。

五月辛未，授上都留守闊闊出開府儀同三司、大司徒。乙亥，封鄆國大長公主忙哥台爲皇姑大長公主。壬午，翰林學士承旨赤因帖木兒爲中書平章政事，平章政事兀伯都剌罷爲集賢大學士。己丑，中書左丞阿里海涯爲中書平章政事，參知政事乞塔爲中書右丞，高昉爲中書左丞，參議换住、張思明並爲參知政事。

六月戊申，鐵木迭兒罷，左丞相阿散爲中書右丞相。己酉，兀伯都剌復爲中書平章政事。壬子，中書參知政事張思明罷爲工部尚書，工部尚書王桂爲中書參知政事。丁巳，安南國來貢方物。

秋七月乙亥，中書平章政事李孟罷爲翰林學士承旨，江浙行省左丞王毅爲中書平章政事。壬午，特授中衛親軍都指揮使孛蘭奚爲太尉。己丑，成紀山崩，壓死居民。

八月丙申，車駕至自上都。

九月丙寅，宣徽使伯答沙爲中書右丞相，阿散改左丞相。故事，右丞相必用蒙古勛臣，阿散回回人，遂固辭，帝允之。

冬十月甲午朔，有事於太廟。壬寅，遣御史大夫伯忽、參知政事王桂祭陝西嶽鎮，並賑成紀縣災民。

十一月己卯，浚揚州運河。辛卯，以高麗國王王燾爲開府儀同三司、駙馬、高麗國王。

十二月乙巳，置詹事院，以郭貫爲太子詹事。丁巳，禿滿迭兒知樞密院事。特授晉王府長吏按攤出金紫光禄大夫，封魯國公。

五年春正月丙子，安南國來貢方物。丁亥，會試進士於禮部。加湖廣行省平章政事買住大司農、魯國公。

二月癸巳朔，日有食之。丁酉，封諸王晃火帖木兒爲嘉王，禿滿帖木兒爲武平王。

三月戊辰，廷試進士，賜忽都達兒、霍希賢等五十人及第、出身有差。乙亥，特授安遠王、駙馬醜漢開府儀同三司、録軍國重事、知樞密院事。加晉王府内史拾得閭榮禄大夫，封桓國公。

夏四月壬辰，安吉王乞台普濟卒。己亥，耽羅獵户成金等作亂，敕高麗國王討之。庚戌，侍御史敬儼爲中書參知政事。戊午，車駕幸上都。

五月辛酉朔，八番順元蠻酋來獻方物。丁卯，御史中丞亦列赤爲中書右丞。己卯，隴西縣山崩，壓死居民。

六月乙巳，妖人趙子玉等謀往高麗迎魏王阿木哥爲亂，事覺伏誅。

秋七月己未朔，加宦者李邦寧開府儀同三司。辛酉，遣吏部尚書卜顔、必闍赤買閭使高麗，責問魏王阿木哥及耽羅叛狀。壬申，諸王也舍、失剌吉等，坐附叛王不里牙敦，持兩端，流也舍於江西，失剌吉於湖廣。壬午，罷河南行省左丞陳英等所括民田。

八月庚子，車駕至自上都。

九月癸亥，大司農買住進司農丞苗好謙所撰《栽桑圖説》，命印千本散之民間。丙寅，廣西蠻酋黄法扶、何凱等來獻方物。丁卯，中書右丞亦列赤爲平章政事，左丞高昉爲右丞，參知政事换住爲左丞，吏部尚書燕只干爲參知政事。丙戌，僉太常禮儀院事狗兒爲中書參知政事。丁亥，立行宣政院於杭州。

冬十月己丑，播州南寧蠻酋洛曆叛，敕恩州守臣换住哥招諭之，洛曆來獻方物。甲午，有事於太廟。

十一月己巳，以同知樞密院事忠嘉知樞密院事。

十二月壬辰，特授集賢大學士脱列大司徒。

六年春正月丁巳朔，暹國來貢方物。癸酉，特授同知徽政院事醜驢答剌罕金紫光大夫、太尉。己卯，廣東猺賊趙郎庚等作亂，敕江西行省討之。是月，前中書右丞尚文爲太子詹事。

二月丁亥朔，日有食之。丁酉，雲南闍里愛俄、永昌蒲蠻阿八剌等並叛，敕雲南行省討之。

三月丁巳，以天壽節釋重囚一人。辛酉，召見太子詹事尚文於嘉禧殿之後閣。帝謂太保曲出曰：「是世祖皇帝效力人也。」又詔文曰：「託汝善輔太子，有言勿吝，此朕意也。」丙寅，特授翰林學士承旨八兒思不花開府儀同三司、大司徒。己巳，晉封保恩王月魯帖木兒爲恩王。

夏四月庚子，車駕幸上都。鐵木迭兒爲太子太師。

五月丙子，加安南國王陳益稷開府儀同三司。是月，雲南行省左丞朵兒只討永昌南甸蒲蠻，大敗之，其酋阿良等降。

六月癸丑，以羽林軍萬人隸東宫。

秋七月丙辰，緬國來貢方物。來安路總管岑世興叛，賜璽書招諭之。壬戌，以者連怯耶兒萬户府隸東宫，置右率衛府。甲戌，皇姊魯國大長公主作佛事，擅釋全寧路重囚二十七人。敕按問全寧官吏阿縱不法，仍追囚還獄。

八月甲申，河東山西道宣慰使張思明爲中書參知政事。庚子，車駕至自上都。

閏八月壬申，太傅、御史大夫伯忽爲太師。

九月甲申，徽政使朵帶爲太傅，中書參議欽察爲中書參知政事。癸卯，詔四宿衛以貪污受刑奪職不叙者，勿令入禁庭。

冬十月乙卯，詔嚴鞫白雲宗道士沈明仁姦惡。戊午，遣中書右丞相伯答沙授皇太子玉册。辛酉，札魯忽赤鐵木兒不花爲御史大夫。

十一月丙子，詔曰：

朕惟世祖皇帝憲章，隆古垂裕，萬世灼然。垂訓豫建嫡嗣，是以協謀僉同，立皇子碩德八剌爲皇太子。若稽册命，屬當舉行，於今十月七日授以玉册，大慶禮成。於戲！天地之德，宗社之靈，國本既崇，人心攸繫。咨爾有衆，體予至懷。

十一月辛卯，木邦路蠻酋帶邦作亂，敕雲南行省招撫之。乙巳，秘書卿苦思丁爲大司徒。

十二月壬戌，命皇太子參決國事。封宋儒周敦頤爲道國公。壬申，中書平章政事王毅以親老致仕，許之，仍賜其父幣帛。

七年春正月辛巳朔，司天監奏，是日日食。帝齋居損膳，輟朝賀。既而不食。癸未，帝御大明殿，受諸王百官賀。丁亥，帝不豫。辛丑，崩於光天宮，年三十有五，在位九年。癸卯，葬起輦谷。

三月乙未，上尊謚曰聖文欽孝皇帝，廟號仁宗，國語曰普顏篤皇帝。

史臣曰：仁宗孝慈恭儉，不邇聲色，不殖貨利。待宗戚勛舊，始終以禮，大臣親老，時加恩賚。有司奏大辟，輒惻怛移時。晉寧侯甲兄弟五人俱坐法死，帝憫之，宥一人以養其父母。崇尚儒學，興科舉之法，得士爲多，可謂元之令主矣。然受制母后，嬖倖之臣顓權用事，雖稔知其惡，猶曲貸之。常問右丞相阿散曰：「卿日行何事？」對曰：「臣等奉行詔旨而已。」帝曰：「祖宗遺訓，朝廷大法，卿輩猶不遵守，況朕之詔旨乎？」其切責宰相如此。有君而無臣，惜哉！

# 新元史卷之十八　本紀第十八

## 英宗

英宗睿聖文孝皇帝，諱碩德八剌，仁宗長子也。母曰莊懿慈聖皇后弘吉剌氏。以大德七年二月甲子生。

仁宗延祐三年，議立皇太子，興聖太后屬意於帝。帝入見太后，固辭曰：「臣幼，宜立臣兄和世㻋。」太后不從。冬十二月丁亥，立爲皇太子，授金寶。六年冬十月戊午，受玉册。詔百司庶務，先啟皇太子，然後奏聞。

七年春正月，仁宗不豫，帝憂形於色，焚香告天，乞以身代。辛丑，仁宗崩。哀毁逾禮，日歠一粥。甲辰，皇太后復以鐵木迭兒爲中書右丞相。丙午，遣使讞内外訟獄。

二月壬子，浙江行省左丞相黑驢爲中書平章政事。戊午，祭社稷。辛酉，中書平章政事赤斤帖木兒、御史大夫脱歡並罷爲集賢大學士。甲子，逮四川行省平章政事趙世延至京師。丙寅，陝西行省平章政事趙世榮爲中書平章政事，江西行省右丞木八剌爲中書右丞，參知政事張思明爲左丞，中書左丞换住出爲嶺北行省右丞。己巳，罷上都乾元寺規運總管府。辛未，括諸路係官山場、河泊、窰冶、廬舍。壬申，召陝西行臺御史大夫答失鐵木兒至京師。丁丑，奪翰林學士承旨李孟韓國公敕命。戊寅，中書平章政事兀伯都剌出爲甘肅行省平章政事，阿禮海涯出爲湖廣行省平章政事。鐵木迭兒以皇太后命，殺集賢大學士楊朶兒只、崇禮院使蕭拜住，並籍其家。

三月壬午，爪哇國來貢方物。戊子，詔諸王、駙馬流竄者，還就分邑。庚寅，帝即位於大明殿，詔曰：

洪惟太祖應期撫運，肇開帝業。世祖皇帝神機睿略，統一海内，以聖繼聖。迨我先皇帝，至仁厚德，涵濡羣生，君臨萬國，十年於兹。以社稷之遠圖，定天下之大本。協謀宗親，授予册寶。方春宫之與政，遽昭考之賓天。諸王近戚，元勛碩輔，咸謂朕宜體先皇帝付託之重，既深系乎人心，詎可虚於神器？合辭勸進，誠意交孚。乃於三月十一日即皇帝位於大明殿。可大赦天下。腹裏被災路分，據延祐七年合該絲線，十分爲率，擬免五分，其餘諸路絲線並江淮夏税均免三分之一。延祐七年以前逋欠差徭税銀，並行蠲免。已徵入主典之手，不在蠲免之限。各處站赤消乏，毋泛濫給驛。差役不均，監察御史、廉訪司嚴行糾治。遠近諸軍，其陣亡者，常例存恤外，更展限一年。本管官及奥魯官毋非理科徵。兩廣、福建等處嘯聚賊徒，詔書到日，限六日内出官自首，許免本罪，限外不悛，依常收捕。務農所以厚民，勸學所以興化，各處提調官加意勉求實效。岳瀆、帝王，諸在祀典者，長吏擇日致祭。

是日，尊皇太后爲太皇太后。詔曰：

朕惟爲治之端，無加於立孝；根本之内，莫大於尊親。朕肇纘丕圖，恪遵彝典。欽惟儀天興聖慈仁昭懿壽元全德泰寧福慶皇太后，仁明淵静，淑睿懿恭。定大策於兩朝，功施社稷；著徽音於四海，慶衍本支。夙荷恩慈，撫予眇質，思仰酬於厚德，宜首進於隆名。謹上尊稱曰太皇太后，其應行典禮，令有司討論以聞。

壬辰，太皇太后受百官朝賀於興聖宫。鐵木迭兒進開府儀同三司、上柱國、太師。丙申，斡羅思等來降，賜鈔萬四千貫，還其部。戊戌，敕陰陽、醫官、匠人勿承蔭。辛丑，禁擅奏璽書。以樞密院兼領左右衛率府。壬寅，翰林學士承旨李孟降爲集賢侍講學士。御史臺請詔諭百司，以肅臺綱，帝曰：「卿等但守職盡言，善則朕從之，否亦不汝罪也。」甲辰，詔中外毋沮議鐵木迭兒。丙午，有事於南郊，告即位。

夏四月庚戌，有事於太廟，告即位。詔羣臣曰：「一歲惟四祀，使人代之，不能致如在之誠。朕必終身親涖祀事，諭卿等知之。」廷臣言：「祀事畢，宜赦天下。」帝曰：「赦不可屢下，使殺人者獲免，則死者何辜？」命中書省陳便宜事行之。河南、湖廣、遼陽三行省丞相並降爲平章政事，惟征東行省以高麗王不降。乙卯，封諸王徹徹秃爲寧遠王。戊午，祀社稷，告即位。己未，紹慶路洞蠻叛。平章政事王毅、中書右丞高昉徵理京師諸倉庫糧帛虧額。庚申，太常禮儀院使拜住爲中書平章政事。戊辰，車駕幸上都。封高麗王從子王煦爲雞林郡公。有因近侍獻七寶帶者，帝曰：「朕即位，不聞卿等薦賢，而爲人進寶，是以利誘朕也，其還之。」照刷宣徽院文卷。

五月庚辰，殺上都留守賀伯顏，籍其家。己丑，中書左丞相阿散出爲嶺北行省平章政事。中書平章政事拜住爲中書左丞相。乃剌忽、塔失海牙並爲中書平章政事，只兒哈郎爲中書參知政事。辛卯，中書參知政事欽察罷爲集賢大學士。乙未，請大行皇帝謚於南郊。戊戌，嶺北行省平章政事阿散、中書平章政事黑驢、御史大夫脱忒哈、徽政院使失列門等與黑驢母亦列失八謀廢立，事覺，俱伏誅。辛丑，知樞密院事鐵木兒脱爲中書平章政事。甲辰，詔曰：

朕肇登大寶，祇遹先猷，仍圖任於舊人，庶共新於治效。豈期邪黨輒藴私心，邇者阿散、黑驢、脱忒哈、失列門、亦列失八等潛結詭謀，撓亂國政。既自作於不靖，固難逭於嚴誅。賀伯顏輕侮詔書，殊乖臣禮，不加懲創，曷示等威？今已各正典刑，籍没其家。於戲！惟邦國之用刑，以靖羣慝；俾人臣之知戒，勿蹈非彝。咨爾有衆，體予至懷。

丁未，封諸王王禪爲雲南王。

六月己酉，流徽政院使米薛迷干於金剛山。甲寅，前太子詹事床兀兒坐黨附阿散等，伏誅。丙辰，召河南行省平章政事埜仙帖木兒至京師。收脱忒哈廣平王印。丁巳，江西行省左丞相脱脱爲御史大夫，宗正札魯火赤鐵木兒不花爲知樞密院事。戊午，罷詹事院。封知樞密院事塔失帖木兒爲薊國公。乙丑，西番酋盜洛各目降。己巳，高麗國遣使賀即位。是月，奉元盩厔縣妖僧圓明作亂，僞稱皇帝。

秋七月甲申，知樞密院事買驢、哈丹並出爲遼陽行省平章政事。乙未，甘肅行省平章政事欽察知樞密院事。丙申，中書平章政事乃剌忽罷。安王兀都思不花降封順陽王，尋賜死。始製衮冕。庚子，江南行臺御史中丞廉恂爲中書平章政事。乙巳，知樞密院事也先吉尼出爲江西行省平章政事。是月，雲南花角蠻酋韋郎達叛。

八月戊申，祭社稷。丙辰，祔仁宗聖文欽孝皇帝、莊懿慈聖皇后於太廟。

九月壬辰，土番酋利族、阿俄等寇成谷。循州蠻酋泰元吉叛。庚子，慈利州山民貞公糾合諸洞蠻酋並叛，遣湖廣行省討之。甲辰，雲南木邦路蠻酋紿邦遣其子來獻方物，賜幣有差。馬札蠻等使占城、占臘、龍牙門諸國，索馴象。是月，奉元路達魯花赤伯顔獲僧圓明，誅之。永寧路蠻酋和俄等叛，渠州吏目李榮貴死之。

冬十月丁未，有事於太廟。丁巳，酉陽州聳儂洞蠻叛，遣四川行省討之。戊午，車駕至自上都。詔太常院曰：「朕將以四時躬禮太室，宜與羣臣集議其禮。此追遠報本之道，毋以朕勞於對越而有所損。」安南國遣使貢方物。酉陽州蠻酋冉世昌遣其子率大、小石隄洞蠻入貢。癸酉，流諸王阿剌鐵木兒於雲南。

十一月丙子朔，帝御齋宫。丁丑，有事於太廟，至仁宗皇帝室，嗚咽流涕，左右感動。辛巳，以享太廟禮成，御大明殿受賀。甲申，修《仁宗實録》。戊戌，交趾蠻儂志德掠脱零、那乞等六洞。

十二月乙巳朔，詔曰：「朕祇適詒謀，獲承丕緒，念付託之惟重，顧繼述之敢忘。爰以延祐七年十一月丙子，被服衮冕，恭謝太廟。既大禮之告成，宜普天之均慶。屬兹踰歲，用易紀元，於以導天地之至和，法《春秋》之謹始。可以明年爲至治元年。普免天下至治元年地丁糧十分之二。合該包銀，除兩廣、海北、海南權且停擱，其餘減免三分之一。大都、上都、興和三路免差税三年。腹裏被災人民，與免絲料三分。燕南、山東、汴梁、歸德、汝寧災傷地面，應有山場、河泊，並聽民開采。諸人侵盜、失限、短少、減駁，合追係官錢糧，如在詔書以前，已有追理文案者，先將奴婢財産准折入官，不敷之數，並行釋免。已徵入主典之手，不在此例。回回人等典賣蒙古子女爲驅者，分付所在官司應付口糧收養，聽候中書省定奪。流移户口如欲復業者，官司給付行糧，拖欠差徭課程，並行倚閣，原抛田産，全行給付，仍免差税三年。諸翼軍人消乏，衆樞密院分揀合併存恤。管軍官放錢利息及翻倒文契者，詔書到日，盡行停擱。和林、甘肅、雲南、四川、福建、廣海新附漢軍，除常例外，每名給布一疋，死者給燒埋銀。站赤消乏，諸衙門及諸王、公主、駙馬差使，常加撙節，一切關防約束事理，悉從舊制。若有不應差人及多餘鋪馬者，嚴行斷罪。煎鹽、冶鐵、運糧船户，合該雜泛差役，優免三年。腹裏權住煽辦，以紓民力。經過軍馬、昔寶赤、八兒赤等，不得需索百姓，縱駝馬損壞田禾樹木。雲南、四川、福建、廣海之任官員，不幸病故，所在官司取勘應付車船鋪馬，仍給行糧，如有典賣人口，並聽完聚，價不追還。商税三十分取一，已有定制，今正額之外，又索羨餘，非多取於民，彼將焉出？仰將延祐七年實辦到官數目爲定額，已後永不多取。和雇和買，一切雜税差役，除邊遠軍人及自備首思站赤外，不論何户，與民一體均當，諸内外七品官以上，有偉畫長策，可以濟世安民者，實封呈覽。監察御史、布政廉訪司，歲舉可任守令者二人。隱居行義、不求聞達者，有司具狀以聞。復封贈之制，中書省集議舉行。」

戊申，流前高麗王謜於吐番撒思結之地。丁未，播州蛮蠻的羊龍等來降。乙卯，上太皇太后徽號曰儀天興聖慈仁昭懿壽元全德泰寧福慶徽文崇裕太皇太后。翰林學士忽都魯都兒譯進宋儒真德秀《大學衍義》，帝曰：「修身治國，無踰此書。」賜鈔五十萬貫。丙辰，以太皇太后加號，御大明殿受賀。丙寅，典瑞院使闊徹伯知樞密院事。戊辰，告祀太廟。己巳，中書右丞木八剌出爲江西行省右丞，中書參知政事只兒哈郎爲中書右丞，江南浙西道廉訪使薛處敬爲中書參知政事。上思州猺寇忠州。江浙行省平章政事伯顏索兒、江西行省平章政事白撒都並坐貪墨免官。

至治元年春正月乙酉，高麗國遣使獻童女。丙戌，有事於太廟，左丞相拜住爲亞獻，知樞密院事闊列伯爲終獻。是月，詔高麗王燾入朝。

二月戊申，祭社稷。改中都武衛爲忠翊衛親軍都指揮使司。己酉，建仁宗神御殿於普慶寺。丁巳，畋於柳林。殺監察御史觀音保、鎖咬兒哈的迷失，杖流監察御史成珪、李謙亨於奴兒干。

三月丁丑，緬國遣使貢方物。庚辰，廷試進士泰普化、宋本等六十四人，賜及第、出身有差。辛巳，車駕幸上都。辛丑，鐵失爲御史大夫。

夏四月庚戌，有事於太廟。己未，吉陽黎寇寧遠縣。戊辰，宦者孛羅合爲太常署令。

太常卿言，刑人不應與祭，罷之。

五月壬午，遷武宗皇子圖帖木兒於瓊州。辛丑，太常禮儀院進太廟制圖。

六月癸卯朔，日有食之。丁巳，前中書參知政事敬儼爲陝西行台御史中丞。辛酉，趙宏祚等言事，敕勒歸田里，仍禁妄言時政。乙丑，遣使銓江浙、江西、湖廣、四川、雲南五省官選。己巳，上都留守只兒哈郎爲中書平章政事。

秋七月丁丑，有事於太廟。癸未，封太尉孛蘭奚爲和國公。乙酉，渾河決，被災者二萬三千三百户。吏部尚書教化、禮部郎中文矩頒即位詔於安南國。

八月戊申，祭社稷。庚戌，知樞密院事鐵木兒不花整治軍人貧乏，敕有敢擾害者罪之。乙卯，中書平章政事鐵木兒脱罷爲上都留守。壬戌，帝駐蹕興和，左右以寒甚，請還大都。帝曰：「兵以牛馬爲重，民以稼穡爲本。朕遲留，蓋欲馬得芻秣，民得刈穫耳〔一〕，豈畏寒乎？」雷州路海康、遂溪二縣海溢。秦州成紀山崩。

九月丙子，車駕駐昂兀嶺。壬辰，中書平章政事塔失海牙坐受賕杖免。丁酉，帝至自上都。

冬十月庚戌，有事於太廟，左丞相拜住爲亞獻，御史大夫鐵失爲終獻。癸丑，敕翰林集賢官年七十毋致仕。丙寅，河南行省參知政事你咱馬丁坐殘賊免官。

十一月戊寅，羣臣上尊號曰繼天體道敬文仁武大昭孝皇帝。己卯，以受尊號詔天下。左丞相拜住請釋罪囚，不允。辛巳，鐵失領左右阿速衛。

十二月辛巳，立亦啓烈氏爲皇后。癸卯，以立皇后詔天下。戊申，告謝太廟。己酉，封唆南臧卜爲白蘭王。庚戌，建太廟正殿。

二年春正月辛亥朔，安南國、占城國各遣使來貢方物。丁巳，有事於太廟，賜導駕耆老幣帛。戊寅，敕有司存恤孔氏子孫貧乏者。癸未，流徽政使羅源於耽羅。封塔齊兒爲蘭國公。

二月庚子，立左右欽察衛親軍都指揮司，拜住兼都指揮使。癸卯，江南行臺御史大夫欽察爲中書平章政事，江浙行省參知政事王居仁爲中書參知政事，薛處敬出爲河南行省左丞。戊申，祭社稷。丁卯，遼陽行省平章政事買驢爲中書平章政事。

三月己巳朔，御史臺、翰林院、國子監同議興舉學校。壬申，張珪復大司徒。癸酉，罷京師營役卒四萬餘人。辛巳，翰林待制沙的使高麗訊高麗王燾不奉敕書事。丙戌，以享太廟禮成，普減内外官一資。丁亥，鳳翔道士王道明坐妖言伏誅。丁酉，車駕幸柳林。駙馬許訥子速怯坐許其父母伏誅。

夏四月戊戌朔，車駕幸上都。

五月己巳，封公主速克八拉爲趙國大長公主。庚午，奉符縣民王驢兒等謀反，伏誅。癸未，御史大夫脱脱爲江南行臺御史大夫。立宗仁蒙古侍衛親軍都指揮使司。車駕幸五臺山。甲申，只兒哈朗爲御史大夫。雲南行省平章政事答失鐵木兒、朵兒只等坐受賕杖免。

閏月癸卯，諸王阿馬、承童擅役諸王脱列揑衛士，並杖流海南。戊申，鐵木迭兒子班丹爲知樞密院事。丙寅，沅州洞蠻叛。禁諸司隔越中書省奏事。

六月丁卯，車駕幸五臺山，禁扈從者毋踐民禾。壬午，辰州江水溢。

秋七月壬子，諸王闊闊禿總兵北邊。戊午，車駕次應州，曲赦金城縣囚。辛酉，車駕次渾源州。中書右丞張思明有罪，杖免，籍其家。

八月戊辰，祭社稷。己巳，道州寧遠縣民符翼軫謀反，伏誅。甲戌，車駕次奉聖州。庚寅，鐵木迭兒卒。

九月辛亥，車駕幸壽安山寺。丙辰，太皇太后崩。庚申，停今年冬祀南郊。

冬十月戊辰，有事於太廟，以國哀迎香去樂。丙子，押濟思國來貢方物。杖謫江南行臺御史大夫脱脱於雲南。甲申，建太祖神御殿於興教寺。己丑，拜住爲中書右丞相。

十一月甲午朔，日有食之。己亥，以授右丞相，詔天下流民復業者，免差税三年。站户鬻妻子者，官贖還之。凡差役，先科商賈及富實之家，以優農力。差免陝西税十之三，各路官田租十之二，江淮創科包銀全免之。安南國來貢方物。癸卯，京師地震。

十二月甲子朔，建昌州山崩。丁卯，中書平章政事買驢罷爲大司農，廉恂罷爲集賢大學士，集賢大學士張珪爲中書平章政事。甲戌，來安路總官廣西猺岑世興叛。宣政院使八思吉思坐受劉夔冒獻田地下獄。帝謂左右曰：「祖宗制法非朕所得私，八思吉思雖事朕日久，今有罪，朕不敢枉縱也。」論如律。庚辰，葛蠻安撫司副使龍仁貴叛。知樞密院事欽察台罷爲宣政院使。中書參知政事速速爲中書左丞，宗仁衛親軍都指揮使馬刺爲中書參知政事。癸未，紹興路洞蠻把者叛。御史大夫只兒哈郎爲知樞密院事。封諸王徹徹秃爲武寧王。以地震、日食，命中書省、樞密院、御史臺、翰林、集賢院會議國家利害之事以聞。

三年春正月癸巳，暹國遣使來貢方物。八番蠻酋韋思正等降，請納歲租。乙未，有事於太廟。己亥，思明州盜起。壬寅，行中書省復兼總軍政，前樞密院使吴元珪、王約爲集賢大學士，翰林侍講學士韓從益爲昭文館大學士，並商議中書省事。辛亥，命鐵失振舉臺綱。静江路邕、柳諸州獠叛。丙辰，泉州民留應總作亂。

二月丙寅，翰林國史館進《仁宗實録》。遣教化撫西番降族。戊辰，祭社稷。賓丹、爪哇等國來貢方物。癸酉，畋於柳林。辛巳，司徒劉夔、同僉樞密院事囊家歹有罪伏誅。頒行《大元通制》。戊子，封鷹師不花爲趙國公。辛卯，諸王月思别遣使來朝。

三月壬辰朔，車駕幸上都。丁未，西番參卜郎叛，鎮西武靖王搠思班以兵討之。戊申，祔太皇太后於順宗廟室，右丞相拜住攝太尉，奉册寶，上尊謚曰昭獻元聖皇后。

夏四月己巳，釋大辟囚三十一人、杖五十七以上六十九人。己卯，行助役法。丁亥，前羅羅斯宣慰使述古妻漂末遣其子來獻方物。

五月庚子，大風雨雹。鐵失獨署御史大夫事。壬寅，雲南行省平章政事忽辛坐受賕，杖免。戊申，追奪鐵木迭兒官爵。帝御大安閣，見太祖、世祖遺衣，皆以縑素木棉爲之，重加補綴，嗟歎良久，謂左右曰：「祖宗創業艱難，服用節儉如此，朕安敢頃刻忘之？」戊午，奉天行宫正殿災。

六月丁卯，徽政使醜驢討參卜郎。癸未，贈乳母秃忽台定襄郡夫人，其夫阿來追封定襄王。癸酉，增太廟夾室。乙酉，叛王怯伯來降。

秋七月壬辰，占城國王遣其弟保佑八剌遮來貢方物。癸卯，太廟成。乙巳，招諭左右兩江叛酋黄聖許、岑世興。己酉，封諸王拔都帖木兒爲威遠王。丙辰，籍鐵木迭兒家。御史臺請下詔開言路，帝曰：「言路何嘗不開，卿等選人未當爾。」

八月癸亥，車駕南還。是夕，駐蹕南坡。御史大夫鐵失、知樞密院事也先帖木兒、大司農失秃兒、前平章政事赤斤帖木兒、前雲南行省平章政事完者、鐵木迭兒子前治書侍御史鎖南、鐵失弟宣徽使鎖南、典瑞院使脱火赤、樞密院副使阿散、僉書樞密院事章台、衛士秃滿，及諸王按梯不花、孛羅、月魯鐵木兒、曲律不花、兀魯思不花等同謀弒逆，以鐵失所領阿速衛兵爲外應，鐵失、赤斤帖木兒先殺中書右丞相拜住，遂弒帝於行殿。在位三年，年二十有一。

泰定元年二月上尊謚曰睿聖文孝皇帝，廟號英宗。四月，上國語廟號曰格堅皇帝。

史臣曰：英宗誅興聖太后倖臣失列門等，太后坐視而不能救，其嚴明過仁宗遠甚。然蔽於鐵木迭兒，既死始悟其奸。又置其逆黨於肘腋之地，故南坡之禍由於帝之失刑，非由於殺戮也。舊史所譏，殆不然矣。

## 【校勘記】

〔一〕「得」，原作「獲」，據《元史》卷二七本紀第二十七《英宗一》至治元年八月條改。

# 新元史卷之十九　本紀第十九

## 泰定帝

泰定皇帝諱也孫鐵木兒，裕宗之孫，顯宗甘麻剌長子也。母曰宣懿淑聖皇后弘吉剌氏。世祖封顯宗爲晉王，出鎮北邊，統領太祖四大斡耳朵，至元十三年十月二十九日，生帝於北邊。

成宗大德六年，顯宗卒，帝襲封晉王，仍鎮北邊。武宗至大三年九月，奏：「世祖以張鐵木兒所獻惠州金銀銅冶賜臣，後輸於有司，乞回賜。」武宗許之。仁宗皇慶元年二月，賜南康路六萬五千户爲食邑。延祐元年四月，復諭帝以惠州金銀銅冶歸有司，七月，仍回賜於帝。壬午，命帝賑遼東饑民。英宗即位，部衆饑，賜鈔五千萬。帝以田七千頃入官，請徵其年租以償賜鈔。其謹事朝廷如此。

至治三年八月辛酉，獵於禿剌河。御史大夫鐵失遣其黨斡羅思以逆謀來告曰：「我與哈散、也先鐵木兒、失禿兒謀已定，事成立王爲皇帝。」又命斡羅思以其事告内史倒剌沙，且言勿令旭邁傑知之。於是帝命囚斡羅思，遣别列迷失等赴上都告變。未至，英宗駐蹕南坡，鐵失等弑英宗於行殿。諸王按梯不花及也先鐵木兒等奉璽綬來迎。時中書平章政事張珪在京師聞變，告留守魏王徹徹秃，大統宜在晉王，徹徹秃遣使至行在勸進。

九月癸巳，帝即位於龍居河，大赦天下。知樞密院事淇陽王也先鐵木兒爲中書右丞相，諸王月魯鐵木兒襲封安西王。召前高麗王璋還京師。甲午，倒剌沙爲中書平章政事，乃馬台爲中書右丞，鐵失、馬思忽門並知樞密院事，孛羅爲宣徽院使，旭邁傑爲宣政院使。乙未，樞密院使哈散爲御史大夫，内史善僧爲中書左丞。丁酉，完澤知樞密院事，秃滿同僉樞密院事。戊戌，撒的迷失知樞密院事，章台同知樞密院事。辛丑，馬謀沙知樞密院事，失秃兒爲大司農。

冬十月甲子，遣使至大都，以即位告天地、宗廟、社稷。諸王買奴進曰：「不討逆賊，則陛下善名不著，天下後世何從而知非與聞其故乎？」帝然之。也先鐵木兒、完澤、鎖南、秃滿等並伏誅於行在。旭邁傑爲中書右丞相，陝西行省左丞相秃忽魯、通政院使紐澤並爲御史大夫，中書左丞速速爲御史中丞。旭邁傑、紐澤至上都，鐵失、失秃兒、赤斤鐵木兒、脱火赤、章台等並伏誅。戊辰，召高昌王鐵木兒補花至行在。移魏王阿木哥於大同。壬申，内史按答出爲太師、知樞密院事。癸未，江浙行省平章政事兀伯都剌爲中書平章政事。八番順元洞蠻及静江、大理諸路猺並叛。甲戌，直省舍人阿魯沙等頒即位詔於高麗。

十一月己丑朔，車駕次於中都。辛丑，車駕至京師。丁未，御大明殿，受諸王百官朝賀。辛亥，御史中丞董守庸有罪，免官。癸丑，遣使至曲阜，以太牢祀孔子。丙辰，御史中丞速速有罪，免官。丁巳，廣東新會縣民氾長弟作亂，副元帥烏馬兒討平之。

十二月己未，雪楊朵兒只、蕭拜住、賀伯顔、觀音保、鎖咬兒哈的迷失及李謙亨、成珪、王毅、高昉、張志弼、普顔篤、卜顔忽里等冤，存者召用，死者贈卹有差。戊辰，請皇考妣尊謚於南郊。上皇考晉王尊謚曰光聖仁孝皇帝，廟號顯宗，皇妣弘吉剌氏尊謚曰宣懿淑聖皇后。己巳，盜竊太廟仁宗金主、莊懿慈聖皇后金主。甲戌，鐵木迭兒子鎖南及其黨月魯、秃秃哈、速敦並伏誅。癸未，廣西來安路總管岑世興來獻方物。流月魯帖木兒於雲南，按梯不花於海南，曲吕不花於奴兒干，孛羅及兀魯思不花於高麗大青島。乙酉，雲南車里蠻入寇。丙戌，封諸王買奴爲泰寧王。知樞密院事闊徹伯授開府儀同三司，前太師拜忽商議軍國重事。丁亥，改元泰定，詔曰：

朕荷天鴻禧，嗣大曆服，側躬圖治，夙夜祗畏，惟祖訓是遵。乃明歲甲子，景運伊始，思與天下更始。稽諸典禮，踰年改元，可改明年爲泰定元年。免大都、興和差税三年，八番、思、播、兩廣洞寨差税一年，江淮創科包銀三年，四川、雲南、甘肅秋糧三分，河南、陝西、遼陽絲鈔三分。除虚增田税，免斡脱逋錢。賑恤雲南、廣海、八番等處戍軍。求直言。賜高年帛。禁獻山場湖泊之利。定吏員出身者許至四品。

是月，雲南花角蠻入寇，平章政事倒剌沙爲中書左丞相。知樞密院事馬謀沙、御史大夫紐澤、宣政院使欽秃並加光禄大夫。

泰定元年春正月，中書右丞乃馬台爲平章政事，中書左丞善僧爲右丞。召江西行省平章政事也兒吉的至京師。己亥，以誅逆賊也先鐵木兒等詔天下。壬寅，拜住子答兒麻失里爲宗仁衛親軍都指揮使。撒里哈爲左古衛阿速親軍都指揮使。丁未，嶺北行省參知政事帖陳、禮部尚書忽都帖木兒使於諸王不賽因。戊申，八番生蠻韋光正等來降，歲輸布二千五百匹。己酉，召懷寧王圖帖木兒於瓊州，魏王阿木哥於大同。甲寅，敕高麗王燾歸國，還其王印。

二月壬申，請大行皇帝尊謚於南郊，上尊謚曰睿聖文孝皇帝，廟號英宗。甲戌，中書平章政事張珪、翰林學士承旨忽都魯都兒迷失、翰林侍講學士吴澄、集賢直學士鄧文原進講《帝範》、《資治通鑑》、《大學衍義》、《貞觀政要》，以右丞相旭邁傑領之。諸王怯别、孛羅各遣使貢方物。高昌王帖木兒補化遣使獻蒲陶酒。

三月丁亥，立詹事院，太傅朵䚟、宣徽使秃滿迭兒、桓國公拾得閭、太尉丑閭答剌罕並爲太子詹事。中書參知政事王居仁罷爲副詹事，同知宣政院事楊廷玉爲中書參知政事。乙未，江西行省平章政事也兒吉的知樞密院事。戊戌，廷試進士，賜八剌、張益等八十四人及第、出身有差。會試下第者，亦賜教官有差。庚子，中書平章政事欽察出爲陝西御史大夫。四川行省平章政事囊家台兼宣政院使，討西番參卜郎。癸卯，中書平章政事乃馬台攝祭南郊，知樞密院事闊列伯攝祭太廟，告册立皇后及皇太子。丙午，立弘吉剌氏爲皇后，皇子阿速吉八爲皇太子。己酉，皇子八的麻亦兒間卜嗣封晉王。湘寧王八剌失里出鎮察罕腦兒。知樞密院事也兒吉的出爲雲南行省右丞相。癸丑，廣西横州猺寇永淳縣。諸王不賽因遣使貢方物。

夏四月癸亥，上國語英宗廟號曰格堅皇帝。甲子，車駕幸上都，諸王寬徹不花、失剌，平章政事兀伯都剌，右丞善僧等居守。嶺北行省左丞潑皮爲中書左丞，江南行台中丞朵朵爲中書參知政事。參知政事馬剌罷爲太史院使。諸王不賽因遣使貢方物。丁卯，封憲宗女孫買的爲昌國大長公主。癸酉，太子詹事禿滿迭兒爲中書平章政事。庚辰，以災異，戒飭百官。辛巳，太廟新殿成。

五月壬辰，御史大夫禿忽魯、紐澤以災異屢見，不能劾宰相徇私違法，自請罷黜。於是中書平章政事兀伯都剌、張珪，參知政事楊廷玉，中書右丞相旭邁傑，左丞相倒剌沙先後皆引罪自劾，帝慰留之。戊戌，奉移列聖神主於太廟新殿。辛丑，循州猺寇長樂縣。

六月乙卯朔，諸王闊闊木出鎮畏兀兒部。戊午，雲南蠻酋高蘭等寇威楚州。丙寅，招諭西番參卜郎。廣西叛蠻黄勝許、岑世興乞遣其弟子朝貢，許之。己卯，諸王怯別等遣使貢馴豹、西馬。詔：「疏決繫囚，存恤軍士。免天下和買雜役三年，蛋户差税一年。内外官四品以下率散官一等，三品遞進一階。仕瘴地身死者，有司資給歸葬，仍著爲令。」

秋七月丙戌，思州蠻酋楊大車、酉陽州蠻酋冉世昌並叛。庚子，諸王伯顔帖木兒出鎮闊連東部，阿剌忒納失里出鎮沙州。癸卯，罷閩、廣等處采珠蛋户爲民，仍免差税一年。吏部尚書馬合謀等頒即位詔於安南。定州屯河溢，山崩，廣西慶遠猺酋潘文絹等來降。

八月丙辰，有事於太廟。丁丑，車駕至自上都。癸酉，招諭雲南大、小車里蠻酋。泰州成紀山崩，水溢。

九月乙酉，封也速不堅爲荆王。癸丑，岑世興來獻方物。

冬十月戊午，有事於太廟。庚申，高麗國遣使賀聖誕。己巳，雲南車里蠻酋寒賽子尼而雁、搆木子刁零降。壬申，安南世子陳日爌遣使貢方物。丁丑，雲南王王禪改封梁王，其子帖木兒封雲南王。封武宗皇子圖帖木兒爲懷王。

十一月癸巳，諸王不賽因藩臣出班授開府儀同三司，封翌國公。己亥，朮温台知樞密院事。己酉，免也里可温、答失蠻差役。

十二月癸丑朔，岑世興遥授沿邊溪洞軍民安撫使致仕，其子志熟爲上思州知州，仍各賜幣帛。乙卯，雲南猺阿吾等叛。庚申，同州地震。癸亥，鹽官州海溢。丙寅，修《顯宗》、《英宗實録》。乙亥，曲赦重囚三十八人。容米洞蠻田先什用等率九洞俱叛。

二年春正月乙未，敕后妃、諸王、駙馬毋接星術之士，非天文官不得妄言禍福。戊戌，參卜郎降。辛丑，懷王圖帖木兒出鎮建康。甲辰，江浙行省平章政事脱歡答剌罕爲行省右丞相。諸王怯别遣使貢方物。庚戌，詔羣臣曰：「向者卓兒罕察苦魯及山後皆地震，内郡大小民饑。朕自即位以來，惟太祖開創之艱，世祖混一之盛，期與民人共享安樂，災沴之至，莫測其由。豈朕思慮有所不及而事或僭差，天故以此示警與？卿等其與諸司集議便民之事，自死罪始議定以聞。」

閏月壬子朔，大赦天下。除江淮創科包銀免被災地差税一年。戊辰，諸王忽塔梯迷失等來朝。己卯，階州土番入寇。站八兒監藏叛於兀敦。頒族葬制，禁陰陽相地邪説。

二月甲申，祭先農。丁亥，平伐苗酋的娘來降。辛卯，爪哇國遣使貢方物。廣西猺酋潘寶陷柳城縣。己亥，封阿里迷失爲和國公，張珪爲蔡國公。中書右丞善僧爲平章政事，中書左丞潑皮爲右丞，御史大夫秃忽魯加太保。是月，中書平章政事張珪致仕。

三月甲寅，禁捕天鵝。乙丑，車駕幸上都。乙亥，安南世子陳日爌遣使貢方物。

夏四月辛丑，壽寧公主加封皇姊大長公主。丁未，封后父火里兀察兒爲威靖王。戊申，山東廉訪使許師敬爲中書左丞，中政使馮亨爲中書參知政事，仍兼中政使。

五月壬子，開南州阿都剌蠻酋引車里酋陶剌孟等寇陷朵剌等十四寨。木邦路蠻酋八廟等寇陷倒八漢寨。癸丑，龍牙門國來貢方物。辛未，通政院使察乃使於周王和世㻋。癸酉，融州洞猺叛。丙子，檀州大水，平地深丈有五尺。

六月己卯朔，皇子小薛生。静江猺叛，廣西宣慰司討之。癸未，潯州平南縣猺叛，達魯花赤都堅、縣尹姚泰亨死之。甲申，嘉王晃火帖木兒改封并王。丙申，敕御史臺、樞密院大臣勿領軍衛。丁酉，静江猺及慶遠猺並叛。息州民趙丑廝、郭普薩坐妖言彌勒佛當有天下，伏誅。辛丑柳州猺叛。秦州山移。

秋七月戊申朔，大、小車里蠻來獻馴象。甲寅，遣使賫璽書分諭猺蠻。鎮康路蠻酋你囊、謀粘路蠻酋賽邱羅來降。木邦路蠻酋八廟既降復叛。丙辰，有事於太廟。播州蠻酋黎平愛等叛。癸亥，廣西諸猺盡叛，左丞乞住、兵部尚書李大成等討之，以諸王斡耳朵罕監其軍。海北猺盤吉祥寇陽春縣。庚午，亦剌馬丹等至大理，普顔實立等至威楚，招諭叛蠻。思州洞蠻楊銀千等來獻方物。封駙馬孛羅帖木兒、知樞密院事火沙並爲郡王。辛未，置河南行都水監，瀕河州、縣並兼知河防事。壬申，敕太傅朵觧、太保禿忽魯日至禁中集議國事。廣西猺潘賓寇義寧、來賓諸縣。

八月辛卯，雲南白夷寇雲龍州。

九月戊申朔，分天下爲十八道，遣使分道宣撫。詔曰：

朕祇承洪業，夙夜維寅，凡所以圖治者，悉遵祖宗成憲。曩屢詔中外百司，宣布德澤，蠲賦詳刑，賑恤貧民，思與黎元共享有生之樂。尚慮有司未體朕意，庶政或闕，惠澤未洽，承宣者失於撫綏，司憲者怠於糾參，俾吾民重困，朕甚憫焉。今遣使宣撫，分行諸道，按問官吏不法，詢民疾苦，審理冤滯。凡可以興利除害，從宜舉行。有罪者，四品以上，停職申請，五品以下，就便處決。其有政績尤異，暨晦迹邱園、才堪輔治者，具以名聞。湖廣行省參知政事馬合謀、河東宣慰使李處恭之兩浙江東道，廉訪使朵列禿、太史院使齊履謙之江西福建道，都功德使舉林伯、荆湖宣慰使蒙弼之江南湖廣道，禮部尚書李家奴、工部尚書朱蕢之河南河北，同知樞密院事阿吉剌、御史中丞曹立之燕南山東道，太子詹事別帖木兒，宣徽院判韓讓之河東陝西道，吏部尚書納哈出、董訥之山北遼東道，陝西鹽運使衆家奴、中書斷事官韓庭茂之雲南，湖南宣慰使寒食、冀寧總管劉文之甘肅，山東宣慰使禿思帖木兒、陝西行省左丞廉惇之四川，翰林侍講學士帖木兒不花、秘書郎吴秉道之京畿道。癸丑，車駕至自上都。乙卯，有事於太廟。丁丑〔一〕，廣西猺寇賓州。

冬十月戊寅朔，岑世興寇上林州。癸未，中書左丞相倒剌沙罷爲御史大夫。丁亥，有事於太廟。癸巳，播州凱黎苗叛。丁酉，廣西猺酋何童降。

十一月戊申，周王和世㻋〔二〕遣使獻文豹〔三〕。庚戌，以歲饑，罷上都皇后營繕。己未，整飭臺綱。庚申，日本船來互市。廣西宣慰使獲猺酋潘寶，其弟潘兒寇柳州，行省左丞乞住討之。丙寅，倒剌沙復爲中書左丞相，加開府儀同三司、録軍國重事。是月，中書右丞相旭邁傑卒。

十二月戊寅，塔失帖木兒爲中書右丞相。癸未，塔失帖木兒加開府儀同三司、上柱國、録軍國重事，封薊國公。甲午，召張珪於保定。丁酉，加紐澤知樞密院事，與馬謀沙並開府儀同三司〔四〕。乞住等敗猺賊於廣西。元山路蠻酋普山叛。

三年春正月丙午，高麗國遣使貢方物，並賀正旦。播州蠻酋黎平愛等來降。戊申，元江路蠻酋普奴叛。諸王薛徹禿、晃火帖木兒來朝。壬子，封寬徹不花爲威順王，鎮湖廣。泰寧王買奴，改封宣靖王，鎮益都。諸王不賽因遣使來獻馬。翰林學士吴澄謝病歸。癸亥，知樞密院事撒忒迷失出爲嶺北行省平章政事。戊辰，緬王答里也伯以國亂來乞師，並獻方物。安南國入寇，陷思明州。

二月壬午，廣西全茗州猺酋許文傑叛，茗盈州知州李德卿等死之。中書平章政事乃馬台知樞密院事。甲戌，爪哇國來貢方物。庚子，通政院使察乃爲中書平章政事。甲辰，車駕幸上都，諸王也忒古不花，平章政事兀伯都剌、察乃、善僧，左丞許師敬，參知政事朵朵居守。

三月乙巳朔，帝以不雨自責，命審録重囚，分禱岳瀆、名山大川及京師寺觀。癸丑，八番岩霞洞蠻來降。丁巳，諸王失剌出鎮北邊。戊午，詔安撫緬國，賜其王金幣。丙寅，翰林學士承旨阿憐帖木兒、許思敬等譯《帝訓》成，賜名《皇圖大訓》，授皇太子讀之。辛未，泉州民阮鳳子作亂，軍民官坐失討，降黜有差。

夏四月戊戌，容米洞蠻寇長陽縣。

五月甲戌朔，諸王怯别遣使獻文豹。乙巳，罷福建歲貢蔗餳。禁西僧馳驛擾民。甲寅，八百媳婦酋招南通遣其子來獻方物〔五〕。丁卯，招諭岑世興。庚午，永明縣五洞猺，河西加木籠四部番夷俱來降。

六月癸酉朔，四川行省平章政事秃哈帖木兒請終母喪，許之。癸酉，播州蠻酋黎平愛復叛，合蠻酋謝烏窮入寇。招撫使楊燕里不花諭平愛出降，烏窮不從。己亥，納皇姊壽寧公主女撒答大剌爲皇后。道州猺叛。

秋七月甲辰，車駕發上都，禁車駝踐民田禾。丙午，有事於太廟。丁未，紹慶蠻酋冉世昌叛。辛亥，封阿都赤爲綏寧王。乙卯，翰林侍講學士阿魯威、直學士斡赤譯《世祖聖訓》，以備經筵進講。戊午，諸王不賽因遣使獻駝馬。八百媳婦蠻來獻方物。己巳，鄭州、陽武縣河決。

八月甲戌，平章政事兀伯都剌、右丞許師敬以災異饑饉，乞罷黜，不允。乙亥，知樞密院事乃馬台簡閱邊兵。甲申，有事於太廟。寧遠州洞蠻叛。丁亥，梁王王禪整飭斡耳朵思邊事。丁酉，諸王不賽因遣使獻玉及獨峰駝。辛丑，車駕次中都，畋於汪兀察都之地。鹽官州、揚州、崇明州同時海溢。

九月庚申，車駕至自上都。癸亥，賜大車里新附蠻酋七十五人裘帽、韡韈。戊辰，斡赤等使於諸王怯別、月思別、不賽因。威楚路蠻酋哀培等來獻方物。

冬十月甲戌，紐澤爲右御史大夫。庚辰，有事於太廟。癸未，汴梁路河決。

十一月庚子朔，諸王不賽因來獻虎。癸卯，敕西僧以元日疏釋重囚，當釋者命宗正府審覆。辛亥，追復前中書平章政事李孟官。戊午，帖木兒不花襲封鎮南王，鎮揚州。辛酉，播州蠻宋王保來降。丁丑，諸王月思別遣使獻文豹。是月，崇明州海溢。

十二月壬午，御史賈垕請祔武宗皇后於太廟，不報。庚寅，大赦天下。亳州河決。

四年春正月壬子，靖安王闊不花出鎮陝西。戊午，鹽官州海溢。甲子，武龍洞蠻寇武緣縣。

二月辛未，祭先農。乙亥，營王也先帖木兒出鎮北邊。壬午，畋於漷州。諸王火沙、阿榮、達里俱出鎮北邊。戊子，衍聖公孔思晦進階嘉議大夫。馬忽思爲雲南行省平章政事，提調烏蒙屯田。庚寅，八百媳婦蠻來獻方物。

三月辛丑，皇子允丹藏卜出鎮北邊。封那海赤爲惠國公，商議内史府事。丙午，廷試進士阿察赤、李黼等八十五人，賜及第、出身有差。辛亥，諸王搠思班、不賽因等遣使獻文豹及佩刀、珠寶。辛酉，太傅朵䚟爲太師，太保秃魯忽爲太傅，也可札魯忽赤伯答沙爲太保。召翰林學士承旨張珪、集賢大學士廉恂、太子賓客王毅至都，悉復舊職。陝西行臺中丞敬儼爲集賢大學士，並商議中書省事。壬戌，車駕幸上都。阿散火者知樞密院事。諸王不賽因遣使獻文豹、獅子。

夏四月辛丑，盜竊太廟武宗金主及祭器。大理慶甸蠻酋阿的叛。己卯，道州猺叛。癸巳，高州猺寇電白縣，千户張恒死之。己未，武備寺卿阿昔兒答剌罕爲御史大夫。

五月辛丑，太尉丑驢卒。己未，占城國來貢方物。丁卯，元江路蠻酋普奴叛。德慶路猺降。

六月辛未，翰林侍講學士阿魯威、直學士燕赤進講，命譯《資治通鑑》以進。丁丑，左丞相倒剌沙等以災異乞罷黜，不允。罷兩都營繕工役。録各路繫囚。甲申，廣西花角蠻叛。乙未，紹慶路四洞蠻酋阿者等降。

秋七月己亥，八兒忽部酋晃忽來獻方物。占城國來獻馴象。甲辰，播州蠻酋謝烏窮來獻方物。丙午，有事於太廟。戊午，八百媳婦酋招三斤降。乙丑，周王和世㻋及諸王燕只哥等來貢方物。丙寅，籍僧道有妻者爲民。

八月庚辰，田州洞猺叛。癸巳，加謚武宗皇后弘吉剌氏曰宣慈懿聖皇后，英宗皇后亦乞烈氏曰莊靜懿聖皇后，並升祔太廟。是月，崇明州海溢。汴梁路扶溝、蘭陽二縣河決。鞏昌府山崩。

九月丙申朔，日有食之。甲寅，播州蠻酋宋王保來獻方物。壬戌，脱歡赤等使於諸王怯别。

閏月己巳，車駕至自上都。壬申，大赦天下。廣西兩江猺叛。甲戌，有事於南郊。甲午，置蒙慶路宣慰司都元帥府。

冬十月丙申，有事於太廟。戊戌，諸王脱列帖木兒、哈兒蠻來獻玉及蒲桃酒。己酉，治書侍御史王士熙爲中書參知政事。癸丑，雲南沙木寨蠻酋馬愚等來朝。丁巳，御史中丞趙世延爲中書右丞。安南國遣使貢方物。壬戌，開南州蠻酋阿只弄叛。

十一月庚午，召鎮南王帖木兒不花赴上都。丙子，平樂府猺叛。

十二月甲辰，梧州猺叛。乙卯，爪哇國來獻金文豹、白猴、白鸚鵡各一。己未，静江猺叛。右江蠻酋岑世忠來獻方物。

致和元年春正月乙丑朔，高麗國遣使賀正旦並貢方物。甲戌，有事於太廟。丁丑，頒農桑舊制十四條於天下，仍詔有司察其勤惰。占城國來貢方物，且言爲安南所侵，詔和解之。辛丑，静江猺寇靈川、臨桂二縣。戊子，詔護送爪哇國王札牙納可還其國。

二月乙卯，牙即國來獻方物。庚申，改元致和。免河南自實田糧税一年，被災州郡糧税一年，流民復業者差税三年，疑獄繫三歲不決者咸釋之。

三月甲戌，雅沵國來獻方物。甲申，户部尚書李家奴祀海神於鹽官州，造浮屠二百一十六以厭海溢。戊子，車駕幸上都。己丑，雲南蠻酋撒加布來獻方物。

夏四月丙申，欽州猺黄焱等叛。己亥，塔失帖木兒、倒剌沙請蒙古、色目人效漢人丁憂者除名，從之。是月，崇明州大風海溢。

五月，廣西普寧路妖僧陳慶安作亂，僭號改元。己巳，八百媳婦蠻來獻馴象。大理怒江甸蠻酋阿哀欽叛。甲申，安南國遣使來貢方物。戊子，嶺北行省平章政事塔失帖木兒爲中書平章政事。

六月丙午，祀世祖神御殿。

秋七月己巳，遣中書平章政事買閭等，至高麗質問高麗王王燾奪瀋王暠世子印事。

庚午，帝崩於上都，年三十有六。葬起輦谷。

八月甲午，僉樞密院事燕帖木兒等反於大都，迎懷王圖帖木兒於江陵。

九月，皇太子即皇帝位於上都，改元天順。

冬十月辛丑，齊王月魯帖木兒等以兵犯上都，左丞相倒剌沙奉皇帝寶出降，少帝不知所終。

史臣曰：孔子稱「叔孫昭子之不勞」，泰定帝討鐵失等弒君之罪，雖叔孫昭子，何以尚之？文宗篡立，欲厭天下之人心，誣衊之辭無所不至。惜乎後世之君子，不引孔子之言以論定其事也！

**【校勘記】**

〔一〕「丁丑」，原作「壬戌」，據《元史》卷二九本紀第二十九《泰定帝一》泰定二年九月條改。

〔二〕「周王和世㻋」，「㻋」原作「剌」，據《元史》卷二九本紀第二十九《泰定帝一》泰定二年九月條改。

〔三〕自「戊申」至「獻文豹」原在冬十月條末，參中華書局點校本《元史》卷二九本紀第二十九《泰定帝一》校勘記二九乙正。

〔四〕「馬謀沙」，原作「馬誅沙」，據本卷至治三年九月癸巳條改。《元史》卷二九本紀第二十九《泰定帝一》作「馬某沙」，亦可證「誅」字誤。

〔五〕「招南通」，原作「招南道」，據《元史》卷三〇本紀第三十《泰定帝二》泰定三年七月己未及四年二月庚寅、閏九月甲午條改。

# 新元史卷之二十　本紀第二十

## 明宗

明宗翼獻景孝皇帝，諱和世㻋，武宗長子也。母曰仁獻章聖皇后亦乞烈氏。帝生於大德四年十一月壬子。武宗入繼大統，立仁宗爲皇太子，命以次傳位於帝。

武宗崩，仁宗即位。延祐二年冬十一月，封帝爲周王。三年春，議建東宫，右丞相鐵木迭兒欲固寵，建議立英宗爲皇太子。帝少有英氣，興聖皇太后憚之，其幸臣失烈門等亦恐帝立將不利於己，遂附和鐵木迭兒，譖帝於仁宗及皇太后。三月，命帝出鎮雲南，置常侍府，遥授中書左丞相秃忽魯、大司徒斡兒朵、中政使尚家奴、山北遼陽等路蒙古軍萬户孛羅、翰林侍讀學士教化等並爲常侍，中衛親軍都指揮使唐兀、兵部尚書賽罕八都魯爲中尉。敕陝西、四川省臣各一員護送帝至雲南。

冬十一月，帝次延安，秃忽魯、尚家奴、孛羅及武宗舊臣釐日、沙不丁、哈八兒秃等皆來會。教化與秃忽魯等謀曰：「天下者，武宗之天下也。太子出鎮雲南，本非上意，由左右之離間。請白其事於行省諸臣，使聞之朝廷，庶可杜讒人之口。不然，事且不測。」遂與數騎馳至陝西行省。初，阿思罕爲太師，鐵木迭兒奪其位，出爲陝西行省左丞相。至是，教化至，即與平章政事塔察兒、行臺御史大夫脱思伯、中丞脱歡，悉發關中兵，分道自潼關、河中府趨京師。已而塔察兒、脱歡中悔，襲殺阿思罕、教化於河中。諸臣率數百騎擁帝西行，至和林，踰金山而北。諸王察阿台等聞帝至，咸率衆歸附。帝與定約束，每歲冬居札顏，夏居斡羅察山，春則命從者耕於野泥之地。

延祐七年夏四月丙寅，皇子妥懽帖木兒生，其母爲阿兒厮蘭郡王裔孫罕禄魯氏。泰定帝元年夏五月，皇后八不沙至自京師。二年，帝遣使貢文豹。五月，泰定帝遣察乃來。

致和元年秋七月，泰定帝崩於上都。八月甲午，僉知樞密院事燕鐵木兒起兵於大都，以帝遠在沙漠，乃迎皇弟懷王圖帖木兒於江陵，且宣言已遣使迎帝，以安衆心。復詐稱使者自北方來，云周王率諸王兵旦夕至。丁巳，懷王入京師，羣臣請即大位，懷王固讓於帝，曰：「吾兄在北，以長以賢，當有天下。必不得已，宜明以予志播告中外。」九月壬申，懷王即皇帝位，改元天曆，頒詔於天下曰：「謹俟大兄之至，以遂固讓之心。」

冬十月，齊王月魯帖木兒等克上都，兩京道路始通。於是懷王遣哈歡及撒迪等相繼來迎。西北諸王皆同時勸進，帝遂發北庭舊臣孛羅、尚家奴、哈八兒秃從行，諸王察阿台、元帥朵烈捏、萬户買驢等皆隨扈。逾金山，嶺北行省平章政事潑皮、武寧王徹徹禿、僉樞密院事帖木兒不花相繼至。帝命孛羅如京師，百姓聞使者至，驩呼曰：「吾天子實自北來矣！」

天曆二年春正月乙丑，懷王復遣中書左丞躍里帖木兒來迎。乙酉，撒迪等覲帝於行在，奉懷王命勸進。丙戌，帝即位於和林之北。是月，前翰林學士承旨不答失里以太府太監沙剌班輦金銀幣帛至。帝遣撒迪等還京師，命之曰：「曩朕弟喜覽經史，邇者得勿廢乎？聽政之暇，宜親賢士大夫，講論古今，以知治亂得失。卿等至京師，當以朕意諭之。」

二月壬辰，宣靖王買奴自京師來覲。是月，懷王遣使以除目奏帝，並從之。

三月戊午朔，車駕次潔堅察罕。辛酉，中書右丞相燕鐵木兒奉皇帝寶來上，御史中丞八即剌、知樞密院事禿兒哈帖木兒等各率其屬以從。壬戌，造乘輿服御。丙寅，帝謂中書左丞躍里帖木兒曰：「朕至上都，宗室諸王必皆入覲，非尋常朝會比也，諸王察阿台亦從朕遠來，有司供帳皆宜豫備。卿其與中書省議之。」

夏四月癸巳，燕鐵木兒入覲於行在，率百官奉上皇帝寶。以燕鐵木兒爲太師，仍兼中書右丞相，開府儀同三司、上柱國、録軍國重事、答剌罕如故。復諭燕鐵木兒等曰：「凡京師百官，朕弟所用者，並仍其舊。卿等其以朕意諭之。」是日，哈八兒禿爲中書平章政事，前中書平章政事伯鐵木兒知樞密院事，常侍孛羅爲御史大夫。甲午，立行樞密院，昭武王、知樞密院事火沙領行樞密院事，賽帖木兒、買奴並同知行樞密院事。帝燕諸王大臣於行殿，燕鐵木兒、哈八兒禿、伯鐵木兒、孛羅等侍。帝諭臺臣曰：「太祖皇帝嘗訓敕臣下云，美色、名馬，人皆悦之，然方寸一有繫累，即能壞名敗德。卿等居風紀之司，亦嘗念及此乎？天下國家，譬猶一人，中書則右手也，樞密則左手也。左右手有病，治之以良醫，省、院闕失，不以御史臺糾之，可乎？凡諸王、百官，違法越禮，一聽舉劾。風紀重則貪墨懼，猶斧斤重則入木深，其勢然也。朕有闕失，卿亦奏聞，朕不汝責也。」乙未，命孛羅等傳諭燕鐵木兒、伯答沙、火沙、哈八兒禿、八即剌等曰：「世祖皇帝立中書省、樞密院、御史臺及百司，共治天下，大小職掌已有定制。世祖命廷臣撰律令章程，以爲萬世法。列聖相承，罔不恪遵。朕今居世祖所居之位，凡百司庶政，詢謀僉同，標譯所奏，以告於朕。軍務機要，樞密院即奏聞，毋以夙夜爲間而稽留之。其他必先白中書省、樞密院、御史臺，毋得隔越陳請。儻違朕命，必罰無赦。」丁酉，陝西行臺御史大夫鐵木兒脱爲上都留守。辛丑，懷王遣使以御史臺除目上。癸卯，遣使如京師，卜日，中書左丞相鐵木兒補化攝告即位於郊廟、社稷。立皇弟圖帖木兒爲皇太子，乃置詹事院，罷儲慶司。徹里帖木兒爲中書平章政事，闊兒吉思爲中書右丞，怯來、只兒哈郎並爲甘肅行省平章政事，忽剌台爲江浙行省平章政事，那海爲嶺北行省平章政事。甲辰，敕中書省官吏送寶者，晉秩一等，從者賚以幣帛。乙巳，嶺北行省平章政事塔即吉、左丞馬謀並坐黨附倒剌沙免官。

五月丁巳朔，車駕次朵里伯真。戊午，遣西安王阿剌忒納失里還京師。封帖木兒爲保德郡王。己未，皇太子遣翰林學士承旨阿鄰帖木兒來覲。庚申，車駕次斡耳罕水東。辛酉，御史大夫孛羅、中政使尚家奴並加開府儀同三司，典四番宿衛。癸亥，車駕次必忒怯秃，翰林學士承旨斡兒朵自京師來覲。庚午，命燕鐵木兒擢用嶺北行省官吏，凡潛邸舊臣及扈從之士受制命者八十有五人，六品以下二十有六人。壬申，車駕次探秃兒海。封亦憐真八爲柳城王，八即剌爲陝西行臺御史大夫，衆家奴爲御史中丞。乙亥，車駕次秃忽剌。敕中書省臣鑄皇太子寶。己卯，翰林學士承旨唐兀加太尉。辛巳，車駕次斡羅斡秃。壬午，次不魯通。是日，左丞相鐵木兒補化等以帝即位，攝告南郊。甲午，車駕次忽剌火失温。

六月丁亥朔，車駕次坤都也不剌。是日，鐵木兒補化等攝告宗廟、社稷。庚寅，車駕次撒里。丁酉，次兀納八。改都督府爲大都督府。己亥，次闊朵。辛丑，次撒里怯兒。壬寅，戒近侍毋輒有奏請。丁未，車駕次哈兒温。戊申，次闊朵傑阿剌倫。辛亥，次哈兒哈納土。諭中書省：「凡國家錢穀、銓選諸政，先啓皇太子，然後奏聞。」癸丑，車駕次忽秃。

七月丙辰朔，日有食之。甲子，車駕次孛羅火你。乙亥，次不羅察罕。戊寅，次小只。壬午，中書平章政事哈兒八禿同翰林官祭太祖、太宗、睿宗御容。八月乙酉朔，車駕次王忽察都。丙戌，皇太子入覲。是日，燕皇太子及羣臣於行殿。庚寅，帝暴崩，年三十。葬起輦谷。

冬十月丙申，上尊謚曰翼獻景孝皇帝，廟號明宗，國語曰護都篤皇帝。至元六年冬十月己巳，上尊號曰順天立道睿文智武大聖孝皇帝。

史臣曰：燕鐵木兒立文宗，文宗固讓於兄，猶仁宗之奉武宗也。明宗之弑，蓋出於燕鐵木兒，非文宗之本意。然與聞乎弑，是亦文宗弑之而已。

# 新元史卷之二十一　本紀第二十一

## 文宗上

文宗聖明元孝皇帝，諱圖帖睦爾，武宗次子也。母曰文獻昭聖皇后唐兀氏。帝以大德八年正月癸亥生。

英宗至治元年五月，欽察台、咬住告脱歡察兒等交結親藩，有異志，詞連於帝，乃出帝居瓊州。泰定元年正月，召還，至潭州，復命止之。四月，自潭州至京師。八月，賜鈔三千錠。十月，封懷王食邑端州六萬五千户，賜金印，並增歲幣千匹。二年正月，又出帝居建康，以殊祥院使也先捏領宿衛。

致和元年三月，遣宗正札魯忽赤雍古台遷帝於江陵。七月庚午，泰定帝崩於上都。先是，泰定帝將幸上都，命西安王阿剌忒納失里留守，同僉樞密院事燕鐵木兒留掌樞密符印。至是，燕鐵木兒聞泰定帝崩，密與阿剌忒納失里謀，奉帝入承大統。

八月甲午黎明，百官集興聖宫，燕鐵木兒率阿剌鐵木兒、孛倫赤等十七人，露刃宣言於衆曰：「武宗皇帝有聖子二人，天下歸心，宜踐大位，有不奉命者斬之。」乃縛平章政事兀伯都剌、伯顔察兒，分命執中書左丞朵朵，參知政事王士熙，參議中書省事脱脱、吴秉道，侍御史鐵木哥、邱世傑，治書侍御史脱歡，詹事丞王桓等下獄。與阿剌忒納失里籍府庫、拘符印，召百官入内廷聽命。遣大司農卿明里董阿、前宣政使答里麻失里馳驲迎帝於江陵。密諭河南行省平章政事伯顔，簡士馬以備扈從。是日，推前湖廣行省左丞相别不花爲中書左丞相，太子詹事塔失海牙爲中書平章政事，前湖廣行省右丞速速爲中書左丞，前陝西行省參知政事王不憐吉歹爲樞密副使，蕭蒙古歹仍爲通政院使。同僉樞密院事燕鐵木兒、翰林學士承旨亦列赤、通政院使寒食分典庶務。諸人既受命，未知所謝，注目而立。燕鐵木兒麾衆使南向拜，以帝在江陵也，衆始喻旨。丁酉，燕鐵木兒復遣撒里不花等來迎，且使塔失鐵木兒矯爲帝使者自南來，言車駕已次近郊。癸卯，明里董阿等至江陵。甲辰，帝發江陵，召鎮南王鐵木兒不花、威順王寬徹不花、湖廣行省平章政事高昌王鐵木兒補化來會。執湖廣行省左丞馬合某送京師，以别薛代之。乙巳，召陝西行臺侍御史馬札兒台、行省平章政事探馬赤，不至。丁未，河南行省平章政事伯顔爲行省左丞相。庚戌，車駕至汴梁，伯顔等扈從北行。鐵木兒補化爲湖廣行省左丞相，前翰林學士承旨阿里海涯爲河南行省平章政事。辛亥，燕鐵木兒知樞密院事，亦列赤爲御史中丞。壬子，阿速衛指揮使脱脱木兒率所部自上都來降，命守古北口。乙卯，脱脱木兒與上都諸王失剌、平章政事乃馬台、詹事欽察等戰於宜興，敗之，獲乃馬台、欽察。丙辰，燕鐵木兒奉法駕郊迎。丁巳，帝至京師。貴赤衛指揮使脱迭出帥所部自上都來降，命與脱脱木兒同守古北口。戊午，速速爲中書平章政事，前御史中丞曹立爲中書右丞，江浙行省參知政事張友諒爲中書參知政事，河南行省左丞相伯顔爲御史大夫，中書右丞趙世延罷爲御史中丞。己未，萬户也速台兒同知樞密院事。殺隆鎮衛指揮使黑漢，籍其家。梁王王禪、右丞相塔失帖木兒、太尉不花、平章政事買驢、御史大夫紐澤等，將上都兵次於榆林。

九月庚申朔，燕鐵木兒督師至居庸關，撒敦敗上都兵於榆林。壬戌，詔曰：「昔在世祖以及列聖臨御，咸令中書省綱維百司，總裁庶政，凡錢穀、銓選、刑罰、興造，罔不司之。自今除樞密院、御史臺，其餘諸司及左右近侍，敢有隔越中書奏請政務者，以違制論，監察御史其糾之。」

鐵木兒補化録軍國重事，徵五衛屯田兵赴京師。安南國來貢方物。召燕鐵木兒還京師。丁卯，燕鐵木兒率諸王大臣伏闕，請早正大位，以安天下。帝固辭曰：「大兄在朔方，朕安敢紊天序？」燕帖木兒進曰：「人心向背之機，間不容髮，一或失之，噬臍無及。」帝曰：「必不得已，宜宣明朕意，以示天下。」戊辰，大司農明里董阿、大都留守闊闊台並爲中書平章政事。己巳，鑄御寶成。立行樞密院於汴梁，同知樞密院事比速台兒知行樞密院事，巡視太行諸隘。辛未，帝常服謁太廟。雲南孟定路蠻酋來獻方物。殺兀伯都剌、鐵木哥，流朵朵、王士熙、伯顏察兒、脱歡等於遠州，並籍其家。壬申，帝即位於大明殿，受諸王百官朝賀。詔曰：

洪維我太祖皇帝混一海宇，爰立定制，以一統緒，宗親各受分地，勿敢妄生覬覦，此不易之成規，萬世所守者也。世祖之後，成宗、武宗、仁宗、英宗以公天下之心，次第相傳，宗王、貴戚咸遵祖訓。至於晉王，具有盟書，願守藩服，而與賊臣鐵失、也先帖木兒等潛通陰謀，冒干天位，使英宗不幸罹於大故。朕兄弟播遷南北，備歷艱難。朕以叔父之故，順承惟謹，於今六年，災異迭見。權臣倒剌沙、兀伯都剌等專權自用，疏遠勛舊，廢棄忠良，變亂祖宗法制，空府庫以私其黨與。大行上賓，利於立幼，顯握國柄，用濟其奸。宗王、大臣以宗社之重，統緒之正，協誠推戴，屬於眇躬。朕以菲德，宜俟大兄，固讓再三。咸以神器不可久虚，天下不可無主，民庶遑遑，已及三月，誠懇迫切。朕始曲從其請，仍俟大兄之至，以遂朕固讓之心。已於致和元年九月十三日即皇帝位於大明殿。其以致和元年爲天曆元年。可大赦天下。自九月十三日昧爽以前，除謀殺祖父母父母、妻妾殺夫、奴婢殺主、謀殺故殺及强盜、印造僞鈔不赦外，其餘罪無輕重，咸赦除之。於戲！朕豈有意於天下哉？重念祖宗開創之艱，恐墮大業，是以勉徇輿情。尚賴爾中外文武臣僚，協心相予，輯寧億兆，以成治功。咨爾多方，體予至意。」

遣使頒即位詔於高麗。甲戌，燕鐵木兒加開府儀同三司、上柱國、同録軍國重事，中書右丞相、知樞密院事如故。癸酉，中書右丞曹立罷爲江浙行省平章政事，福建廉訪使易釋董阿爲中書右丞，前中書左丞張思明爲左丞。諸王塔朮、只兒哈郎、佛寶等自恩州入朝。燕鐵木兒督師於薊州。伯顏加太尉。江南行臺御史大夫朵兒只爲江浙行省左丞相，淮西道廉訪使阿兒思蘭海牙爲江南行省御史大夫。諸王孛羅、忽都火者入朝。乙亥，立太禧院。梁王王禪陷居庸關。丙子，燕鐵木兒還次榆河。車駕出齊化門視師。丁丑，車駕還宮。殺指揮使忽都不花、塔失帖木兒、同知指揮使太不花。戊寅，詔曰：「近以奸臣倒剌沙、兀伯都剌潛通陰謀，變易祖宗成法，既已明正其罪。凡回回種人不預其事者，各安業勿懼，因而煽惑其人者罪之。」

諸王阿兒八忽、按灰、脱脱入朝。己卯，燕鐵木兒敗王禪於榆河，又敗王禪及阿剌帖木兒等於紅橋。庚辰，遣使賜燕鐵木兒御衣一襲。辛巳，别不花知樞密院事，依前中書左丞相。燕鐵木兒敗王禪於白浮，又敗亞失帖木兒於石槽，脱帖木兒敗遼東兵於檀州。癸未，秃兒哈帖木兒知樞密院事。中書平章政事明里董阿出爲江浙行省平章政事。甲申，撒敦、脱脱木兒敗王禪於昌平北。賜燕鐵木兒上樽。是日，竹温台、闊闊出等陷古北口。明里董阿復爲中書平章政事。嶺北行省左丞燕不鄰知樞密院事。丙戌，燕鐵木兒敗竹温台等於牛頭山，獲駙馬孛羅帖木兒，平章政事蒙古塔失、牙失帖木兒。丁亥，秃滿迭兒及諸王也先帖木兒等陷通州。戊子，諸王忽剌台陷紫荆關。陝西行臺御史大夫也先帖木兒陷河中府。召雲南左丞相也兒吉尼，不至。

冬十月己丑朔，燕鐵木兒敗諸王也先帖木兒於通州。壬辰，宣徽使也先捏殺保定路同知阿里沙及萬户張景武兄弟五人。癸巳，燕鐵木兒敗陽翟王太平、國王朵羅台等於檀子山之棗林，獲太平。乙未，諸王忽剌台等寇良鄉。丙申，燕鐵木兒至蘆溝橋，忽剌台遁走。是日，燕鐵木兒入朝，賜宴興聖殿。戊戌，獲忽剌台、阿剌帖木兒、朵羅台、安童、塔海等於紫荆關。己亥，封燕鐵木兒太平王，加號答剌罕。燕鐵木兒敗秃滿迭兒等於檀州南之桑口。辛丑，同知樞密院事脱脱木兒、通政使也不倫並知樞密院事，御史中丞亦列赤爲御史大夫。齊王月魯帖木兒、東路蒙古元帥不花帖木兒圍上都，倒剌沙奉皇帝寶出降。月魯帖木兒殺遼王脱脱。壬寅，宣徽使也先捏知行樞密院事，宣徽副使章吉爲行樞密院副使，與知樞密院事也速台兒等禦潼關兵。甲辰，詔晉王、遼王管内路府州縣達魯火赤並免官禁錮，選流官代之。丙午，赦有罪者祇籍其家，勿没妻子。丁未，告祭南郊。中書平章政事塔失海牙罷爲大司農，欽察台復爲中書平章政事。雲南銀沙羅甸蠻酋來獻方物。己酉，中書左丞相别不花加太保，落知樞密院事。庚戌，帝御興聖殿，齊王月魯帖木兒、諸王别思帖木兒、阿兒哈失里、那海罕及元帥不花帖木兒奉上皇帝寶。下倒剌沙等於獄。辛亥，雲南徹里路蠻酋來獻方物。癸丑，不花帖木兒知樞密院事。甲寅，罷徽政院，改立儲慶使司。也速答兒執湘寧王八剌失里送京師。丁巳，毁顯宗廟室。戊午，盜殺太尉不花。

十一月己未，詔曰：「諸王王禪及秃滿迭兒、阿剌不花、秃堅等兵敗而逃，有能禽獲者，授五品官。同黨之人，能去逆效順，擒王禪等，免本罪，依上授官。敢有隱匿者，事覺，與犯人同罪。」

太保伯答沙爲太傅兼宗正札魯忽赤，總兵北邊。辛酉，諸王也先帖木兒來降。甲子，有事於太廟。辛未，鐵木哥陷襄陽，縣尹谷庭珪、主簿張德死之。壬申，祭告社稷。癸酉，八百媳婦蠻酋及雲南威楚路九十九寨蠻，各以方物來獻。杖流諸王失剌等於遠州，并籍其家。甲戌，遷泰定帝皇后弘吉剌氏於東安州。丙子，中書平章政事速速坐受賕，杖徙襄陽，以母老留之京師。丁丑，以祀太廟禮成，受諸王百官朝賀。庚辰，遣使迎皇兄周王於漠北。中政院使敬儼爲中書平章政事，同知樞密院事徹里帖木兒爲中書左丞。辛巳，御史中丞玥璐不花爲中書右丞。癸未，殺倒剌沙、馬某沙、紐澤、撒的迷失、也先帖木兒，磔倒剌沙之尸於市。梁王王禪賜死。御史中丞趙世延加平章政事。罷行宣政院、行都水監。四川行省平章政事囊家歹自稱鎮西王，殺行省平章政事寬徹。中書左丞相別不花罷。

十二月丙午，幸大崇恩福元寺，謁武宗神御殿。雲南蠻酋普雙等來獻方物。同知樞密院事也先捏坐擅殺官吏，杖竄南寧，並籍其家。庚子，大赦天下。追封諸王滿禿爲果王，阿馬剌台爲毅王。宗正札魯忽赤闊闊出等十七人，並追賜功臣號及官階爵謚。辛丑，立龍翊侍衛親軍都指揮使司。乙巳，伯顏加開府儀同三司，與亦列赤並爲御史大夫。雲南姚州蠻酋來獻方物。戊申，加伯顏太保，不花帖木兒太尉，香山司徒。甲寅，復遣治書侍御史撒迪、内侍不顏禿古思迎皇兄於漠北。丙辰，中書左丞玥璐不花罷爲太禧院使。丁丑，封西安王阿剌忒納失里爲豫王，徹里帖木兒爲中書右丞，躍里帖木兒爲中書左丞，趙世安爲中書參知政事。是月，召雲南行省左丞相也兒吉尼，復不至。高麗國王遣使賀即位及正旦，又遣使賀聖誕節。

天曆二年春正月己未朔，立都督府，領左右欽察及龍翊衛。庚申，封知樞密院事火沙爲昭武郡王。辛酉，封朵列帖木兒爲楚王。高昌王鐵木兒補化爲中書左丞相，大司農王毅爲中書平章政事，欽察知樞密院事。癸亥，燕鐵木兒爲御史大夫。甲子，有事於太廟。齊王月魯帖木兒卒。乙丑，遣中書左丞躍里帖木兒迎皇兄於北邊。丙寅，幸大崇恩福元寺。戊辰，遣使獻海青鶻於皇兄。辛未，以册立皇后告於南郊。甲戌，復命太僕卿教化獻海青鶻於皇兄。己卯，以册立皇后告於太廟。壬午，陝西行臺御史大夫阿里海牙爲中書平章政事。遣内侍秃教化覲皇兄於行在。癸未，遣宣靖王買奴覲皇兄於行在。丙戌，皇兄周王即皇帝位於和林北，是爲明宗。

二月己丑，曲赦四川囊家台。庚寅，燕帖木兒復爲中書右丞相。辛卯，帝御大明殿，册立皇后弘吉剌氏。廣西思寧路蠻酋黄克順來獻方物。癸巳，翰林侍讀學士曹元用祀孔子於闕里。戊戌，察罕腦兒宣慰使撒忒迷失會鎮西武靖王搠思班討囊家台。頒行《農桑輯要》及《栽桑圖》。辛丑，追尊皇妣亦乞烈氏爲仁獻章聖皇后，唐兀氏爲文獻昭聖皇后。八百媳婦及金齒、九十九洞、蒙通、蒙莢、銀沙羅甸諸蠻並來獻方物。丙午，囊家台分兵寇襄陽。辛亥，帝諭羣臣曰：「撒迪還，言大兄已即皇帝位。凡二月二十一日以前除官者，速與制敕，以後銓選，其聞於行在。」癸丑，諸王月魯帖木兒至播州，詔諭楊延里不花等，皆降。甲寅，立奎章閣學士院，翰林學士承旨忽都魯迷失、集賢大學士趙世延並爲奎章閣大學士。乙卯，置銀沙羅甸等處宣慰使都元帥府。

三月辛酉，遣燕鐵木兒奉皇帝寶，覲明宗於行在，知樞密院事秃兒哈帖木兒、御史中丞八即剌、翰林直學士馬哈謀、典瑞使教化的、宣徽副使章吉、僉中政院事脱因、通政使那海、太醫使吕廷玉、給事中咬驢、中書斷事官忽兒忽答、右司郎中孛別出、左司員外郎王德明、禮部尚書八剌哈赤等從行。帝諭羣臣曰：「寶璽既北上，自今國家政事其聞於行在。」乙亥，立行樞密院，山東都萬户也速台兒知行樞密院事，與湖廣、河南兩行省官會討四川。庚辰，召諸王秃剌於高麗。

夏四月乙丑，有事於太廟。辛卯，也速台兒以病卒，命躍里帖木兒、王不憐吉台代之。王不憐吉台又以母老辭，改命同僉樞密院事傅巖起代之。己亥，囊家台降。癸卯，明宗遣武寧王徹徹秃、中書平章政事哈八兒秃來錫命，立帝爲皇太子。

五月己未，遣翰林學士承旨阿憐帖木兒奉迎大駕。癸亥，復遣翰林學士承旨斡兒朵奉迎。甲戌，命中書省擬注中書六部官，奏於行在所。丙子，改儲政院爲詹事府，伯顔、鐵木兒補化，江南行台御史大夫阿兒思蘭海牙、江浙行省平章政事曹立，並爲太子詹事，中書參知政事趙世安爲詹事丞。丁丑，皇太子發京師，北迎大駕。鎮南王帖木兒不花，諸王也速、斡即、答來不花、朵來只班、伯顔、也不干，駙馬別闍及扈衛百官悉從行。

六月丁酉，鐵木兒補化以天旱乞避相位，皇太子諭之曰：「皇帝遠在沙漠，未能早至京師，故勉攝大位。今亢旱，皆予闕失所致。汝其祗修實政，庶幾上答天變。」仍命鐵木兒不花奏於行在。

秋七月丙辰朔，日有食之。丙子，受皇太子寶。

八月丙戌，皇太子覲明宗於旺忽察都。庚寅，明宗崩。燕鐵木兒以皇后之命奉皇帝寶授於皇太子，皇太子北還。壬辰，皇太子次孛羅察罕。伯顏復爲中書左丞相，依前太保。欽察台、阿兒思蘭海牙、趙世延並中書平章政事，甘肅行省平章政事朵兒只爲中書右丞，參議中書省事阿榮、詹事丞趙世安並中書參知政事。前右丞相塔失鐵木兒，知樞密院事、太子詹事鐵木兒補化，上都留守鐵木兒脱並爲御史大夫。癸巳，皇太子至上都。丙申，流諸王忽剌出於海南。丁酉，命阿榮、趙世安提調通政院事。戊戌，殺囊家台。己亥，皇太子復即位於上都大安閣，大赦天下，詔曰：

朕惟昔上天啟我太祖皇帝，肇造帝業，列聖相承。世祖皇帝既大一統，即建儲貳，而裕皇天不假年，成宗入繼，纔十餘載。我皇考武宗歸膺大寶，克孝天心，志存無私，以仁宗居東宮，遂嗣宸極。甫及英宗，降割我家。晉王違盟搆逆，據有神器，天示譴告，竟隕厥身。於是宗戚舊臣協謀以舉義，正名以討罪，揆諸統緒，屬在眇躬。朕念大兄播遷朔漠，以賢以長，曆數宜歸，力拒羣言，至於再三。乃曰艱難之際，天位久虛，則民心不固，恐墮大業。朕雖徇衆請以臨御，秉初志而不移，是以固讓之詔始頒，奉迎之使已遣。命阿剌忒納失里、燕鐵木兒奉皇帝寶璽，遠迓於途。而先皇帝跋涉山川，蒙犯霜露，道里遼遠，自春徂秋，懷艱阻於歷年，望都邑而滋慨。徒御弗慎，節宣失宜，信使往來，相望於道，彼此思見，交切於懷。八月一日，大駕次旺忽察都，朕方欣瞻對之有期，獨兼程而先進，相見之頃，悲喜交集。何期數日之間，宫車弗駕，國家多難，遽至於斯。念之痛心，以夜繼旦。諸王、大臣以爲祖宗基業之隆，先帝付託之重，天命所在，誠不可違，請即正位，以安九有。朕以先皇帝奄棄天下，摧怛方新，何忍銜哀以踐大寶？乃羣臣固請伏闕，至三日之久。朕維宗社大計，乃於八月十五日即皇帝位於上都。可大赦天下，自天曆二年八月十五日昧爽以前，罪無輕重，同赦除之。於戲！戡定之餘，莫急於與民休息；丕變之道，莫大乎使民知義。亦惟爾中外大小之臣，各究乃心，以稱朕意。

甲辰，欽察台還京師，經理庶政。燕鐵木兒、阿榮留上都，監給恩賫金幣。庚子，封牙納失里爲遼王。戊申，封諸王寬徹爲安肅王。乙酉，車駕發上都。庚戌，改詹事院爲儲政院。癸丑，召吴王潑皮及其諸父木楠子至京師。前左丞相别不花坐與平章政事速速召日者推測帝算，安置別不花於集慶路。

九月辛酉，敕往大行皇帝行在送寶官吏越次超擢者，皆從降黜。丁卯，車駕至自上都。戊辰，召威順王寬徹不花至京師。辛未，知樞密院事塔失帖木兒坐附倒剌沙免官。壬申，特授怯薛官定住開府儀同三司。癸酉，御大明殿，受諸王、百官朝賀。甲戌，廣西思明州蠻酋來獻方物。丙子，鐵木兒補化録軍國重事。翰林學士承旨也兒吉尼、元帥梁國公都列捏並知行樞密院事。也先捏伏誅。壬午，封知樞密院事燕不鄰爲興國公，大司農卿燕赤爲司徒。是月，直省舍人完者等頒即位詔於高麗。

冬十月甲申，有事於太廟。詔鎮南王孛羅不花鎮揚州。戊子，知樞密院事火沙兼知行樞密院事。辛卯，燕鐵木兒率羣臣請上尊號，不許。封太禧宗禋使堅帖木兒爲梁國公。甲午，以即位告祀南郊、社稷。丙申，上大行皇帝尊謚曰翼獻景孝皇帝，廟號明宗，國語曰護都篤皇帝。癸卯，中書左丞張思明罷。庚戌，以親祀太廟禮成，詔天下。雲南威楚路蠻酋昵放遣其子來獻方物。是月，中書參知政事趙世安爲中書左丞。

十一月乙卯，以立皇后弘吉剌氏詔天下。丙辰，答鄰答里知樞密院事，朵兒只亦都護爲河南行省左丞相。中書省奏：「近制，行省不設丞相。」帝曰：「朵兒只先朝舊臣，不當以例拘之。」癸亥，翰林學士承旨闊徹伯知樞密院事。丙寅，雲南威楚路蠻酋昵放來朝。己巳，撤迪爲中書右丞。壬申，毁木剌忽廣平王印，命哈班襲廣平王，更鑄印賜之。丁丑，復立孟定路軍民總管府。湖廣猺賊作亂。乙卯，高麗王王燾遣使賀即位，並請傳位於世子楨。壬午，詔豫王阿剌忒納失里鎮雲南。

十二月庚寅，末吉爲大司徒。乙未，改封前鎮南王鐵木兒不花爲宣讓王，詔曰：「皇姑大長公主，蚤寡守節，不從諸叔繼尚，鞠育遺孤，其子襲王爵，女配予一人。朕思庶民若是者猶當旌表，況在懿親乎？其令趙世延、虞集等議封號以聞。」

戊申，玥璐不花爲御史大夫。辛亥，趣内外已授官者速赴任。

是年，安南國王陳益稷卒。

# 新元史卷二十二　本紀第二十二

## 文宗下　寧宗

至順元年春正月丁巳，知樞密院事伯帖木兒出爲遼陽行省左丞相。辛酉，有事於太廟。甲午，燕鐵木兒、伯顔並乞罷退，不允，仍命阿榮、趙世安慰諭之。丁卯，諸王禿堅及萬户伯忽、阿木、怯朝等起兵於雲南，陷中慶路。壬申，衡陽猺寇湘鄉州。癸酉，宣徽使撒敦知樞密院事。丁丑，召荆王也速也不干子脱脱木兒至京師。趙世延乞致仕，不允。衡陽猺寇石康縣。己卯，封太醫院使野里牙爲秦國公。

二月壬午朔，趙世安爲御史中丞，史惟良爲中書左丞。癸未，知樞密院事燕不憐加開府儀同三司。籍故中書平章政事張珪五子資産。己丑，禿堅等陷仁德府。是月，典瑞院使阿魯等使高麗。甲午，禿堅自立爲雲南王。丙申，雲南蒲蠻酋入覲。己亥，中書平章政事朵兒失有罪免。猺賊陷灌陽縣。壬寅，御史大夫玥璐不花乞致仕，不允。甲辰，流王禪子帖木兒不花於吉陽軍。乙巳，封明宗皇子亦璘真班爲鄜王。丙午，中尚卿小云失海涯以兵討雲南。丁未，伯顔知樞密院事，依前太保、録軍國重事。詔曰：「昔在世祖，嘗以宰相一人總領庶務，故治出於一，政有所統。今燕鐵木兒爲右丞相，伯顔既知樞密院事，左丞相其勿復置。」

戊申，太禧宗禋使阿里海牙爲中書平章政事。命中書左丞史惟良、參知政事和尚總督建言之事。是月，典瑞院使阿魯等使高麗，册高麗世子楨爲開府儀同三司、征東行省左丞相、高麗國王。

三月甲寅，乖西蠻入寇。丁巳，徙封濟陽王木楠子爲燕王，吴王濲皮爲濟陽王。戊午，封皇子阿剌忒納答剌爲燕王。廷試進士，賜篤列圖、王文燁等九十七人及第、出身有差。河南行省平章政事乞住爲雲南行省平章政事，八番順元宣慰使帖木兒不花爲雲南行省左丞，從豫王討雲南。癸亥，諸王桑哥班、撒忒迷失、買哥分使燕只吉台、不賽因、月即别三藩。丁卯，命御史大夫鐵木兒補化等振舉臺綱。辛未，封知樞密院事不花帖木兒爲武平郡王。録討秃堅功，雲南宣慰使舉宗、禄余並遥授雲南行省參知政事。壬申，祔明宗皇帝於太廟。甲戌，封諸王速來蠻爲西寧王。乙亥，西番哈剌火州來獻蒲桃酒。丙子，改山東都萬户府爲都督府。雲南木邦酋渾都來獻方物。賜燕鐵木兒定策元勛碑。辛巳，諸王哈兒蠻遣使貢蒲萄酒。

夏四月甲申，有事於太廟。丙戌，封也真也不干爲桓國公。丁酉，遣諸王桑兀孫還雲南。明宗皇后八不沙崩。雲南宣慰使禄余殺烏撒宣慰司官吏，叛附伯忽，羅羅諸蠻俱叛，平章政事帖木兒不花死之。戊申，諸王云都帖木兒將江浙、江西、河南三行省兵，與湖廣行省平章政事脱歡討雲南。

五月乙卯，以受尊號，告祭南郊。戊午，御大明殿，燕鐵木兒率百官及僧道耆民，上尊號曰欽天統聖至德誠功大文孝皇帝。是日，改元至順。詔河南、懷慶、衛輝、晉寧四路曾經賑濟人户〔一〕，今歲差發全行蠲免。其餘被災路分已經賑濟者，腹裏差發、江淮夏税，俱免三分。庚申，以受尊號，謝太廟。甲子，申命燕鐵木兒爲中書右丞相，詔天下。丁卯，翰林國史院進《英宗實録》。戊辰，車駕幸上都，次大口。阿憐帖木兒爲大司徒。遣豫王阿剌忒納失里鎮西番。趙世延加翰林學士承旨，封魯國公。己巳，車駕次龍虎臺。辛未，置宣忠扈衛親軍都萬户府。太禧宗禋使亦列赤爲中書平章政事。癸酉，遣使勞雲南軍。甲戌，八番乖西蠻作亂。乙亥，置順元宣撫使司，統荅剌罕軍討雲南。是月，以浙東宣慰使陳天祐、湖廣行省參知政事樊楫死事，贈天祐推忠秉義全節功臣，江浙行省左丞，追封河南郡公，楫推忠宣力效節功臣、江浙行省右丞、上黨郡公。

六月丙戌，車駕至上都。丙申，立行樞密院，徹里鐵木兒知行樞密院事，探馬赤同知樞密院事，教化爲樞密副使，率朵甘思、朵思麻及鞏昌兵萬三千人，從鎮西武靖王搠思班、豫王阿剌忒納失里分道討雲南。庚子，内侍撒里爲大司徒。殺知樞密院事闊徹伯、脱脱木兒，通政使只兒哈郎，翰林學士承旨教化的、伯顔也不干，燕王宫相教化的、斡羅思，中政使尚家奴、秃烏台，阿速衛指揮使那海察、拜住，並籍其家。乙巳，羅羅斯蠻酋撒加伯合烏蒙蠻寇建昌縣，雲南行省右丞躍里帖木兒敗之，四川兵又敗撒加伯於蘆古驛。丁未，改東路蒙古軍元帥府爲東路欽察軍萬户府。

秋七月辛亥，封諸王按渾察爲廣寧王。丁巳，諸王不賽因遣使來朝。乙丑，翰林學士承旨也兒吉尼知樞密院事。丁丑，故丞相鐵木迭兒子匠作使鎖住與其弟觀音奴及太醫院使野里牙等，祭北斗咀咒，事覺，俱伏誅，並殺前刑部尚書烏馬兒、前御史大夫孛羅、上都留守馬兒。

閏月庚辰朔，封諸王卯澤爲永寧王。辛卯，陝西行臺御史中丞脱亦納爲中書參知政事，中書平章政事趙世延罷爲翰林學士承旨。癸巳，月魯帖木兒爲大司徒。丁酉，車駕發上都。戊戌，封甘肅行省平章政事乃馬台爲宣寧郡王，駙馬謹只兒爲鄆國公，並知行樞密院事。戊申，加封宣聖父叔梁紇爲啟聖王，母顔氏爲啟聖王夫人，顔子爲兖國復聖公，曾子郕國宗聖公，子思沂國述聖公，孟子鄒國亞聖公，程顥爲豫國公，程頤爲洛國公。羅羅斯酋撒加伯等寇建昌，四川行省以兵討之。廣西猺賊寇修仁、荔浦諸縣，廣西元帥府以兵討之，獲其酋于國安。

八月丁巳，諸王月即別遣使來朝。己未，車駕至自上都。甲子，忠州蠻酋黄祖顯遣其子來獻方物。乙丑，遣使至真定玉華宫，祀睿宗及莊聖皇后。壬申，興舉蒙古字學。

九月庚辰，大寧路地震。罷入粟補官例。甲申，不蘭奚、月魯帖木兒並授大司徒印。遼陽行省平章政事哈剌鐵兒爲御史葛明誠所劾，免官。己丑，嶺北行省平章政事哈八兒禿爲御史朵羅台、王文若所劾，免官。癸巳，封魏王阿木哥子阿魯爲西靖王。甲午，竄湖南行省平章政事速速於雷州。丙子，中書左丞史惟良致仕。丁未，中書參知政事張友諒爲中書左丞。知樞密院事脱别台出爲陝西行臺御史大夫。

冬十月己未，中書右丞相燕鐵木兒等告於太廟，請以太祖皇帝配享南郊。辛酉，帝服大裘衮冕，祀昊天上帝於南郊，以太祖皇帝配享。中書右丞相燕鐵木兒爲亞獻，御史大夫帖木兒補化爲終獻。乙丑，廣西猺賊寇横州及永淳縣。辛未，烏蒙路蠻酋阿朝降。乙亥，撒敦、唐其勢並賜號答剌罕。

十一月戊寅，伯忽及其弟伯察兒等俱伏誅。丙戌，躍里帖木兒敗羅羅斯諸蠻於建昌木托山。辛卯，闊闊台知樞密院事。癸巳，阿禿伏誅。甲午，諸王按灰坐歐傷巡檢，杖謫廣寧。乙未，躍里帖木兒等平雲南。

十二月戊申，以立皇太子，遣知樞密院事伯顏告於郊廟。己酉，以漢儒董仲舒從祀孔子廟。辛亥，立皇子燕王阿剌忒納答剌爲皇太子。戊午，以郊祀禮成，帝御大明殿受百官賀，大赦天下。甲戌，御史中丞和尚坐貪縱，免官禁錮。

二年春正月戊寅，烏撒、烏蒙諸蠻及東川夷獠俱來降。癸未，立侍正府，伯顏、月魯帖木兒等十四人並以本官兼侍正。乙酉，有事於太廟。庚寅，改東路蒙古軍萬户府爲東路蒙古親軍都指揮使司。諸王哈兒蠻遣使貢葡萄酒。辛卯，皇太子阿剌忒納答剌卒。己亥，吏部尚書撒里瓦、禮部郎中趙期頤頒即位詔於安南並賜以新曆。甲辰，建孔子廟於後衛。

二月丙戌〔二〕，上都留守乃馬台知嶺北行樞密院事，太禧宗禋使謹只兒、答鄰答里、馬列捏並知樞密院事，遥授平章政事。四川懷德府驢谷什用等四洞及生蠻十二洞，俱來降，改懷德府爲宣撫司。湖廣行省參知政事徹里帖木兒及速速、班丹俱坐出言怨望，流徹里帖木兒於廣東，班丹於廣西，速速於海南，並籍其家。壬子，中書平章政事亦列赤兼瀋陽等路安撫使，伯撒里爲中書平章政事，朵兒只班爲中書參知政事。乙卯，雲南叛蠻悉降。壬戌，改封寧王徹徹秃爲郯王。庚午，占城國遣使來貢方物。郯王徹徹秃及諸王沙哥坐安言不道，安置徹徹禿於廣州，沙哥於雷州。甲戌，荆王也不干遣使貢犁牛。雲南景東蠻酋阿只弄遣其子來獻馴象。

三月戊子，諸王阿魯出鎮陝西。己丑，江浙行省平章政事童童爲御史所劾，免官。庚寅，命威順王寬徹不花仍鎮湖廣。癸巳，雲南賊也不干、羅羅、脱脱木兒等俱伏誅。庚子，立宮相都總管府。

夏四月戊申，以宮中高麗女子不顔帖你賜燕鐵木兒。高麗國王請獻國中田爲資送，遣使往受之。庚戌，建燕鐵木兒生祠於紅橋，並賜功德碑。壬子，燕鐵木兒總制宮相府事，也不倫、伯撒里並以本官兼都達魯花赤。甲寅，改宣忠扈衛親軍都萬户府爲宣忠斡羅斯扈衛親軍都指揮使司。乙卯，有事於太廟。鎮西武靖王搠思班等以雲南平，各遣使來獻捷。庚申，徵河南儒士吴炳爲藝文監典簿，炳不至。壬戌，探馬赤爲雲南行省平章政事，總制境内軍事。

五月己卯，安南世子陳日焯遣使來貢方物。己丑，置八百等處宣慰司都元帥府，臨安元江等處宣慰司〔三〕。癸巳，雲南威楚路蒲蠻猛吾來獻方物，願入銀爲歲賦，詔置散府一、土官三十三，皆賜金銀符。甲午，封宣政使脱力爲薊國公。乙未，陝西行臺御史大夫脱别台知樞密院事。御史大夫玥璐不花罷。奎章閣大學士趙世延等進《皇朝經世大典》。丙中，車駕幸上都。戊戌，次紅橋，祀燕鐵木兒生祠。己亥，也兒吉尼知行樞密院事。八百等處蠻酋來獻方物。癸卯，也兒吉尼加太尉。

六月丙寅，雲南烏撒、羅羅斯諸蠻復叛。是月，加封鄆國夫人并官氏爲大成至聖文宣王夫人。

秋七月己卯，曲赦雲南叛蠻禄余等。壬午，監察御史張益等劾四川行省平章政事欽察台反覆不可信任，流欽察台於廣東，同妻孥禁錮，仍詔御史臺凡憸人如欽察台者，其極言之。丁亥，瓊州黎賊作亂。壬辰，知樞密院事脱別台爲御史大夫。戊戌，封伯顔爲浚寧王。庚子，廣西猺賊平。辛丑，懷德府二十一洞蠻來獻方物。

八月甲辰朔，日有食之。封脱憐忽秃魯爲靖恭王，阿藍朵兒只爲懿德王。諸王不賽因遣使來朝。辛亥，車駕至自上都。壬子，諸王答兒麻失理遣孛兒只吉歹等來貢方物。丙辰，封怯列該爲豐國公。己未，諸王不賽因遣使來言其臣怯列木丁矯王命入朝，請執以歸。敕怯列木丁乘馹還。

九月丙子，雲南東川路總管普沂先那具殺宣慰使月魯以叛，西域指揮使鎖住以兵討之。海南賊王周率十九洞黎蠻作亂，湖廣行省左丞移剌四奴以兵討之。庚寅，幸大承天護聖寺。禄余寇順元路。

冬十月己酉，有事於太廟。辛亥，召江南行臺御史大夫阿兒思蘭海涯至京師。癸丑，幸大承天護聖寺。蒙古都元帥怯烈敗阿禾黨於靖江路。乙丑，立昭功萬户都總使府。

十一月壬申朔，日有食之。乙亥，李彦通、蕭不蘭奚等謀反，伏誅。丙子，封諸王斡即爲保寧王。己卯，封藴班爲豳國公。辛巳，户部尚書耿煥爲中書參知政事。癸未，養燕鐵木兒之子塔剌海爲皇子。荆王也速也不干貢犁牛四百。

十二月壬子，命諸王忽剌出復鎮雲南。戊午，諸王秃列帖木兒來獻馬及蒲萄酒。庚申，遣集賢直學士答失蠻至真定玉華宫祀睿宗及莊聖皇后。

三年春正月辛未朔，高麗國遣使賀正旦兼貢方物。癸酉，前高麗王燾仍爲高麗國王。己卯，有事於太廟。廣西羅偉里蠻合龍州落羽蠻作亂。丁亥，幸大承天護聖寺。戊子，萬安軍黎賊寇陵水縣。庚子，封公主桑哥不剌爲鄆國大長公主。夔州路洞蠻寇施州。

二月辛丑朔，八番蠻酋駱度來獻方物。甲辰，諸王答兒蠻失里、哈兒蠻各遣使貢馬及金鵶鶻、蒲萄酒。乙巳，湖廣行省平章政事玥璐不花爲陜西行臺御史大夫。戊申，禄余合芒部蠻寇羅羅斯及東川、會通等州，己酉，禄余乞降。己巳，詔修曲阜宣聖廟。

三月庚午朔，遣使賜諸王不賽因繡彩幣帛。爪哇國遣使奉表貢方物。丁亥，諸王伯岳兀、完者帖木兒來朝。戊子，占城國遣使奉金字表，貢方物。癸巳，皇子古剌答納更名燕帖古思。丁酉，緬國遣使貢方物。

夏四月壬寅，四川師壁、散毛、盤速出三洞蠻酋來獻方物。戊申，大寧路地震。四川大盤洞蠻來獻方物。丙辰，諸王不別居法郎及不賽因各遣使貢方物。乙丑，安南世子陳日焯遣使貢方物。安西王月魯帖木兒與國師必剌忒納失里沙津、畏兀僧玉你達八的刺板的謀爲不軌，事覺皆伏誅。

五月戊寅，幸大承天護聖寺。京師地震，有聲。庚寅，車駕幸上都。

六月己亥朔，赦天下。以月魯帖木兒等罪狀詔諭中外。己酉，御史中丞趙世安爲中書左丞。癸亥，知樞密院事也卜倫加開府儀同三司。

秋七月戊辰朔，諸王答里麻失里等遣使獻虎豹。丁丑，移剌四奴以兵討廣東黎賊。壬辰，不賽因遣使貢七寶水晶。甲午，諸王月即別遣使貢方物。宥諸王徹徹禿、沙哥還本部。

八月癸卯，吳王木楠子及諸王答都阿海、鎖南管卜、帖木兒赤、帖木迭兒等來朝。乙巳，天鼓鳴於西北。丙午，祭社稷。丁未，有事於太廟。己酉，帝崩於上都，在位五年，年二十有九。癸丑，葬起輦谷。

元統元年十一月辛亥，上尊謚曰聖明元孝皇帝，廟號文宗，國語曰札牙篤皇帝。

寧宗沖聖嗣孝皇帝，諱懿璘質班，明宗第二子也。母曰皇后乃蠻真氏。天曆二年二月，封鄜王。

至順三年八月，文宗駐蹕上都，疾大漸，召皇后及丞相燕鐵木兒至榻前曰：「旺忽察都之事，爲朕平生大錯，悔之無及。燕帖古思雖朕子，然天下乃明宗之天下也。汝等如愛朕，其召妥懽帖木兒立之。朕見明宗於地下，亦可以自解矣。」言訖而崩。燕鐵木兒不欲立妥懽帖木兒，秘遺詔不發，揚言大行皇帝申固讓夙志，傳位於明宗之子，請以帝入承大統，遣使徵諸王會京師，中書庶務啟皇后取進止。

九月辛巳，京師地震。

冬十月庚子，帝即位於大明殿。詔曰：

洪惟太祖皇帝啟闢疆宇，世祖皇帝統一萬方，列聖相承，法度明著。我曲律皇帝入纂大統，修舉庶政，動合成法，授大寶位於普顔篤皇帝以及格堅皇帝。曆數之歸，實當在我忽都篤皇帝、扎牙篤皇帝，而各播越遼遠。時則有若燕鐵木兒，建義效忠，戡平內難，以定邦國，協恭推戴扎牙篤皇帝。登極之始，即以讓兄之詔明告天下，奉璽紱遠迓忽都篤皇帝。及忽都篤皇帝奄棄臣庶，扎牙篤皇帝復正宸極，仁義之至，視民如傷，恩澤旁被，無間遠邇。顧育眇躬，尤篤慈愛。賓天之日，皇后傳顧命於太師太平王右丞相答剌罕燕鐵木兒、太保浚寧王知樞密院事伯顔等，謂聖體彌留，益推固讓之初志，以宗社之重，屬諸忽都篤皇帝之世嫡。乃遣使召諸正宗親，以十月一日來會於大都，與宗王、大臣同奉遺詔勸進。朕以至順三年十月初四日即皇帝位於大明殿。可大赦天下。大都、上都、興和三路差税免三年。腹裏差發並諸郡不納差發去處税糧，十分爲率，免二分。江淮以南，夏税亦免二分。土木工役，除倉庫必合修理外，毋創造以紓民力。民間應有逋欠差税課程，盡行蠲免。監察御史、肅政廉訪司官並內外三品以上正官，歲舉才堪守令者一人，申省部先行録用，如稱職，舉官優加旌擢。重囚淹禁三年以上，疑不能決者，申省部詳讞釋放。學校農桑、孝義貞節、科舉取士、國學貢試，並依舊制。廣海、雲南梗化之民，詔書到日，限六十日內出官，與免本罪。

辛丑，知樞密院事撒敦爲御史大夫〔四〕，中書右丞撒迪爲平章政事，宣政使闊里吉思爲中書右丞，中書平章政事禿兒哈鐵木兒知樞密院事。甲寅，不賽因遣使貢塔里牙、佩刀。乙卯，以即位告祀南郊。己未，告祀太廟。庚申，告祀社稷。是月，立皇后弘吉剌氏。

十一月壬申，命郯王徹徹禿鎮遼陽。甲戌，以上皇太后玉册，告祭南郊及太廟。戊寅，尊皇后曰皇太后。己卯，御大明殿受朝賀。壬辰，帝崩，年七歲。甲午，葬起輦谷。

至元三年正月辛亥，上尊謚曰冲聖嗣孝皇帝，廟號寧宗。

史臣曰：燕鐵木兒挾震主之威，顓權用事。文宗垂拱於上，無所可否，日與文學之士從容翰墨而已。昔漢靈帝好詞賦，召樂松等待詔鴻都門，蔡邕露章極諫，斥爲俳優。况區區書畫之玩乎？君子以是知元祚之衰也。《春秋》之義，未踰年之君稱子。寧宗即位匝月而殤，乃入廟稱宗，其廷臣不學如此，豈非失禮之大者哉！

**【校勘記】**

〔一〕「晉寧」，原作「普寧」，據中華書局點校本《元史》卷三四本紀第三十四《文宗三》校勘記一〇改。

〔二〕「二月丙戌」疑誤，中華書局點校本《元史》卷三五本紀第三十五《文宗四》至順二年同條改作「二月丙午朔」。

〔三〕「臨安」，原作「臨江」，據本書卷四九《地理志四》改。

〔四〕「撤敦」，原本作「撒敦」，據上文及《元史》卷三七本紀第三十七《寧宗》至順三年十月辛丑條改。

# 新元史卷之二十三　本紀第二十三

## 惠宗一

惠宗皇帝諱妥懽帖木耳，明宗長子也。母曰貞裕徽聖皇后罕禄魯氏，延祐七年夏四月丙寅生帝於北邊。

至順元年夏四月，文宗將立其子阿剌忒納答剌爲皇太子，乃以八不沙皇后言明宗平日謂太子非其子，使翰林學士阿憐帖木耳等書其事於《脱卜赤顔》，遂徙帝於高麗之大青島。未幾，有飛語謂高麗與遼陽行省將奉帝起事。

二年十二月，文宗復召帝還，使學士虞集草詔布告天下，謂帝非文宗之子，徙帝於廣西之静江。

文宗崩，遺命傳位於帝。燕鐵木兒矯詔立寧宗。寧宗崩，復言於皇太后，請立文宗子燕鐵古思。皇太后曰：「吾兒尚幼，妥懽帖木兒在廣西，今年十三矣，且明宗長子，宜立之。」乃命中書右丞闊里吉思迎帝於静江。

元統元年春二月，帝至良鄉，具鹵簿導入。燕鐵木兒與帝並馬徐行，陳迎立之意。帝畏之，不能答。燕鐵木兒疑帝意不可測，故帝至，久不得立。國事皆決於燕鐵木兒，奏皇太后行之。

五月，燕鐵木兒卒，皇太后始與羣臣定議以帝承大統，且曰：「萬歲之後，其傳位於燕帖古思，若武宗、仁宗故事。」

夏六月己巳，帝即位於大都，大赦天下。詔曰：

洪惟我太祖皇帝受命於天，肇造區夏。世祖皇帝奄有四海，治功大備。列聖相傳，丕承前烈。我皇祖武宗皇帝入纂大統。及致和之季，皇考明宗皇帝遠居沙漠，札牙篤皇帝戡定内難，以天下讓。我皇考賓天，札牙篤皇帝復正宸極。治化方隆，奄棄臣庶。今皇太后召大臣燕鐵木兒、伯顔等曰：「昔者闊徹、脱脱木兒、只兒哈郎等謀逆，以明宗太子爲名，又先爲八不沙皇后妄搆誣言，疏離骨肉。」逆臣等既正其罪，朕遂遷於外。札牙篤皇帝後知其妄，尋至大漸，顧命有曰：「朕之大位，其以兄子繼之。」時朕遠在南服，遂以朕弟懿璘質班登大位，以安百姓，乃又遽至大故。皇太后體札牙篤皇帝遺意，以武宗皇帝之元孫，明宗皇帝之世嫡，以賢以長，在予一人，遣使迎還，徵宗室諸王來會。今奉皇太后勉進之篤，宗室諸王懇請之至，以至順四年六月初八日即皇帝位於大都。於戲！惟天惟祖宗全付予有家，慄慄危懼，若涉淵冰，罔知攸濟。尚賴宗親臣鄰，交修不逮，以底隆平。咨爾多方，體予至意。

辛未，伯顏爲太師、中書右丞相，撒敦爲太傅、左丞相。是月，京師大水。

秋八月壬申，鞏昌徽州山崩。是月，立燕鐵木兒女伯牙吾氏爲皇后。

九月庚申，詔太師伯顏、太傅撒敦外，餘官不得兼領三職。

冬十月丙寅，鳳州山崩。戊辰，改元元統，詔曰：「在昔世祖皇帝紹開丕圖，稽古建元，立經陳紀，列聖相承，恪遵成憲。肆予冲人，嗣大曆服，茲圖治之云初，嘉與民而更始。乃新紀號，誕告多方，其以至順四年爲元統元年。」

癸酉，傀羅蠻酋渾鄧馬弄來貢方物。丁丑，依皇太后行年，釋重囚二十七人。戊子，封撒敦爲榮王，唐其勢襲太平王。

十一月丙申，成紀縣山崩地裂。丁酉，有事於太廟。辛亥，上札牙篤皇帝尊謚爲聖明元孝皇帝，廟號文宗。封伯顏爲秦王。是日，秦州山崩地裂。乙卯，詔伯顏、撒敦統百官，總庶政。

十二月乙丑，廣西猺陷道州，千户郭震死之。甲戌，禿堅帖木兒加太尉致仕。乙亥，立徽政院。是年，廷試進士百人，左右榜各三人，同同、李齊等賜及第、出身有差。

元統二年春正月庚寅朔，汴梁路雨血。辛卯，御史大夫脱列台爲中書平章政事，阿里海涯出爲河南行省左丞相。丁酉，有事於太廟。戊戌，四川大盤洞蠻酋謀谷什用來獻方物。吏部尚書帖住等使安南。己酉，以上文宗尊謚，告祀南郊。甲寅，立行宣政院於杭州。乙卯，雲南姚安路總管高明來獻方物。

二月己未朔，詔内外興學校。乙丑，燕不鄰爲太保。戊辰，封也真也不干爲昌寧王。丁丑，封皇姑妥妥輝爲英壽大長公主。三月癸巳，廣西猺賊復叛，同知元帥吉列思死之。復立西番巡捕都元帥府。丁未，河南行省左丞相阿里海涯爲江浙行省左丞相。壬子，廣西猺賊寇全州。

夏四月戊午朔，日有食之。庚申，封諸王鑾子爲文濟王。壬申，唐其勢、馬札兒合並爲御史大夫。己卯，祔文宗皇帝於太廟，帝親行告祭禮。左丞相撒敦加開府儀同三司、上柱國、録軍國重事。壬午，特録許衡孫從宗爲章佩監提點。是月，車駕幸上都。

五月辛卯，唐其勢爲中書左丞相，撒敦仍商量中書省事。戊申，詔文濟王鑾子鎮大名，西靖王阿魯鎮雲南。是月，賜涪州萬户府知事闞文興謚英毅侯，妻王氏貞烈夫人，廟號雙節。

六月乙亥，唐其勢辭左丞相不拜，撒敦復爲左丞相。乙酉，追封燕鐵木兒爲德王，謚忠武。是月，彰德路雨白毛。

秋七月辛卯，祭太祖、太宗、睿宗御容。

八月辛未，赦天下。京師地震。雞鳴山崩陷爲池。

九月辛卯，車駕至自上都。甲午，廣西猺賊陷賀州，都元帥章伯顏以兵討之。

冬十月戊午，有事於太廟。辛酉，侍御史許有壬爲中書參知政事。丁卯，立湖廣黎兵屯田萬户府。

十一月己卯，上皇太后尊號曰贊天開聖仁壽徽懿昭宣皇太后。赦天下，免今年民租之半，内外官四品以下減一資。是月，鎮南王孛羅不花來朝。始以宣慈惠聖皇后配享武宗。

十二月甲戌，詔整治學校。

至元元年春正月癸巳，命廉訪司察勸農官勤惰，上於大司農司，以憑黜陟。

二月戊午，祭社稷。己卯，以上皇太后尊號，告祀南郊。

三月癸未朔，遣五府官決天下囚。平伐、都雲、定雲等蠻來降。辛卯，以上皇太后尊號，告祀太廟。庚子，禁選高麗女子。議罕禄魯太后祔廟禮。乙巳，封安南世子陳端午爲安南王。

夏四月辛酉，有事於太廟。江南行臺中丞不花爲中書參知政事。五月丙戌，占城國遣使貢方物，且言安南阻其貢道，遣使諭安南國。戊子，車駕幸上都。遣使祭曲阜孔子廟。甲辰，伯顏請以右丞相讓唐其勢，不允，命唐其勢爲左丞相。

六月庚辰，唐其勢及其弟塔剌海作亂，伏誅。廢皇后伯牙吾氏。

秋七月辛巳朔，馬札兒台、阿察赤並爲御史大夫，御史中丞撒迪爲中書平章政事。壬午，伯顏弑廢后伯牙吾氏。甲申，孛羅爲中書平章政事。丁亥，有事於太廟。壬寅，伯顏爲中書右丞相，罷左丞相不置。癸卯，知樞密院事阿吉剌爲中書平章政事。戊申，燕鐵木兒弟答里等伏誅。伯顏賜號答剌罕，赦天下。是月，江南行臺中丞納麟爲中書參知政事。

八月戊午，祭社稷。癸亥，淇陽王完者帖木兒、知樞密院事帖木兒不花並爲御史大夫。甲子，完者帖木兒加太傅。己卯，尊皇太后爲太皇太后。

九月丙戌，赦天下。知樞密院事定住爲中書平章政事。丁亥，封定住爲宣德王，知樞密院事闊里吉思爲宣國公。丙午，車駕至自上都。

冬十月丙辰，大司農塔失海牙爲太尉、商議中書省事。丁巳，塔失帖木兒爲太禧院使、議軍國重事。流諸王晃火帖木兒及答里、唐其勢子孫於北邊。癸亥，流御史大夫完者帖木兒於嶺南。平章政事撒迪爲御史大夫。辛未，太皇太后册寶成，告祀太廟。

十一月庚辰，罷科舉。丁酉，户部尚書徐奭、吏部尚書定住參議中書省事。戊戌，詔前知樞密院事福丁、失剌不花、撒兒的哥還京師。辛丑，改元至元，詔曰：

朕祗紹天明，入纂丕緒，於今三年，夙夜寅畏，罔敢怠荒。兹者年穀順成，海宇清謐，朕方增修厥德，日以敬天恤民爲事，屬太史上言，星文示儆。將朕薄德，有所未逮歟？抑天心仁愛，俾予以治，有所告戒歟？弭災有道，善政爲先，更號紀年，實惟舊典。惟世祖皇帝在位長久，天人協和，諸福咸至，祖述之志，良切朕懷。今特改元統三年仍爲至元元年。遹遵成憲，誕布寬條，庶格禎祥，永綏景祚。

是日，赦天下。

十二月丙辰，徵高麗前王阿剌忒納失里入朝。乙丑，上太皇太后尊號曰贊天開聖徽懿宣昭貞文慈佑儲善衍慶福元太皇太后。

閏月戊子，宗正府復爲大宗正府。戊戌，中書平章政事徹里帖木兒有罪免。壬寅，流徹里帖木兒於安南。

是年，太廟惟舉冬、夏二享。

二年春正月，置都水庸田使司於平江。

二月戊寅朔，祭社稷。丁酉，追尊帝生母罕禄魯氏爲貞裕徽聖皇后。庚子，宣靖王買奴進封益王。

夏四月戊寅，封駙馬孛羅帖木兒爲毓德王。庚寅，知樞密院事帖木兒不花爲中書平章政事。壬寅，車駕幸上都。中書右丞耿焕罷爲侍御史，王懋德爲中書右丞。

五月丙午朔，河復故道。壬申，秦州山崩。

六月丁丑，贈諸王忽部答兒爲雲安王，追謚忠武。羅羅歹爲保寧王，追謚昭勇。戊子，帖木兒補化出爲江浙行省左丞相。

秋七月庚戌，定住、鎖南參議中書省事。

八月甲戌朔，日有食之。戊寅，祭社稷。壬辰，立屯衛於馬札罕之地。

九月戊辰，車駕至自上都。

冬十月己卯，有事於太廟。己亥，詔每日丞相伯顔、太保定住、平章政事孛羅、阿吉剌議事於内廷，平章政事塔失海牙，右丞鞏卜班，參知政事納麟、許有壬議事於中書省。是月，高麗王普塔失里來朝。

十一月壬子，那海爲湖廣行省平章政事，討廣西叛猺。祔武宗宣慈惠聖皇后、英宗莊静懿聖皇后、明宗貞裕徽聖皇后於太廟。癸亥，安置諸王不蘭奚於梧州。

十二月丙子，詔羣臣議懿璘質班皇帝廟謚。諸王也孫帖木兒來獻馬。

是年，太廟惟舉冬享。江浙大旱，自春至於八月不雨。

三年春正月癸卯，廣州增城縣賊朱光卿僞稱大金國，改元赤符，指揮使狗札里、江西行省左丞沙的以兵討之。辛亥，上懿璘質班皇帝尊謚冲聖嗣孝皇帝，廟號寧宗。癸丑，立寧夏屯田萬户府。戊午，畋於柳林，凡三十五日。監察御史丑的、宋紹明進諫，帝賜以金幣。丑的等固辭，帝曰：「昔魏徵進諫，唐太宗賞之，未嘗不受。汝其受之。」

二月壬申朔，日有食之。陳州賊胡閏兒作亂，河南行省左丞慶童以兵討之。壬午，以上太皇太后册寶，恭謝太廟。甲申，定服色、器皿、輿馬之制。辛卯，廣西猺賊復叛，湖廣行省平章政事那海、江西行省平章政事秃兒迷失海牙以兵討之。丙申，太保定住卒。

三月戊午，立弘吉剌氏爲皇后。是月，天雨綫。

夏四月甲戌，有星孛於王良，至七月壬寅没於貫索。以立皇后，告謝太廟。己卯，車駕幸上都。辛卯，合州大足縣賊韓法師僞稱趙王，行省參知政事舉里等以兵討之。己亥，惠州歸善縣賊聶秀卿、覃景山等作亂，江西行省左丞沙的以兵討之。是月，禁漢人、南人習蒙古、色目文字。

五月辛丑，民間謌言拘刷童男、童女，一時嫁娶殆盡。甲寅，哈八兒秃、秃堅帖木兒並爲太尉。西番叛，鎮西王世子黨兀班死之。宣政院使也先帖木兒以兵討西番。

六月戊寅，追贈丞相安童推忠佐運開國元勳、東平忠憲王。是月，大霖雨京師，河南北俱大水。

秋七月己亥，封平章政事鞏卜班爲西平王。庚子，彗星見天市垣。丙午，車駕幸失剌斡耳朵。丁未，車駕幸上都之龍岡，灑馬湩祭天。壬子，車駕幸乾元寺。是月，狗札里、沙的獲朱光卿，廣州平。

八月戊辰，祭社稷。壬午，京師地震，太廟梁柱裂，文宗神主及御床皆碎。是月，車駕至自上都。

九月己酉，立四川、湖廣、江西、江浙行樞密院。

冬十月乙亥，江浙行省參知政事捌思監提調海運。

十一月丁巳，詔脱脱木兒襲脱火赤荊王封，仍命其妃忽剌灰同治兀魯特事。

十二月己巳，有事於太廟。是月，馬札兒台爲太保。

四年，春正月丙申，以地震大赦天下。辛酉，壽王乃馬歹知行樞密院事。是月，修曲阜孔子廟。

二月丁卯，罷河南、江西、江浙、湖廣、四川等處行樞密院。戊辰，祭社稷。庚午，畋於柳林。

三月辛酉，中書平章政事阿吉剌監修《至元條格》。告祭南郊。諸王玉里不花爲知樞密院事。國王朵兒只爲遼陽行省左丞相，以乃蠻台襲國王。

夏四月，京師雨紅沙，晝晦。辛未，探馬赤、只兒瓦歹爲中書平章政事。癸酉，脱脱爲御史大夫。乙亥，阿吉剌罷爲奎章閣大學士。己卯，車駕幸上都。胡閏兒伏誅。

五月，阿吉剌復爲中書平章政事。

六月辛巳，袁州賊周子旺僭稱周王，尋伏誅。南勝縣賊李志甫圍漳州，浙江行省平章政事別不花以兵討之。

秋七月丙辰，鞏昌山崩。

八月癸亥朔，日有食之。戊辰，祭社稷。丙子，京師地震。甲申，雲南老告蠻酋八那來獻象馬，立老告軍民總管府。是月。車駕至自上都。

冬十月辛卯，有事於太廟。

十一月丁卯，立紹熙府軍民宣撫都總使司。壬午，四川散毛洞蠻叛。

十二月戊戌，立邦牙等處宣慰司都元帥府。壬寅，汪家奴知樞密事，宣徽使別兒怯不花爲御史大夫。庚戌，加荊王脱脱木兒元德上輔廣中宣義正節振武佐運功臣。

五年春正月癸亥，禁濫予僧人名爵。

二月戊戌，祭社稷。

三月，中書平章政事阿吉剌出爲遼陽行省平章政事。

夏四月，車駕幸上都。

秋七月丁丑，封皇姊月魯公主爲昌國大長公主。戊寅，詔諸王位下官毋入常選。

八月丁亥，車駕至自上都。戊子，祭社稷。

冬十月辛卯，有事於太廟。甲午，伯顏爲大丞相，加元德上輔功臣，賜七寶玉書、龍鳳金符。

十一月戊辰，河南行省掾范孟端詐爲詔書，殺行省平章政事月魯帖木兒、右丞劫烈、廉訪使完者不花等，執大都路儒學提舉歸暘，暘不屈。未幾，孟端伏誅，擢暘爲監察御史。

十一月，中書省斷事官頭麟等使高麗，執高麗王普塔失里以歸。

十二月辛卯，復立都水庸田使司於平江。是月，伯顏殺郯王徹徹禿，貶宣讓王帖木兒補化，奪其印。

六年春正月甲戌，立司禋監，奉太祖、太宗、睿宗御容。

二月甲申朔，權止今年印鈔。戊子，祭社稷。己亥，中書大丞相伯顏罷爲河南行省左丞相，詔曰：「朕踐位以來，命伯顏爲太師、秦王、中書大丞相，而伯顏不能安分，專權自恣，欺朕年幼，輕視太皇太后及朕弟燕帖古思，變亂祖宗成憲，虐害天下。加以極刑，允合輿論。朕念先朝之故，尚存憫恤。今命伯顔出爲河南行省左丞相。所有元領諸衛新軍並怯薛丹人等[一]，詔書到時，即許散還。」

是日，太保馬札兒台爲太師、中書右丞相，太尉塔失海牙爲太傅，知樞密院事塔馬赤爲太保，御史大夫脱脱爲知樞密院事，汪家奴爲中書平章政事，嶺北行省平章政事也先帖木兒爲御史大夫。壬寅，詔除知樞密院事脱脱外，諸王、大臣不得帶弓刀輒入宫禁。己酉，彗星見，狀如紛絮。

三月甲寅，漳州人陳君用殺李志甫，以君用同知漳州路總管府事。辛未，遷伯顔於南恩州陽春縣。丁丑，治書侍御史達識帖睦邇爲奎章閣大學士。辛巳，彗星見。是月，釋高麗王普塔失里，復其位。

夏四月己丑，有事於太廟。庚寅，同知樞密院事鐵木兒達識爲中書右丞。丙午，封馬札兒台爲忠王，賜號答剌罕，馬札兒台固辭。是月，立高麗女奇氏爲第二皇后。

五月己未，追封鎮西王世子黨兀班爲涼王，謚忠烈。丙子，車駕幸上都。

六月丙申，撤文宗廟主，徙太皇太后於東安州安置，放燕帖古思於高麗。詔曰：

昔我皇祖武宗皇帝升遐之後，祖母太皇太后惑於憸慝，俾皇考明宗皇帝出封雲南。英宗遇害，我皇考以武宗之嫡，逃居朔漠，宗王大臣同心翊戴，肇啟大事，於時以地近，先迎文宗暫總機務。繼知天理人倫之攸當，假讓位之名，以寶璽來上，皇考推誠不疑，即授以皇太子寶。文宗稔惡不悛，當躬迎之際，與其臣月魯不花、也里牙、明里董阿等謀爲不軌，使我皇考飲恨上賓。歸而再御宸極，海内聞之，靡不切齒。又私圖傳子，乃構邪言，嫁禍於八不沙皇后，謂朕非明宗之子，俾朕出居高麗。祖宗大業，幾於不繼。上天不祐，隨降隕罰。叔嬸不答失里怙其勢焰，不立朕，而立朕之幼弟懿璘質班，奄復不年。諸王、大臣以賢以長，扶朕踐阼。每念治必本於盡孝，事莫先於正名。賴天之靈，權奸屏黜，永惟鞠育罔極之恩，忍忘不共戴天之義。既往之罪，不可勝誅，其命太常撤去圖帖木兒廟主。不答失里本朕嬸母，僭膺太皇太后之號，迹其閨門之禍，離間骨肉，罪惡尤重，揆之大義，宜削鴻名，徙東安州安置。燕帖古思昔雖幼沖，理難同處，朕終不陷於覆轍，專行殘酷，其放諸高麗。當時賊臣月魯不花、也里牙已死，其以明里董阿等明正典刑。

監察御史崔敬言燕帖古思不宜放逐，不報。己亥，成紀縣山崩地坼。庚戌，桃源縣山崩。

秋七月戊午，有事於太廟。以蝗旱相仍，頒罪己詔於天下。己未，亦璘真班爲御史大夫。丁卯，殺燕帖古思，不答失里皇后尋亦賜死。戊寅，翰林學士承旨腆哈等删修《大元通制》。是月，禁色目人妻叔母。

八月壬午，也先帖木兒爲御史大夫。戊子，祭社稷。帝至自上都。

九月辛亥，明里董阿伏誅。丙寅，詔今後勿籍罪人妻女。

冬十月甲申，尊皇考明宗爲順天立道睿文智武大聖孝皇帝。帝親祼太室，右丞相馬札兒台爲亞獻，知樞密院事阿魯圖爲終獻。壬寅，右丞相馬札兒台爲太師，脱脱爲中書右丞相，宗正札魯忽赤鐵木兒不花爲中書左丞相。是月，中書平章政事汪家奴知樞密院事。

十一月乙卯，以親祼禮成，御大明殿受羣臣朝。

十二月，復科舉取士法。戊子，罷太禧宗禋等院，改奎章閣爲宣文閣。

## 【校勘記】

〔一〕「怯薛丹」，原脱「薛」字，據《元史》卷四〇本紀第四十《順帝三》至元六年二月己亥條補。

# 新元史卷之二十四　本紀第二十四

## 惠宗二

至正元年春正月己酉朔，改元，詔曰：

朕惟帝王之道，德莫大於克孝，治莫大於得賢〔一〕。朕早歷多艱，入承大統，仰思祖宗付託之重，戰兢惕厲，於茲八年。慨念皇考久勞於外，甫即大位，四海觖望，夙夜追慕，不忘於懷。乃以至元六年十月初四日奉册寶，追上皇考曰順天立道睿文智武大聖孝皇帝，被服衮冕，祼於太室，式展孝誠。十有一月六日，勉徇大禮慶成之請，御大明殿受羣臣朝。自去春疇咨於衆，以知樞密院事馬札兒台爲太師、右丞相，尋即控辭，養痾私第。朕憫其勞日久，不忍煩之以政，俾解機務，仍爲太師。知樞密院事脱脱，早歲輔朕，克著忠貞，乃命爲中書右丞相。宗正札魯忽赤帖木兒不花嘗歷政府，嘉績著聞，命爲中書左丞相，並録軍國重事。夫三公論道，以輔予德，二相秉政，以弼予治。其以至元七年爲至正元年，與天下更始焉。

丁巳，有事於太廟。免天下税糧五分。

二月戊寅，祭社稷。乙未，加封皇姊不答昔你爲明慧貞懿大長公主。

三月甲寅，復給帖木兒補化宣讓王印，鎮淮西。召威順王寬徹不花還。

夏四月丁丑，道州賊唐大二、蔣仁五等作亂，陷江華縣。甲申，有事於太廟。庚寅，車駕幸護聖寺。中書右丞鐵木兒達識爲中書平章政事，中書左丞阿魯灰爲右丞，參知政事許有壬爲左丞。庚子，杭州大火。復封馬札兒台爲忠王。是月，車駕幸上都。

六月，崇明、通、泰等州海溢。

秋七月己卯，有事於太廟。

八月戊申，祀社稷。車駕至自上都。

九月壬寅，許有壬進講仁明殿，帝悦，賜宴宣文閣，仍賜貂裘文幣。

冬十月丁未，有事於太廟。

十一月丙子，道州賊何仁甫等作亂。

十二月乙卯，詔年八十以上蒙古人賜繒帛二端，其餘以高年耆德旌之，免其雜役。壬戌，雲南車里蠻叛，平章政事脱脱木兒以兵討之。

二年春正月丙戌，開京師金口河，役夫十萬，功卒不就。

二月壬寅，頒《農桑輯要》。戊申，祭社稷。

三月戊寅，廷試進士七十八人，賜拜住、陳友仁等及第、出身有差。

夏四月辛丑，冀寧路平晉縣地震，聲如雷鳴，裂地尺餘。乙巳，有事於太廟。是月，車駕幸上都。

五月丁亥，江浙行省平章政事只而瓦台爲河南行省平章政事。

六月壬子，濟南山崩水湧。

秋七月庚午朔，惠州羅浮山崩。辛未，有事於太廟。己亥，慶遠路猺賊莫八作亂，陷南丹、左右兩江等路，脱脱赤顔以兵討之。是月，佛郎國來獻異馬。

八月庚子朔，日有食之。戊申，祭社稷。

九月己巳，湖廣行省平章政事鞏卜班討道州賊，平之。辛未，車駕至自上都。

冬十月己亥朔，日有食之。丁未，有事於太廟。壬戌，遣使祭曲阜孔子廟。

十一月甲申，免雲南明年差税。

十二月壬寅，申服色之禁。丙辰，雲南蠻酋死可伐叛。癸亥，阿魯、禿滿答兒等，坐謀殺右丞相脱脱，伏誅。

三年春正月丙子，中書左丞許有壬乞病歸。丁丑，有事於太廟。乙酉，中書平章政事納麟罷。庚寅，汰怯薛丹。

二月戊戌，祭社稷。丁未，遼陽吾者野人叛。是月，鞏昌府寧遠、伏羌二縣山崩，水溢。

三月戊寅，詔作新風憲。内官不法者，監察御史劾之；外官不法者，行臺監察御史劾之。是月，詔修遼、金、宋三史。

夏四月丙申朔，日有食之。乙巳，有事於太廟。是月，車駕幸上都。五月，河決白茅堤。

六月壬子，命經筵官一月三進講。帝優禮講官，賜酒饌，又以高年疲於奔走，命乘舟太液池。

秋七月丁卯，有事於太廟。戊寅，立永昌等處宣慰司。河南自四月至七月，霖雨不止。

八月甲午朔，朵思麻宣慰司同知鎖兒哈等，以兵討四川上蓬鎖吃賊。戊戌，祭社稷。是月，車駕至自上都。

九月甲子，道州賊唐大二、蔣仁五伏誅，其黨蔣丙僞號順天王，陷連、桂二州。

冬十月戊戌，以親祀南郊，告祭於太廟。至寧宗室，帝問曰：「朕寧宗兄也，當拜否？」

太常博士劉聞對曰：「寧宗雖弟，其爲帝時陛下臣之。春秋時魯閔公弟，僖公兄，宗廟之祭，未聞僖公不拜。」帝乃下拜。己酉，有事於南郊。癸丑，簽樞密院事韓元善爲中書參知政事。己未，以郊祀禮成，大赦天下，文官普減一資，武官升散官一等，蠲民間田租五分，賜高年帛。

十一月辛未，有事於太廟。

十二月丁未，江浙行省左丞相別兒怯不花爲中書左丞相。

四年春正月辛未，有事於太廟。辛巳，定守令黜陟法：六事備者，升一等；四事備，減一資；三事備，遷；六事俱不備，降一等。六事者，農桑、學校、詞訟、盜賊、賦役及常平法也〔二〕。庚寅，河決曹州，未幾，又決於汴梁。

二月戊戌，祭社稷。是月，賀惟一爲中書平章政事。

三月壬寅，特授八秃麻朵兒只爲征東行省左丞相，嗣高麗國王。癸丑，河南行省平章政事納麟爲中書平章政事，集賢大學士姚庸爲中書左丞。是月，中書右丞相脱脱等表進《遼史》一百一十六卷。

夏四月，車駕幸上都。

五月甲辰，右丞相脱脱罷，阿魯圖爲中書右丞相。乙巳，封脱脱爲鄭王。是月，河決白茅堤、金堤，平地水深二丈，北入會通河，曹、濮、濟、兗皆罹水患。

秋七月戊子朔，温州颶風，海溢，地震。己丑，有事於太廟。

八月戊午，祭社稷。益都路鹽徒郭你赤作亂。

九月丁亥朔，日有食之。辛亥，秦從德爲江浙行省參知政事，提調海運。

冬十一月丁亥朔，以民饑，禁抑配食鹽，復令民入粟補官。是月，中書右丞相阿魯圖表進《金史》一百三十七卷。

十二月戊寅，猺賊寇靖州。

五年春正月辛卯，有事於太廟。

二月戊午，祭社稷。

三月辛卯，廷試進士七十有八人，賜普顔不花、張士堅等及第，出身有差。是月，以天災、河患，下詔罪己。諸路盜賊，去限二十日者，赦之。前所免租外，被災者全免之，已納者準明年補免。

夏四月，車駕幸上都。

五月己丑，赦雲南軀口給行糧放還，其不願還者聽。辛卯，翰林學士承旨巎巎卒〔三〕。

六月，廬州人張順出米賑饑〔四〕，旌其門。

秋七月丁亥，河決濟陰。己丑，有事於太廟。丙午，中書平章政事鐵木兒達識爲御史大夫，鞏卜班爲中書平章政事。

八月戊午，祭社稷。是月，車駕至自上都。

九月壬午朔，日有食之。辛丑，中書右丞達識帖睦邇罷爲翰林學士承旨，參知政事搠思監爲右丞，資政院使朵兒只班爲中書參知政事。

冬十月壬子，中書平章政事賀惟一爲御史大夫，賜姓蒙古氏，名太平。乙卯，有事於太廟。辛酉，遣使巡行天下，詔曰：「朕自踐阼以來，至今十有餘年，託身億兆之上，耳目所及，豈能周知？雖夙夜憂勤，覬安黎庶，而和氣未臻，災眚時作，豈承宣之寄，糾劾之司奉行有未至歟？若稽先朝成憲，遣官分道奉使，宣布朕意，詢民疾苦，疏滌冤滯，蠲除煩苛。體察官吏賢否，明加黜陟，四品以上停職申請，五品以下就便處決。一切興利除弊之事，悉聽舉行。」

江西行省左丞忽都不丁、吏部尚書何執禮巡兩浙江東道，前雲南行省右丞散散、將作院使王士弘巡江西福建道，大都路達魯花赤拔實、江浙行省參知政事秦從德巡江南湖廣道，吏部尚書定僧、宣政院簽事魏景道巡河南江北道，資政院使蠻子、兵部尚書李憲巡燕南山東道，兵部尚書不花、樞密院判官靳義巡河東山西道，宣政院同知伯家奴、宣徽院僉事王也速迭兒巡山北遼東道，判湖北道宣慰使阿乞剌、兩淮運使杜德遠巡雲南行省，上都留守阿牙赤、陝西行省左丞王冲巡甘肅永昌道，大都留守答兒麻失理、河南行省參知政事王守誠巡四川行省，前西臺御史中丞定定、集賢侍講學士蘇天爵巡京畿道，平江路達魯花赤左答納失里、都水監賈惟貞巡海北海南廣東道。

辛未，阿魯圖等表進《宋史》四百九十六卷。至是，三史告成。帝諭阿魯圖等曰：「史既成書，前人善者，朕當取以爲法，惡者取以爲戒。然爲臣者亦當知之，卿等其以前代善惡之事自勉。」是月，呂思誠爲中書參知政事。

十一月甲午，《至正條格》成。奉元人陳望林僞稱燕古思太子，伏誅。

十二月丁巳，定薦舉守令法。

六年春二月庚戌朔，日有食之。是月，山東地震七日。

三月，山東盜起。戊申，遣中書參知政事鎖南班防盜於東平。

夏四月壬子，遼陽路吾者野人及水達達並叛。癸丑，頒行《至正條格》。甲寅，中書參知政事呂思誠爲中書左丞。乙卯，有事於太廟。丁卯，車駕幸上都。萬户買住等討吾者叛賊，死之，詔恤其家。

五月壬午，廣西象州盜起。丁亥，盜竊太廟神主。火兒忽答以兵討吾者叛賊。丁酉，立河南山東行都水監。

六月己酉，汀州賊羅天麟等陷長汀縣，元帥府經歷真保、萬户廉和尚等以兵討之。丁巳，亦秃渾爲雲南行省平章政事，以兵討死可伐。

秋七月己卯，有事於太廟。丙戌，太保伯撒里爲遼陽行省左丞相。丁亥，散毛洞叛酋覃全在降，授散毛誓厓等處軍民安撫使。丙申，朵兒只班爲中書右丞，答兒麻爲中書參知政事。

八月丙午，江浙行省左丞忽都不花、江西行省右丞秃魯討汀州賊，平之。戊申，祭社稷。是月，車駕至自上都。

九月戊子，邵武府地震。

冬十月，靖州猺賊寇武岡，湖南宣慰元帥完者帖木兒等以兵討之。

閏月癸酉，羅天麟伏誅。乙亥，赦天下，免差税有差。靖州猺賊陷黔陽縣。

十二月丁丑，改謚明宗生母仁獻章聖皇后曰莊獻嗣聖皇后。己卯，立山東東西道宣慰司都元帥府。甲午，置海剌秃屯田。復立八百等處宣慰司。辛丑，吉剌班爲太尉。壬寅，山東、河南盜起，左右阿速衛指揮使不兒圖等以兵討之。是月，右丞相阿魯圖罷。

七年春正月甲辰朔，日有食之。己酉，有事於太廟。壬子，中書左丞相别兒怯不花爲右丞相，尋罷。丁巳，復立東路都蒙古軍元帥府。庚申，雲南老丫蠻降〔五〕，立老丫耿凍路軍民總管府。

二月己卯，山東地震。庚辰，中書參知政事鎖南班爲中書右丞，道童爲中書參知政事。丙戌，宦者伯顏帖木兒爲大司徒。是月，阿吉剌知樞密院事，整治軍務。

三月戊午，敕中書省編《六條政類》。乙丑，雲南王孛羅來獻死可伐之捷。

夏四月己卯，有事於太廟。辛巳，達木、賀方使占城國。通政院使朵郎吉兒爲遼陽行省參知政事。己丑，翰林學士承旨定住爲中書右丞。庚寅，別兒怯不花復爲中書右丞相，中書平章政事鐵木兒塔識爲左丞相。是月，車駕幸上都。河東大旱，民多餓死。

五月乙丑，右丞相別兒怯不花罷。

六月，太師馬札兒台免官，安置西寧州。御史大夫太平復爲中書平章政事，福壽爲中書參知政事。彰德路大饑，民相食。

秋七月丁巳，江南行臺御史大夫納麟爲御史大夫。是月，吴天保陷漵浦、辰溪等縣。徙馬札兒台於甘肅。脱歡爲中書右丞，孔思立爲中書參知政事。

九月戊申，車駕至自上都。甲寅，詔舉才學之士以備侍從。丁巳，中書左丞相鐵木兒塔識卒。辛酉，御史大夫朵兒只爲中書左丞相。甲子，集慶路盜起，鎮南王孛羅不花以兵討之。丁卯，吴天保寇寶慶，湖廣行省右丞相沙班軍敗，死之。

冬十月辛未，有事於太廟。丙戌，亦憐只答兒叛。戊戌，西番叛，陷哈剌火州。忽都不花爲中書平章政事。

十一月庚戌，湖廣行省平章政事苟爾，以兵討猺賊吴天保。以河決，遣工部尚書迷兒馬哈謨行視金堤。甲寅，吴天保陷靖州。丁巳，中書平章政事太平爲中書左丞相。己未，中書參知政事韓嘉訥爲中書平章政事。

十二月丙子，以連年水旱，選臺閣名臣二十六人爲知州縣令，仍許民間利害實封上聞。中書平章政事韓嘉訥爲御史大夫。

是年，置中書議事平章四人。晉衍聖公秩三品。

八年春正月戊戌，也先帖木兒知樞密院事。丁未，有事於太廟。己未，河決。是月，湖廣行省右丞禿赤等討平莫磐洞諸蠻，獲其酋楊鹿五。

二月癸酉，御史大夫納麟加太尉，致仕。乙亥，罷海剌禿屯田。是月，立行都水監於鄆城。

三月丁酉，遼東賊鎖火奴作亂，妄稱金後，水達達路脱脱禾孫火魯火赤討斬之。壬寅，以福建盗起，立分元帥府於汀、漳二州。癸卯，廷試進士七十有八人，賜阿魯輝帖木兒、王宗哲等及第、出身有差。壬戌，徽州路達魯花赤哈剌不花有政績，賜金帛旌之。

夏四月乙亥，帝幸國子學。晉衍聖公秩二品。丁丑，有事於太廟。遼陽賊董哈剌作亂，鎮撫使欽察討斬之。己卯，海寧州盜起，翰林學士禿堅不花以兵討之。是月，車駕幸上都。脱脱爲太傅。

五月庚子，廣西山崩、水湧。

六月丙戌，立司天臺於上都。

秋七月丙申朔，日有食之。乙巳，有事於太廟。旌大都節婦鞏氏門。乙卯，遣使祭曲阜孔子廟。丙辰，阿剌不花爲大司徒。

八月，車駕至自上都。

冬十月丁亥，廣西叛蠻寇道州。

十一月，台州人方國珍作亂，江浙行省參知政事朵兒只班以兵討之。太不花爲中書平章政事，忽都不花爲中書右丞。

九年春正月丁酉，有事於太廟。

二月戊寅，祭社稷。

三月己巳，大司農達識帖睦邇爲湖廣行省平章政事。吴天保復陷沅州。

巨浸。

夏四月丁丑，有事於太廟。知樞密院事欽察台爲中書平章政事。己卯，燕南道廉訪使韓元善爲中書左丞。是月，車駕幸上都。

五月戊戌，命太傅脱脱提調大斡耳朵。庚子，築黄河金堤。是月，河東注沛縣，遂成巨浸。

秋七月庚寅，監察御史斡勒海壽劾侍御史哈麻及其弟雪雪交結脱忽思皇后近侍，御史大夫韓嘉訥以聞，章三上，免哈麻、雪雪官，出海壽爲陝西廉訪副使，韓喜訥罷爲宣政院使。甲午，也先帖木兒爲御史大夫。乙未，湖廣行省左丞相亦憐真班知樞密院事。中書右丞相朵兒只罷，依前爲國王。左丞相太平罷爲翰林學士承旨。

閏月辛酉，太傅脱脱復爲中書右丞相。庚午，也可札魯忽赤搠思監爲中書右丞，同知樞密院事玉樞虎兒吐華爲中書參知政事。戊子，命岐王阿剌乞鎮西番。

八月甲辰，集賢大學士伯顔爲中書平章政事。是月，車駕至自上都。

九月甲子，詔中外建言者，委官選其可行之事以聞。

冬十月辛卯，有事於太廟。丁酉，改宣文閣爲端本堂，命皇子入端本堂讀書。

十一月戊午朔，日有食之。

十二月丁未，吴天保陷辰州。脱忽思皇后訴斡勒海壽於帝，免海壽官，並杖流韓嘉訥於奴兒干。

十年春正月丙辰朔，中書右丞搠思監爲平章政事，玉樞虎兒吐華爲中書右丞。壬戌，立四川容美洞總管府。

夏四月丁酉，大赦天下。是月〔六〕，車駕幸上都。

秋八月壬寅，車駕至自上都。

九月辛酉，祭三皇廟，如祭孔子廟禮。

冬十月乙未，敕中書省，御史臺，集賢、翰林兩院，集議鈔法。

十一月壬子朔，日有食之。己巳，詔天下以中統鈔一貫權銅錢一千文，準至元寶鈔二貫，仍鑄至元通寶錢並用。

十二月辛卯，大司農禿魯等兼領都水監，集河防官議治河。己酉，方國珍寇温州，江浙左丞孛羅帖木兒以兵討之。

是歲，京師麗正門樓有人言禍福，鞫之，自稱冀州人，俄不知所往。

【校勘記】

〔一〕「治莫大於得賢」，「得」原作「克」，據《元史》卷四〇本紀第四十《順帝三》至正元年正月己酉條改。

〔二〕「常平法」，原作「平常法」，據文意乙。

〔三〕「巙巙」，原作「巙巙」，據中華書局點校本《元史》卷一四三列傳第三十《巙巙傳》及該卷校勘記二改。

〔四〕「廬州」，原作「盧州」，據《元史》卷四一本紀第四十一《順帝四》至正五年六月條改。

〔五〕「老丫蠻」，「丫」原作「了」，據《元史》卷四一本紀第四十一《順帝四》至正七年正月庚申條改。下同。

〔六〕「是月」，「是」字原重，今删重。

# 新元史卷之二十五　本紀第二十五

## 惠宗三

十一年春正月乙卯，有事於太廟。庚申，江浙行省左丞孛羅帖木兒以兵討方國珍。是月，清寧殿災。

二月，立湖南分元帥府於寶慶路。

三月庚戌，立山東分元帥府於登州。丙辰，廷試進士八十三人，賜朵列圖、文允中等及第、出身有差。壬戌，徵建寧處士彭斌爲端本堂説書，不至。

夏四月壬午，賈魯爲工部尚書、總治河防使，發民夫十五萬、兵二萬，開河合於故道，凡二百八十餘里。乙酉，有事於太廟。封河瀆神爲靈源神祐弘濟王。改永順安撫司爲宣撫司。丁酉，孟州地震。辛丑，師壁安撫司蠻酋田驢什用、盤順府蠻酋墨奴什用降。是月，罷沂州分元帥府。車駕幸上都。

五月己酉朔，日有食之。辛亥，潁州妖賊劉福通作亂，陷潁州。壬申，同知樞密院事禿赤以兵討劉福通。

六月，劉福通陷朱臯及羅山、上蔡等縣。孛羅帖木兒討方國珍，兵敗，爲國珍所執。

秋七月丙辰，廣西大水。命大司農卿達識帖睦邇、江浙行省參知政事樊執敬招諭方國珍。

八月丁丑朔，中興地震。戊寅，祭社稷。丙戌，蕭縣妖賊芝蔴李等作亂，陷徐州。是月，車駕至自上都。羅田妖賊徐壽輝等作亂。

九月壬子，御史大夫也先帖木兒知樞密院事，與衛王寬徹合兵討河南妖賊。壬戌，廢高麗王迷思監朶兒只，以前王弟伯顏帖木兒襲高麗國王。是月，劉福通陷汝寧府及光、息二州。徐壽輝陷黄州路。

冬十月己卯，有事於太廟。癸未，知樞密院事老章以兵討河南妖賊〔一〕。辛卯，中書參知政事松壽分省濟寧。

十一月丁巳，河功告成，召賈魯入朝，授集賢大學士，脱脱世襲答剌罕。是月，徐壽輝僭號天完國皇帝，建元治平。

十二月丙戌，治書侍御史烏古孫良楨爲中書參知政事。辛丑，也先帖木兒復上蔡縣，獲賊將韓咬兒，誅之。

十二年春正月戊申，竹山賊孟海馬陷襄陽路，總管柴肅死之。己酉，有事於太廟。庚戌，宣政院使月魯不花爲中書平章政事。丙辰，徐壽輝遣其將丁普郎等陷漢陽。丁巳，陷興國府。己未，徐壽輝將鄒普勝陷武昌，威順王寬徹不花、湖廣行省平章政事和尚棄城走。刑部尚書阿魯以兵討山東妖賊。乙丑，徐壽輝將魯法興陷安陸府，知府丑驢及其妻侯氏死之。丙寅，以河平，大赦天下。辛未，徐壽輝陷沔陽府，推官俞述祖死之。壬申，陷中興路，山南道廉訪使卜禮牙敦敗績，死之。是月，逯魯曾爲淮東添設元帥，討徐州賊。四川行省平章政事月魯帖木兒爲總兵官，與右丞長吉討興元、金州賊。知樞密院事月赤察兒率兵馬指揮使實童討徐州賊。

二月己亥朔，定遠人郭子興作亂，陷濠州。丁丑，集賢大學士賈魯爲中書添設左丞。江北河南道廉訪使哈藍朶兒只爲荆湖北道宣慰使都元帥，守襄陽。癸未，命諸王禿堅鎮揚州，寧王牙安沙鎮四川。乙酉，徐壽輝陷江州，總管李黼死之，遂陷南康路。丙戌，徐壽輝陷岳州，遂分兵陷歸州。戊子，赦徐州賊。立安東、安豐分元帥府。辛丑，鄧州賊王權陷澧州，指揮使俺都刺哈蠻等復之。褒贈死事者宣徽使帖木兒等二十七人。壬寅，御史大夫納麟爲江南行臺御史大夫，仍兼太尉。命諸王孛蘭奚與翰林學士承旨八剌守大名。是月，徐壽輝將歐普祥陷袁州。中書參知政事帖里帖木兒分省濟寧。

三月丁未，徐壽輝將陶九陷瑞州。壬子，河南行省平章政事太不花復南陽府。癸丑，行納粟補官法。辛酉，諸王阿兒麻以兵討商州等處賊。鞏卜班知行樞密院事。甲子，徐壽輝將項普略陷饒州，遂陷徽州、信州，饒州知州魏中立、信州總管于大本俱死之。丁卯，江南行臺御史大夫帖木哥爲甘肅行省平章政事。戊辰，詔依世祖舊制，用南人爲中書省、樞密院、御史臺官。江浙行省左丞相亦憐真班爲江西行省左丞相，以兵討饒、信諸州賊。庚午，台州路達魯花赤泰不花與方國珍戰於黄巖之州港，死之。隴西地震百餘日，改定西爲安定州，會州爲會寧州。是月，徐壽輝寇南昌，平章政事道童等敗之。

閏三月甲戌朔，鍾離人朱元璋從郭子興於濠州。壬午，大理宣慰使答失八都魯爲四川行省添設參知政事，與平章政事咬住討山南湖廣賊。乙酉，徐壽輝將陳普文陷吉安路，吉安人羅明遠起兵復之。立淮南江北行中書省，治揚州。壬辰，大都留守兀忽失爲江浙行省添設右丞，以兵討饒、信賊。丁酉，湘廣行省參知政事鐵傑復岳州。戊戌，翰林學士承旨晃火兒不花、湖廣行省平章政事失列門並爲淮南江北行省平章政事，淮東元帥蠻子爲右丞，燕南道廉訪使秦從德爲左丞，陝西行臺侍御史答失禿、山北道廉訪使趙璉爲參知政事。庚子，樞密副使悟良哈台爲中書添設參知政事。是月，四川行省平章政事咬住復忠、萬、夔、雲陽等州。方國珍不肯降，江浙行省左丞左答納失里以兵討之。也先帖木兒軍潰於沙河，以中書平章政事蠻子代之。召也先帖木兒還，仍爲御史大夫。陝西行臺御史大夫朵爾直班、監察御史蒙古魯海牙、范文等劾其喪師辱國，不報。左遷朵爾直班爲湖廣行省平章政事，蒙古魯海牙等爲各路添設佐貳官。

夏四月癸卯朔，日有食之。臨川賊鄧忠陷建昌路。己酉，有事於太廟。甲寅，御史大夫搠思監爲中書平章政事。丙辰，宣黄賊塗佑、建寧賊應必達陷邵武路，總管吴按攤不花討斬之。建寧賊復陷福寧州，知州王伯顏死之。辛酉翰林學士承旨渾都海牙爲中書平章政事，四川行省參知政事桑哥失理復渠州。辛未，荆門州知州聶炳復荆門州。是月，車駕幸上都。四川行省平章政事咬住復歸州，與峽州總管趙余褫敗賊將李大業等，遂復峽州。畏兀兒亦都護月魯帖木兒、豫王阿剌忒納失里等以兵討襄、鄧、南陽賊。

五月壬申朔，答失八都魯復襄陽。戊寅，台州人陳子由等率民兵夾攻方國珍，命行臺御史大夫納麟給以宣敕。己卯，咬住復中興路。安置瀛國公子和尚趙完普於沙州，禁與人交通。癸未，建昌人戴良以民兵復建昌路。是月，答失八都魯敗賊於襄陽。

六月己丑，遥授紹慶路宣慰使楊延禮不花湖廣行省左丞。丙申，周伯顏陷道州。

秋七月丁丑，有事於太廟。庚辰，項普略陷杭州路，參知政事樊執敬死之。濟寧路總管董摶霄復杭州，遂復徽州。辛巳，通政院使答兒麻失理、樞密副使禿堅不花以兵討徐州賊。己丑，周伯顔陷寶慶路。庚寅，右丞相脱脱請親討徐州賊，許之。辛卯，脱脱爲行樞密院使。丁酉，杜秉彝爲中書添設參知政事。湖南副元帥小云失海牙、總管兀顔思忠以兵復寶慶路。是月，徐壽輝將王善陷福安、福寧等縣。

八月癸卯，方國珍寇台州，浙東元帥也忒迷失、福建元帥黑的兒敗之。甲辰，同知樞密院事哈麻爲中書添設右丞。己酉，知樞密院事咬咬、中書平章政事搠思監、也可札魯忽赤福壽並從脱脱討賊。壬子，札撒温孫爲河南行省右丞，偰哲篤爲淮南行省左丞。丙辰，秃思迷失爲淮南行省平章政事。丁卯，詔脱脱以答剌罕、中書右丞相分省於外，節制各處軍馬，聽便宜從事。是月，車駕至自上都。徐壽輝將俞君正復陷荆門州，知州聶炳死之。其别將党仲達復陷岳州。

九月乙亥，俞君正復陷中興路，判官上都死之。咬住與俞君正戰於樓臺，敗績。丁丑，中興人范中率民兵復中興路。乙酉，脱脱至徐州。丁亥，命知行樞密院事阿剌吉從脱脱討賊。辛卯，脱脱復徐州，李二伏誅，其黨彭大、趙君用奔濠州。庚子，脱脱加太師，振旅還京師。

冬十月丁未，有事於太廟。甲寅，知樞密院事阿乞剌爲太尉、淮南行省平章政事。乙丑，霍山崩。

十一月辛未，江浙行省平章政事慶童以兵討常州賊。癸未，江浙行省右丞帖里帖木兒以兵討方國珍。

十二月辛亥，詔以杭、湖、常、信、廣德諸路皆克復，赦詿誤者，蠲其夏稅、秋糧，命有司撫恤之。辛酉，卜顏不花、阿兒灰復潭、岳等州。

是年，海運不通。立都水庸田司於汴梁路。

十三年春正月庚午朔，中書添設左丞哈麻爲中書右丞，中書添設參知政事悟良哈台爲添設右丞，烏古孫良楨爲中書左丞。壬申，陝西行省平章政事卜答失里爲總兵官。癸酉，有事於太廟。乙亥，中書右丞禿禿以兵討商州賊。丙子，方國珍降。庚辰，杜秉彝爲中書參知政事。庚寅，知樞密院事老章復襄陽及唐州。

二月丁未，祭先農。

三月己卯，命脱脱以太師開府。是月，命帖里木兒、左答納失里同招諭方國珍。

夏四月庚子，甘肅行省平章政事鎖南班爲永昌路宣慰使，以兵討叛蠻愚魯罷等，仍給平章政事俸。乙巳，有事於太廟。是月，車駕幸上都。

五月辛未，江西行省左丞相亦憐真班、江浙行省右丞老老，元帥韓邦彦、哈迷同復饒州，蘄黄賊皆奔潰。癸酉，太尉阿剌吉爲嶺北行省左丞相。封知行樞密院事伯家奴爲武國公〔一〕，同諸王孛羅帖木兒討賊。壬午，中書右丞賈魯卒於軍中。乙未，泰州人張士誠作亂，陷泰州興化縣，遂陷高郵，知府李齊死之。士誠僭號大周國誠王，建元天祐。

六月丙申朔，置詹事院。丁酉，立皇子愛猷識理達臘爲皇太子，告祀天地、宗廟。右丞相脱脱兼太子詹事。庚子，知樞密院事失剌拔都、平章政事答失八都魯同復安陸府。甲辰，以立皇太子，大赦。己酉，高昌王月魯帖木兒卒於軍中。辛亥，諸王完者都及張士誠戰於泰州，死之。諸王八秃及劉福通戰於亳州，死之。

秋七月丁卯，有事於太廟。壬申，湖廣行省參知政事阿魯輝復武昌及漢陽府。壬辰，諸王只兒哈忽卒於軍中。

八月癸卯，諸王闊兒吉思帖木兒來獻馬。諸王只兒哈郎討金山賊，卒於軍中。是月，車駕至自上都。資政院使脱火赤復江州路。中書平章政事咬住左遷爲淮西元帥。郭子興將朱元璋陷滁州。

九月乙丑朔，日有食之。乙亥，廣平王咬咬坐討賊無功，削其王爵，降爲河南行省平章政事。壬辰，南臺御史大夫納麟致仕，仍爲太尉。丁酉，有事於太廟。

冬十月丁未，廣西元帥甄崇福復道州，周伯顔伏誅。庚戌，授方國珍徽州路治中，國珍不受命。立水軍都萬户府於崑山州。是月，江浙行省平章政事卜顔帖木兒等討徐壽輝於蘄水，大敗之，壽輝遁，獲其僞官四百餘人。

十一月丁亥，江西行省右丞火你赤復富州、臨江府，遂復瑞州。

十二月癸丑，西安王阿剌忒納失進封豫王，封其弟答兒麻爲西安王，鎮崇吉兒之地。陝西行省平章政事孛羅等復均、房諸州。彭大子早住僭稱魯淮王，趙君用僭稱永義王。

是歲，自六月不雨至於八月。

十四年春正月辛未，有事於太廟。丙戌，宣政院使答兒麻監藏遥授陝西行省平章政事，整治西番。是月，答失八都魯復峽州。

二月戊戌，祭社稷。己未，湖廣行省平章政事苟兒爲淮南行省平章政事，以兵討張士誠。是月，吕思誠爲湖廣行省左丞。湖廣行省右丞伯顏普化、江南行臺御史中丞蠻子海牙等，會湖廣行省平章政事也先帖木兒討沿江賊。立鎮江水軍萬户府，江浙行省右丞佛家閭領之。

三月癸亥朔，日有食之。己巳，廷試進士六十二人，賜薛朝晤、牛繼志等及第、出身有差。甲戌，諸王速哥帖木兒以兵討宿州賊。丙子，劉福通陷潁州。是月，答失八都魯爲四川行省平章政事，兼知行樞密院事，總荆襄各路軍馬從宜調遣。

夏四月癸巳朔，介休縣地震、水湧。是月，車駕幸上都。江西、湖廣大饑。江浙行省參知政事阿兒温沙爲行省右丞，浙東宣慰使恩寧普爲行省參知政事，以兵討方國珍。

五月，安豐賊圍廬州，湖廣行省參知政事阿兒灰爲行省右丞，以兵援廬州。命荆王答兒麻失理鎮河西，討西番賊。郭子興將朱元璋陷全椒縣。

六月辛卯朔，張士誠寇揚州。丙申，達識帖睦邇敗績於揚州，諸軍皆潰。詔佛家閭會達識帖睦邇復進兵。己酉，趙君用、彭早住陷盱眙縣。庚戌，陷泗州。

秋七月壬申，刑部尚書阿魯募兵於汝寧州，討泗州賊。

八月，車駕至自上都。江西行省左丞相亦憐真班卒。

九月庚申，湖廣行省左丞吕思誠爲中書右丞。辛酉，知樞密院事月赤察兒爲平章政事。詔脱脱以太師、中書右丞相，總制諸王、諸行省、各翼軍，討張士誠。甲子，封高麗國王脱脱不花爲瀋王。將作院使臧卜爲中書參知政事。

冬十月甲午，有事於太廟。戊戌，答失八都魯、太不花等會討安豐賊。

十一月丙寅，敕中書省、樞密院、御史臺，凡奏事先啟皇太子。辛未，脱脱大敗張士誠於高郵。乙酉，脱脱分兵復六合縣。是月，答失八都魯復鄭、均、許三州。

十二月丙申，中書平章政事定住爲左丞相，宣政院使哈麻、永昌宣慰使鎖南班爲中書平章政事。御史大夫也先帖木兒罷，宣徽使汪家奴爲御史大夫。丁酉，削太師、右丞相脱脱官爵，安置淮安路，其弟也先帖木兒安置寧夏路。河南行省平章政事太不花爲行省左丞相，中書平章政事月闊察兒加太尉，集賢大學士雪雪知樞密院事，同領諸路征進軍馬。戊戌，中政院使桑哥失里爲中書添設右丞。庚子，冀國公禿魯加太尉。己酉，紹興路地震。是月，命威順王寬徹不花仍鎮湖廣。甘肅行省右丞嵬的以兵討西番賊。猺賊寇衡州，萬户許脱因死之。京師大饑，有父子相食者。

十五年春正月戊午，宣徽使黑厮爲中書平章政事，河南行省左丞許有壬爲集賢大學士，遼陽行省左丞奇伯顔不花爲行省平章政事。癸亥，有事於太廟。甲子，諸王禿堅帖木兒卒於軍中。丁丑，徐壽輝將倪文俊復陷沔陽府。威順王寬徹不花子報恩奴及倪文俊戰於漢川，死之，寬徹不花奔陝西。是月，安置脱脱於亦集乃路。郭子興陷和州。

閏月壬寅，調右衛軍人屯田京畿，以本管萬户督其勤惰。

二月己未，劉福通立韓林兒爲皇帝，僭號宋，又稱小明王，建元龍鳳。戊辰，太傅、御史大夫汪家奴爲中書右丞相，平章政事定住爲左丞相。庚午，河南行省平章政事咬咬爲遼陽行省左丞相。壬申，立淮東等處宣慰使司都元帥府。丙子，達識帖睦邇爲中書平章政事。是月，以刑部尚書董銓等與江西行省平章政事火你赤專任征討，先降曲赦，諭以禍福，如執迷不悛，尅日進兵。

三月癸巳，徐壽輝陷襄陽路。甲午，汪家奴攝太尉，持節授皇太子玉册，錫冕服九旒，謁太廟。辛丑，改竄脱脱於雲南鎮西路，籍其家。是月，中書右丞相汪家奴罷。

夏四月乙丑，中書右丞臧卜、左丞烏古孫良楨分省彰德路。癸酉，中書左丞相定住爲右丞相，平章政事哈麻爲左丞相，太子詹事桑哥失里爲中書平章政事，雪雪爲御史大夫。丁丑，知樞密院事衆家奴加太傅。是月，車駕幸上都。遣翰林待制烏馬兒、集賢待制孫撝招諭張士誠，爲士誠所殺。寧國路山崩。

五月壬辰，答失八都魯復襄陽路。削河南行省左丞相太不花官爵，仍命從答失八都魯征進。壬寅，蠻子海牙與朱元璋戰於峪溪口，敗績。庚戌，倪文俊陷中興路。都元帥朵兒只班死之。是月，命淮南行省平章政事咬住、淮東道廉訪使王也先迭兒招諭張士誠。

六月癸酉，四川行省平章政事答失八都魯爲河南行省平章政事。乙亥，諸王倒吾卒於軍中。己卯，陝西行省平章政事禿禿加號答剌罕。丁亥，遣將作院判官烏馬兒等招諭朱元璋，章佩監丞普顔帖木兒等招諭倪文俊。是月，朱元璋陷太平路，總管靳義死之，其别將徐達陷溧水州。國王朵兒只卒於軍中。

秋七月辛卯，有事於太廟。壬辰，朱元璋攻集慶路。壬寅，倪文俊復陷武昌、漢陽等路。

八月戊辰，中書平章政事達識帖睦邇爲江浙行省左丞相，便宜行事。甲戌，大宗正府札魯忽赤迭里迷失爲甘肅行省平章政事。雲南蠻死可伐降，置平緬軍民宣撫司。四川蠻酋向思勝降，改安定州爲軍民安撫司。是月，車駕至自上都。淮南行省左丞相太平統諸軍討淮南賊。蘄黄賊陷宣州，致仕禮部尚書汪澤民死之。

九月癸未，知嶺北行樞密院事紐的該爲中書平章政事。戊戌，朱元璋將郭天叙等攻集慶路，敗死。己亥，倪文俊圍岳州。是月，移脱脱於阿輕乞之地。

冬十月丁巳，立淮南行樞密院於揚州。甲子，命中書右丞斡欒、前中書左丞吕思誠議親祀郊廟典禮。中書右丞拜住爲平章政事。丙子，以郊祀，命皇太子告祀太廟。己卯，翰林學士承旨慶童爲淮南行省平章政事。

十一月壬辰，有事於南郊，皇太子爲亞獻，攝太尉右丞相定住爲終獻。甲午，太不花爲湖廣行省左丞相，討湖廣賊，還所奪河南行省左丞相宣命。戊申，右丞相定住以太保致仕。庚戌，徐壽輝陷饒州路。辛亥，高麗王伯顔帖木兒賜號親仁輔義宣忠奉國彰惠靖遠功臣。河南賊陷懷慶路。是月，答失八都魯敗劉福通於夾河。

十二月丁巳，中書參知政事月倫失不花、陳敬伯分省彰德。己未，哈麻矯詔殺脱脱於阿輕乞之地。乙亥，下罪己詔，大赦。是月，答失八都魯敗劉福通於太康，遂圍亳州。韓林兒奔安豐。立興元路宣慰使司都元帥府於興元路。中書平章政事拜住分省濟寧。

十六年春正月壬午，改福建宣慰使司都元帥府爲福建行中書省。戊子，有事於太廟。乙巳，遼陽行省左丞相咬咬爲太子詹事，翰林學士承旨朵列帖木兒同知詹事院事。戊申，雲南蠻酋阿蘆來獻方物。庚戌，左丞相哈麻有罪免。辛亥，御史大夫雪雪有罪免。復以定住爲右丞相，搠思監爲御史大夫。是月，倪文俊迎徐壽輝，建僞都於漢陽。

二月壬子朔，張士誠陷平江路。甲寅，右丞相定住仍兼太保，總裁中書一切機務。丙辰，安置哈麻於惠州，雪雪於肇州，尋皆杖殺之。甲戌，封蠻蠻爲靖安王。丙子，蠻子海牙及朱元璋戰於采石，敗績。己卯，遣集賢直學士楊俊民致祭曲阜孔廟。是月，張士誠據平江，遂陷松江、常州諸路。

三月壬午，徐壽輝寇襄陽。庚寅，朱元璋陷集慶路。行臺御史大夫福壽、行省平章政事阿魯灰、參知政事百家奴、治書侍御史賀方、達魯花赤達尼達思俱死之。丙申，倪文俊陷常德路。丁酉，朱元璋將徐達等陷鎮江路，平章政事定定、守將段武俱死之。立行樞密院於杭州，行省左丞相達識帖睦邇兼知行樞密院事，節制諸軍，許以便宜從事。戊申，方國珍復降，授海道運糧萬户。

夏四月辛亥，搠思監爲中書左丞相。壬子，張士誠陷湖州。癸丑，朱元璋陷金壇縣。

丙辰，資政院使普化爲御史大夫。庚申，河南行省左丞卜蘭奚爲湖廣行省平章政事。丁卯，陝西行臺御史大夫朵朵爲陝西行省左丞相。大司農咬咬爲遼陽行省左丞相。知樞密院事實理門分院濟寧。是月，車駕幸上都。

五月丙申，倪文俊陷澧州路。

六月乙卯，朱元璋將鄧愈等陷廣德路。

秋七月己卯朔，朱元璋稱吴國公，總江南行中書省事。遣中書省斷事官撒迪罕諭高麗國王發兵討賊。是月，張士誠遣其弟士德陷杭州，行省平章政事左答納失里死之。未幾，苗軍元帥楊完者、萬户普賢奴與士德戰，大敗之，遂復杭州。

八月丙辰，奉元路判官王淵以義兵復商州。庚午，倪文俊陷衡州路，都元帥甄崇福死之。甲戌，彗星見於張。是月，車駕至自上都。河決山東，大水。

九月庚戌，汝潁賊李武等陷潼關，參知政事述律杰死之。壬午，豫王阿剌忒納失里、同知樞密院事定住以兵復潼關。丙申，潼關再陷，阿剌忒納失里又克之。戊戌，賊陷陝州及虢州。太尉納麟復爲江南行臺御史大夫，遷行臺於紹興路。是月，兵部尚書察罕帖木兒復陝、虢二州。

冬十月丁未朔，有星墮於大名路，化爲石如狗頭。是月，中書右丞吕思誠罷爲大司農卿。乙丑，趙君用陷淮安路，廉訪使褚不花死之。鎮南王孛羅不花被執，不屈，與其妻俱赴水死。是月，太尉也先帖木兒罷。

十一月，置分樞密院於沂州。劉福通略山東、河北，京師大震。

十二月庚申，達識帖睦邇大破劉福通於太康。倪文俊陷岳州路，威順王子歹帖木兒死之。湖廣行省參知政事也先帖木兒、左江義兵萬户王祖勝，合兵復衡州。

十七年春正月丙子朔，日有食之。伯顔秃古思爲大司徒。

二月癸丑，以河南諸軍屢捷，赦天下。戊辰，知樞密院事脱歡復邳州。壬申，亳州賊毛貴陷膠州，知樞密院事脱歡死之。甲戌，倪文俊陷陝州。是月，李武、崔德陷商州。察罕帖木兒與李思齊援陝西，以察罕帖木兒爲陝西行省左丞，李思齊爲四川行省左丞。

三月乙亥，義兵萬户賽甫丁、阿迷里丁據泉州叛。庚辰，毛貴陷萊州，山東宣慰副使釋加納死之。甲午，毛貴陷益都路，前海南海北道宣慰使王英死之。丁酉，毛貴陷濱州。戊戌，中書平章政事帖里帖木兒爲御史大夫，悟良哈台、斡欒並爲中書平章政事。是月，詔河南行省左丞相答失八都魯至京師，加開府儀同三司、太尉，改四川行省右丞相。

夏四月乙卯，毛貴陷莒州。辛酉，咬咬爲甘肅行省左丞相。丁卯，朱元璋將徐達陷寧國路，百户張文貴死之。是月，車駕幸上都。封江西行省平章政事火你赤爲營國公。

五月戊寅，平章政事赤老温帖木兒復武安州等三十餘城。壬午，池州路總管陶起祖叛降於朱元璋。丙申，搠思監爲右丞相，太平爲左丞相，詔天下，免今歲糧税之半。

六月甲辰朔，實理門爲中書右丞，分省濟寧。己未，帖里帖木兒、老的沙並爲御史大夫。庚申，朱元璋將趙繼祖陷江陰州。是月，劉福通分其兵爲三道：關先生、破頭潘、馮長舅、沙劉二、王士誠寇山西，白不信、大刀敖、李喜喜寇陝西，毛貴寇山東，聲勢大振。

秋七月庚辰，朱元璋將胡大海陷徽州路，建德路萬户吴訥死之。戊子，李稷爲御史中丞。丙申，胡大海陷休寧縣，行省參知政事楊完者敗績。己丑，黄河義兵萬户田豐叛，陷濟寧路，義兵萬户孟本周敗之，遂復濟寧。甲午，御史中丞完者帖木兒爲中書右丞，河南道廉訪使俺普爲中書參知政事。是月，立四方獻言詳定使司。歸德府知府林茂、萬户時公權叛，降於劉福通。

八月癸丑，劉福通陷大名路，遂陷衛輝路。乙丑，陝西行臺御史中丞伯嘉訥爲陝西行省平章政事；淮南行省參知政事余闕爲淮南行省左丞，參知政事楊完者爲右丞，方國珍爲江浙行省參知政事。是月，車駕至自上都。知樞密院事紐的該以兵討山東賊。朱元璋將繆大亨陷揚州路。張士誠降，以士誠爲太尉，其弟士德爲淮南行省平章政事。

九月癸酉，婺源州元帥汪同、祁門元帥馬國奕，俱叛降於胡大海。甲戌，江浙行省平章政事夏章亦叛降。丙子，老的沙爲中書平章政事。戊戌，太不花復大名路。辛丑，詔中書右丞也先不花、御史中丞成遵宣撫彰德、大名等路。是月，紐的該加太尉，統諸軍守東昌。徐壽輝將陳友諒殺倪文俊。

閏月丙午，右丞相搠思監、左丞相太平，並加開府儀同三司。乙丑，關先生、破頭潘等陷潞州。丙寅，進寇冀寧，察罕帖木兒敗之。

冬十月辛未朔，朱元璋將常遇春陷池州。戊寅，設分詹事院。是月，白不信、李喜喜等陷興元，遂寇鳳翔，察罕帖木兒、李思齊屢敗之，賊入四川。知樞密院事答里麻失里與賊戰於曹州，敗績，答里麻失里死之。静江路山崩、地陷。

十一月壬寅，察罕帖木兒敗賊於壺關。戊午，河南行省平章政事答蘭爲中書平章政事，御史中丞李獻爲中書左丞，陝西行臺中丞卜顔帖木兒、樞密副使哈剌那海、司農少卿崔敬、侍御史陳敬伯皆爲參知政事。己巳，參知政事八都麻失里爲中書右丞。

十二月丁酉，象山縣山崩。庚子，四川行省右丞相答失八都魯卒於軍中。

是歲，倪文俊將明玉珍入四川。義兵萬户余寶殺知樞密院事寶童，叛降於毛貴。河南大饑。

十八年春正月丙午，陳友諒陷安慶，淮南行省右丞余闕及萬户李宗可死之。乙卯，朱元璋將鄧愈陷婺源州。甲子，不蘭奚知樞密院事。丙寅，田豐陷東平路。丁卯，不蘭奚及毛貴戰於好石橋，敗績。是月，孛羅帖木兒爲河南行省平章政事，統其父答失八都魯原管軍馬。

二月己巳朔，中書右丞塔失帖木兒、左丞烏古孫良楨提調西山民寨，分守要害。毛貴陷滄州。癸酉，毛貴陷濟南路，達魯花赤愛的死之。河南行省右丞董摶霄與毛貴兵戰於南皮之魏家莊，死之。辛巳，太不花爲中書右丞相，討山東賊。壬午，田豐復陷濟寧路。甲申，陷輝州。丙戌，紐的該棄東昌走，復拜中書添設左丞相。丁亥，察罕帖木兒復涇州、平涼。戊子，田豐陷東昌路。辛卯，安童爲中書參知政事。

三月己亥朔，右丞相搠思監加太保。庚子，毛貴陷般陽路。癸卯，王士誠陷晉寧路，總管杜賽因不花死之。甲辰，察罕帖木兒復晉寧路。己酉，孛羅帖木兒復濮州。庚戌，毛貴陷薊州。徵四方兵入衛京師。乙卯，毛貴寇漷州，樞密副使達國珍敗績於棗林，死之。同知樞密院事劉哈剌不花敗毛貴於柳林，貴走濟南。丙辰，朱元璋將鄧愈陷建德路，參知政事不花等棄城走。丁巳，田豐陷益都路。

夏四月庚午，淮南行省右丞楊完者敗績於徽州。辛巳，楊完者攻建德路，復敗。壬午，田豐陷廣平路，詔元帥方脱脱復廣平。癸未，頒軍民事宜十一條。甲申，陳友諒陷龍興路，遣其將康泰寇邵武路。庚寅，翰林學士承旨蠻子爲嶺北行省平章政事。甲午，陳友諒將王奉國陷瑞州路。是月，車駕幸上都。李思齊、張良弼殺同知宣慰司事拜帖木兒。

五月戊戌朔，察罕帖木兒復冀寧路。方國珍爲江浙行省左丞，兼海道運糧萬户。李思齊殺同僉樞密院事郭擇善。庚子，察罕帖木兒爲山西行省右丞，兼行臺侍御史、同知河南行樞密院事。壬寅，劉福通陷汴梁，迎僞主韓林兒都之。甲辰，太尉阿吉剌爲甘肅行省左丞相。乙巳，察罕帖木兒部將關保敗賊於高平。庚戌，陳友諒陷吉安路。乙卯，削太不花官爵，安置益州。知行樞密院事悟良哈台節制河北諸軍，河南行省平章政事周全節制河南諸軍。辛酉，陳友諒陷撫州路。

六月戊辰朔，日有食之。劉哈剌不花執太不花送京師，中道殺之。察罕帖木兒爲陝西行省平章政事。庚辰，關先生、破頭潘陷遼州，遂陷晉寧路及汾州，晉寧人喬彝、王佐，汾州人國子助教張岩起，俱不屈死。是月，江南行臺御史大夫拜住哥殺紹興路達魯花赤邁里古思。

秋七月丁酉朔，周全以懷慶路叛降於劉福通。丁未，不蘭奚復般陽路，未幾復陷。丙寅，完不花、脱脱木兒爲中書平章政事。是月，京師大水。

八月乙丑，江浙同簽樞密院事員成叛降於朱元璋。庚辰，陳友諒陷建昌路。辛巳，王士信以勝州叛降於毛貴。庚寅，老的沙爲御史大夫。

九月丁酉朔，關先生等陷完州。壬寅，命中書參知政事普顏不花、治書侍御史李國鳳經略江南福建行省，平章政事慶童爲江南行臺御史大夫。丙午，關先生等陷平定州。乙丑，陳友諒陷贛州，江南行省參知政事全普庵撒里及總管哈海赤死之。

冬十月辛未，胡大海陷蘭溪州，執廉訪使趙秉中。壬午，右丞相搠思監爲御史燕赤不花所劾，詔收其印綬。乙酉，御史答里麻失里等復劾之，不報。壬辰，關先生等陷大同路。

十一月乙未，普化帖木兒爲福建行省平章政事。癸卯，陳友諒陷汀州路。丁未，田豐陷順德路。

十二月乙丑朔，日有食之。癸酉，關先生等陷上都，焚宫闕。壬午，朱元璋攻婺州，行省參知政事石抹宜孫以兵來援，敗績。甲申，同僉樞密院事寧安、安慶都事李相以婺州叛降於朱元璋，浙東廉訪使楊惠、達魯花赤僧住死之。

【校勘記】

〔一〕「知樞密院事」，原重「院」字，據《元史》卷四二本紀第四十二《順帝五》至正十一年十月癸未條删重。

〔一一〕「知行樞密院事」，「事」原作「使」，據《元史》卷四三本紀第四十三《順帝六》至正十三年五月癸酉條改。

# 新元史卷之二十六　本紀第二十六

## 惠宗四　昭宗

十九年春正月甲午朔，陳友諒遣其將王奉國寇信州路，江東廉訪副使伯顏不花的斤敗之。乙巳，朵兒只班爲中書平章政事。丙午，關先生、破頭潘等陷遼陽，懿州路總管呂震、廣寧路總管郭嘉死之。

二月甲申，叛將梁炳寇辰州，達魯花赤和尚敗之，以和尚爲湖廣行省參知政事。是月，詔孛羅帖木兒移兵鎮大同。詳定使王時爲中書參知政事。明玉珍分兵陷嘉定，行省左丞相完者都、平章政事朗革歹、參知政事趙資死之。

三月癸巳朔，陳友諒陷襄陽。辛丑，兵馬司指揮周哈剌歹等謀反，事覺伏誅。

夏四月癸亥朔，知樞密院事佛家奴復金、復諸州。甲子，天壽節，詔曰：「方今宜敬天地，法祖宗，以自修省。朕初度之日，羣臣勿賀。」皇太子及左丞相太平等固請，不聽。

五月壬辰朔，日有食之。陝西行臺御史大夫完者帖木兒爲陝西行省左丞相，便宜行事。是月，山東、河南、河東、陝西等路飛蝗蔽天，民大饑。
六月辛巳，宣徽使燕古思爲御史大夫。是月，陳友諒陷信州，伯顏不花的斤死之。
秋七月壬辰朔，右丞相搠思監出爲遼陽行省左丞相。乙巳，朱元璋將常遇春寇衢州，廉訪使宋伯顏不花固守拒之。戊申，國王囊家歹、中書平章政事也先不花，知樞密院事佛家奴、黑驢等，會討遼陽賊。
八月辛酉朔，倪文俊餘黨陷歸州。戊寅，察罕帖木兒復汴梁路，劉福通挾其僞主韓林兒奔安豐。己卯，察罕帖木兒爲河南行省平章政事，兼同知河南行樞密院事、陝西行臺御史中丞，依前便宜行事。
九月癸巳，中書平章政事帖里帖木兒出爲陝西行省左丞相。丁未，常遇春陷衢州，總管湯浩死之，執廉訪使宋伯顏不花。是月，兵部尚書伯顏帖木兒等徵海運於張士誠。
冬十月庚申，方國珍爲江浙行省平章政事，時國珍已降於朱元璋，遂拒命。
十一月壬寅，朱元璋將胡大海陷處州。
十二月丁卯，闕先生等入高麗，陷義州。戊辰，朱元璋將常遇春攻杭州。是月，殺中書左丞成遵、參知政事趙中、參議蕭庸。
二十年春正月癸卯，闕先生等陷大寧路。壬子，危素爲中書參知政事。

二月戊午朔，左丞相太平罷爲太保，留守上都。庚申，福建行省參知政事袁天禄以福寧州叛，降於朱元璋。是月，御史大夫老的沙爲中書平章政事。陽翟王阿魯輝反，屯於木兒古徹兀之地。

三月戊子朔，彗星見。田豐陷保定路。甲午，廷試進士三十五人，賜買住、魏元禮等及第、出身有差。己巳，賊陷冀寧路。壬子，遼陽行省左丞相搠思監爲中書右丞相。

夏四月庚申，遣大司農都事樂元臣招諭田豐，豐殺之。辛未，僉行樞密院事張居敬復興中州。

五月丁亥朔，日有食之。乙未，陳友諒分兵陷辰州。己亥，絆住馬爲中書平章政事。

閏月庚午，陳友諒弒徐壽輝於采石，僭稱皇帝，國號漢，改元大義。己未，甘肅行省左丞相阿吉剌爲太尉。戊寅，胡大海陷信州。

六月壬子，石抹宜孫敗績於慶元縣，死之。

秋七月辛酉，孛羅帖木兒敗賊於台州。乙亥，孛羅帖木兒爲總兵官，總領諸軍，仍便宜行事。

八月乙未，賊陷永平路。庚戌，江浙行省左丞相達識帖睦邇加太尉，兼知江浙行樞密院事，便宜行事。

九月乙卯朔，遣參知政事也先不花諭孛羅帖木兒、察罕帖木兒毋越境相攻。壬戌，賊陷孟州及趙州。癸未，賊犯上都，右丞忙哥帖木兒敗績。

十月甲辰朔，張良弼爲湖廣行省參知政事。丙戌，迭兒必失爲太尉，守大斡兒朵。

十一月甲寅朔，河清三日。

十二月辛卯，賊陷廣平路。

二十一年春正月癸丑朔，大赦天下。遣中書平章政事達識帖木兒、參知政事七十諭孛羅帖木兒、察罕帖木兒各罷兵還鎮。乙丑，察罕帖木兒敗賊於杞縣。

二月甲申，同僉樞密院事迭里帖木兒復永平府及灤州。是月，江南行臺御史八撒剌不花殺廣東道廉訪使完者都等，據廣州以叛。

三月丁酉，泗州守將薛顯叛降於朱元璋。

夏四月辛巳朔，日有食之。湖廣行省參知政事張良弼爲陝西行省參知政事。

五月癸丑，明玉珍陷嘉定路。是月，陝西賊李武、崔德等降於李思齊。

六月丙申，察罕帖木兒率所部討山東賊。

秋七月辛酉朔，日有食之。辛亥，察罕帖木兒復東昌，遂復冠州。

八月庚子，福建行省平章政事普化帖木兒爲江南行臺御史大夫。是月，察罕帖木兒敗田豐於東平州，豐降。棣州賊俞寶、東平賊王士誠、東昌賊楊誠、濟南賊劉珪等皆降。

九月戊午，知樞密院事老章獲阿魯輝，送於京都，伏誅。封老章爲和寧王，加太傅。是月，遣兵部尚書徹徹不花等徵海運於張士誠。中書平章政事定住出爲陝西行省平章政事。

冬十月癸巳，察罕帖木兒爲中書平章政事，兼知河南、山東等處行樞密院事。是月，關先生、破頭潘、沙劉等入高麗。

十一月戊辰，河自三門磧至孟津五百餘里皆清，凡七日。是月，關先生等陷高麗東都，高麗王伯顏帖木兒奔福州。

是歲，京師大饑。

二十二年春正月甲寅，詔李思齊討四川張良弼，平襄漢。乙丑，高麗將鄭世雲等復東京，沙劉、關先生等俱伏誅。丁卯，太尉完者帖木兒爲陝西行省左丞相。也先不花爲中書右丞。

二月丁丑朔，盜殺陝西行省右丞塔不歹。乙酉，彗星見於危。

三月戊申，白氣起虛危，其長竟天。戊辰，明玉珍僭稱皇帝，國號大夏，改元大統。是月，孛羅帖木兒爲中書平章政事，位第一，加太尉。

夏四月丙子朔，彗星見於虚危。乙未，賊陷安州。是月，遼陽行省同知高家奴獲破頭潘，誅之。

五月乙巳朔，賽甫丁、阿里迷丁寇福州路，行省平章政事燕只不花敗之。行省參知政事陳友定復汀州路。辛未，明玉珍分兵寇興元、鞏昌等路。是月，高麗王伯顔帖木耳遣使來告捷。

六月辛巳，彗星見紫微垣。戊子，田豐、王士誠殺察罕帖木兒以叛。以察罕帖木兒養子擴廓帖木兒爲中書平章政事，兼知河南、山東等處行樞密院事，一應軍馬並聽節制。

秋七月，河決范陽縣，漂没民居。

八月，張士誠殺淮南行省左丞汪同。集賢院侍講學士忻都使高麗，賜高麗王伯顔帖木兒龍衣、御酒。

九月癸卯朔，劉福通以兵援田豐，擴廓帖木兒大敗之。甲辰，權置山北道廉訪司於惠州。戊辰，也速爲遼陽行省左丞相、知行樞密院事。

冬十月壬申朔，邵宗愚殺八撒剌不花。

十一月乙巳，擴廓帖木兒復益都，田豐、王士誠伏誅。庚戌，擴廓帖木兒復莒州，山東悉平。庚申，擴廓帖木兒加太尉。癸亥，明玉珍陷清州。

十二月庚子，中書平章政事佛家奴爲御史大夫。是月，廢高麗國王伯顔帖木兒，立塔思帖木兒爲國王。遣崔帖木兒以兵送塔思帖木兒至高麗，爲高麗人所敗。遣尚書張昶授朱元璋江西行省平章政事，元璋不受。

二十三年春正月乙巳，賊陷大寧路。

三月辛丑，彗星見東方。中書平章政事愛不花分省冀寧，擴廓帖木兒拒之。丙午，大赦天下。丁未，廷試進士六十二人，賜寶寶、楊輗等及第、出身有差。是月，立廣西行中書省，廉訪使也兒吉尼爲平章政事。立膠東行中書省及行樞密院，袁宏爲行省參知政事。

夏五月，爪哇國遣使貢方物。

六月壬寅，授江南下第舉人爲府、州儒學提舉。是月，李家奴使高麗，收高麗國王印。

秋七月壬戌，朱元璋與陳友諒戰於鄱陽湖，友諒敗死。其子理奔武昌，僭稱皇帝，改元德壽。丁丑，馬良爲中書參知政事。

八月丁酉朔，日本人寇高麗，蓬州守將劉暹敗之。

九月丁卯朔，遣爪哇使者還，賜爪哇國王三珠虎符及文幣。是月，張士誠自稱吴王。遣户部侍郎孛羅帖木兒徵海運，士誠拒命。

冬十月己酉，削太傅太平官爵，安置吐蕃，右丞相搠思監矯詔殺之。擴廓帖木兒遣僉樞密院事任亮復安陸府。

是歲，御史大夫老的沙、知樞密院事秃堅帖木兒奔於孛羅帖木兒。

二十四年春正月丙寅朔，朱元璋自稱吴王。是月，崔帖木兒與高麗人戰於定州，敗績。

二月癸丑，僞漢主陳理降於朱元璋。

三月辛卯，削孛羅帖木兒官爵。

夏四月甲午朔，命擴廓帖木兒討孛羅帖木兒。乙未，孛羅帖木兒舉兵反。壬寅，孛羅帖木兒遣其將與秃堅帖木兒陷居庸。癸卯，知樞密院事也速、太子詹事不蘭奚與秃堅帖木兒戰於皇后店，敗績。甲辰，皇太子奔古北口。乙巳，秃堅帖木兒至清河，京師大震。丁未，詔曰：「自至正十一年妖賊竊發，選命將相分任乃職，視同心膂。豈期搠思監、朴不花夤緣爲奸，互相蒙蔽，以致在外宣力之臣因而解體，在内忠良之士悉陷非辜，又奮其私仇，誣搆孛羅帖木兒、老的沙等同謀不軌。朕以信任之專，失於究察。今宗王伯顔帖木兒等遠來控訴，朕爲惻然興念。而搠思監、朴不花猶飾虚詞，簧惑朕聽。其屏搠思監於嶺北，竄朴不花於甘肅，以快衆憤。」也速爲中書左丞相。庚戌，秃堅帖木兒入京師。孛羅帖木兒加太保，秃堅帖木兒爲中書平章政事。辛亥，秃堅帖木兒軍還。是月，孛羅帖木兒殺搠思監、朴不花。

五月甲子，河清。戊辰，孛羅帖木兒引兵犯京師。中書參知政事危素罷爲翰林學士承旨。

六月甲寅，擴廓帖木兒遣其將白鎖住入衛。

秋七月丙戌，孛羅帖木兒入居庸。皇太子軍於清河，也速軍於昌平，皆不戰而潰。丁亥，皇太子奔冀寧。戊子，孛羅帖木兒營於健德門外，與禿堅帖木兒、老的沙入覲於宣文閣。丁丑，朱元璋將徐達陷廬州。戊寅，遣別將常遇春徇江西。庚寅，孛羅帖木兒爲中書左丞相，老的沙爲中書平章政事，禿堅帖木兒爲御史大夫，也速知樞密院事。

八月壬辰朔，日有食之。壬寅，孛羅帖木兒爲中書右丞相，節制天下兵馬。是月，張士誠殺江南行臺御史大夫普化帖木兒，江浙行省左丞相達識帖木兒自殺。

九月甲申，徐達陷中興路。

冬十月己未，召皇太子還京師。復高麗國王伯顏帖木兒官爵，檻送崔帖木兒於高麗。

十一月，高麗人殺崔帖木兒。

十二月庚寅，徐達陷辰州，遣別將陷衡州。

二十五年春正月癸亥，封李思齊爲許國公。己巳，常遇春陷寶慶路。

二月己丑朔，福建行省平章政事陳友定攻處州，不克。

三月丙寅，孛羅帖木兒幽皇后奇氏於諸色總管府。丁卯，中書平章政事老的沙爲右御史大夫，别帖木兒爲左御史大夫。吏部侍郎王朵列秃使高麗，册高麗國王伯顔帖木耳爲太尉，賜龍衣、御酒。

夏四月己丑朔，朱元璋將胡深陷建寧松溪縣。乙卯，擴廓帖木兒將關保克大同。

五月，京師天雨氂。乙亥，常遇春陷安陸府。己卯，陷襄陽。

六月戊子，黎安道爲中書參知政事。辛丑，湖廣行省左丞周文貴復襄陽路。乙巳，皇后奇氏還宫。乙卯，太尉火你赤爲御史大夫。是月，陳友定敗胡深於建寧，獲之。

秋七月乙酉，孛羅帖木兒伏誅。丙戌，函孛羅帖木兒首至冀寧，召皇太子還，大赦天下。黎安道、方脱脱等伏誅。

八月癸卯，詔皇太子承制用人，並準正授。丁未，皇后弘吉剌氏崩。壬子，洪寶寶、帖古思不花、捏烈秃並爲中書平章政事。是月，中書右丞袁涣出爲河南行省右丞。

九月，擴廓帖木兒扈從皇太子至京師。壬午，伯撒里爲太師、中書右丞相，擴廓帖木兒爲太尉、中書左丞相、録軍國重事、知樞密院事、兼太子詹事。是月，方國珍爲淮南行省左丞相，分省慶元。

冬十月壬寅，哈剌章知樞密院事。丁未，老的沙伏誅。秃堅帖木兒遁於八兒思之地，嶺北行省左丞相山僧等以兵討之。戊申，資政院使秃魯爲御史大夫。升中書平章政事沙藍答兒爲頭平章。

閏月庚申，五十八知樞密院事。辛未，封擴廓帖木兒爲河南王，代皇太子親征，總制關陝、晉、冀、山東等處並迤南一帶軍馬，聽便宜行事。辛巳，脱脱木兒爲中書右丞，達識帖睦邇爲中書參知政事。

十二月乙卯，立第二皇后奇氏爲皇后，改爲肅良合氏。癸亥，帖林沙爲中書參知政事。是月，秃堅帖木兒伏誅。

二十六年春正月己酉，崇政院使孛羅沙爲御史大夫。壬子，完者知樞密院事。是月，沙藍答兒爲中書左丞相。

二月癸丑朔，立河淮水軍元帥府於孟津。甲戌，免天下一切泛雜差徭。是月，明玉珍死，其子昇僭立，改元開熙。

三月癸未朔，罷洛陽、嵩縣等處宣慰司。甲午，蠻子、脱脱知樞密院事。擴廓帖木兒遣其將關保等攻張良弼於鹿臺。乙未，廷試進士七十二人，賜赫德普化、張棟等及第、出身有差。

夏四月辛未，徐達陷安豐，平章政事竹貞來援，敗績。

五月甲辰，脱脱不花爲御史大夫。

六月壬子朔，汾州介休縣地震。紹興路山陰縣山裂。己未，遣知樞密院事買驢守直沽。

秋七月辛巳朔，日有食之。徐溝縣地震。甲申，李思齊爲太尉。

八月戊寅，李國鳳爲中書左丞。

九月丙戌，方國珍爲江浙行省左丞相，其弟國瑛等並爲行省平章政事。己亥，中書平章政事失列門爲御史大夫。

冬十月甲子，擴廓帖木兒遣其弟脱因帖木兒等屯濟寧。

十二月，朱元璋迎韓林兒至建康，中道殺之。

二十七年春正月癸巳朔，朱元璋始稱吴元年。庚子，松江府守將王立忠叛，降於吴將徐達。

二月庚申，七十爲中書平章政事，月魯不花爲御史大夫。乙丑，詹事月魯帖木兒爲御史大夫。

夏四月丙午，上海縣民錢鶴皋起兵復松江府，兵敗，死之。

五月乙酉，完者帖木兒爲中書右丞相。辛卯，知樞密院事，失列門爲嶺北行省左丞相。己亥，俺普爲中書平章政事。

六月丙午朔，日有食之，晝晦。丁未，有龍出皇太子寢殿井中。丁卯，沂州山崩。

秋八月丙午，命皇太子總天下兵馬，擴廓帖木兒與李思齊、禿魯、張良弼等東西並進。庚戌，擴廓帖木兒部將貊高襲陷彰德路。詔削擴廓帖木兒兵權，命貊高討之。辛亥，封帖木兒不花爲淮王。壬子，立大撫軍院，以皇太子領之。癸丑，封伯撒里爲永平王。甲寅，右丞相完者帖木兒、翰林學士承旨答爾麻、平章政事完者帖木兒並知大撫軍院事。丙辰，同知詹事院事李國鳳爲同知大撫軍院事，參知政事完者帖木兒爲副使。辛酉，中書右丞帖里帖木兒爲太尉、添設中書左丞相。丙寅，立行樞密院於察罕腦兒，陝西行省左丞相禿魯兼知行樞密院事。壬辰，帖里帖木兒兼知大撫軍院事。中書右丞陳敬伯爲中書平章政事。

九月辛巳，吴將徐達克平江路，執張士誠以歸，殺之。己丑，也速以右丞相分省山東，阿藍答里以左丞相分省大同。乙巳，立中書分省於真定路。丁未，有事於太廟。

冬十月壬子，落擴廓帖木兒太傅、中書左丞相並兼領諸職，大赦天下。甲寅，火你赤爲中書平章政事。乙丑，丁好禮爲中書添設平章政事。

十一月壬午，徐達陷沂州，王宣叛降。丙戌，平章政事月魯帖木兒，知樞密院事完者帖木兒，平章政事伯顔帖木兒、帖林沙，並知大撫軍院事。戊子，徐達陷嶧州。壬辰，方國珍叛，降於吴。乙未，貊高爲中書平章政事，中書左丞相帖里帖木兒爲大撫軍院使。庚子，徐達陷滕州。辛丑，徐達陷益都路，行省平章政事保保叛降，宣慰使普顔不花、總管胡濬、知院張縵皆死之。

十二月癸卯朔，日有食之。丁未，徐達陷般陽路。戊申，陷濟寧路。己酉，分兵陷萊州，遂陷濟南及東平路。庚申，楊誠、陳秉直爲中書平章政事。丙寅，莊家爲中書參知政事。庚午，吴將湯和陷福州，行宣政院使朵朵死之。

二十八年春正月壬申朔，中書平章政事伯顔帖木兒爲御史大夫。乙亥，吴王朱元璋稱皇帝，定有天下之號曰大明，建元洪武。壬辰，明將湯和陷建寧府。庚子，湯和陷延平府，參知政事文殊海牙等叛降，平章政事陳友定死之。

二月壬寅朔，削擴廓帖木兒爵邑，命秃魯、李思齊等討之。癸卯，武庫災。癸丑，明將常遇春陷東昌，平章政事申榮、王炳元死之。甲寅，明將楊璟陷寶慶府。甲子，汀州路總管陳谷珍叛降於明。丙寅，常遇春陷棣州。

三月甲戌，江西分省右丞何真籍廣東户口，叛降於明。癸未，楊璟陷常寧州。丙戌，陷武岡州。庚寅，彗星見於西北。壬辰，明將廖永忠陷潮州。丙申，明將鄧愈陷南陽路。己亥，徐達陷汴梁路。

夏四月辛丑朔，明兵陷英德州及連州、肇慶等路。戊申，脱因帖木兒等與徐達戰於河南塔兒灣，敗績。河南行省平章政事梁王阿魯温叛降於明。壬子，常遇春陷嵩州。丁巳，明兵陷永州，行省右丞鄧祖勝死之。庚申，福昌元帥張興鈞、許州守將謝孚、陳州守將楊崇俱叛降於明。壬戌，明兵陷陜州。癸亥，明將馮宗異入潼關，李思齊、張思道等俱敗遁。

五月庚午朔，明兵陷道州。是月，廖永忠陷梧州、潯州、柳州等路。

六月壬戌，楊璟陷靖江，平章政事也兒自尼死之。

秋七月戊子，象州守將阿思蘭叛降於明。丁酉，彬州守將左手楊叛降於明。

閏月己亥朔，擴廓帖木兒殺貊高、關保。庚子，徐達陷衛輝路，壬寅，陷彰德路，丁未，陷廣平路。壬子，明將常遇春陷德州。丁巳，罷大撫軍院，殺知大撫軍院事伯顔帖木兒，復擴廓帖木兒官爵。皇太子總天下兵馬，裁決庶務如前詔。戊午，明兵陷清州。辛酉，進至直沽，右丞相也速等潰走。癸亥，平章政事俺普等與明兵戰於河西務，敗績。甲子，常遇春陷通州，知樞密院事卜顔帖木兒敗績，死之。詔太常禮儀院使阿魯渾等奉太廟列室神主，同皇太子北行。乙丑，詔淮王帖木兒不花監國，慶童爲中書左丞相，同守京師。丙寅，帝御清寧殿，召見羣臣，議幸上都。左丞相失列門、知樞密院事黑厮、參知政事郭庸及宦者趙伯顔不花固諫，不從。是夜，出建德門〔一〕，率三宫后妃、皇太子幸上都，羣臣扈從者左丞相失列門、平章政事兼知樞密院事哈剌章、平章政事臧家奴、右丞定住、參知政事哈海、翰林學士承旨李百家奴、觀音奴等百餘人。丁卯，車駕次居庸關，詔右丞相也速入援。

八月庚午，翰林學士承旨李百家奴兼知樞密院事。是日，徐達陷京師，淮王帖木兒不花、中書左丞相慶童、前中書平章政事丁好禮、參知政事郭庸、集賢學士閔本、翰林待制黄哻、太子司經郎拜住、大樂署令趙弘毅等俱死之。乙亥，中書左丞相失列門卒。遼陽行省丞相也速不花爲中書左丞相，納哈出爲遼陽行省丞相。壬申，車駕至上都。乙酉，納哈出加太尉。壬寅，行樞密院副使乃蠻台自軍中入覲。甲辰，明將薛顯出古北口，守將樞密院僉事張益奔行在。

九月乙丑，明兵陷保定路，遂陷真定路。戊午，鼎住爲中書平章政事。丁卯，詔高麗王將兵入援。

冬十月辛丑，封擴廓帖木兒爲齊王。

十一月丙午，封也速爲梁王，加太保。萬户韓札兒敗明兵於韓店。是月，詔皇太子出屯於紅羅山。

十二月丁卯，擴廓帖木兒與明將徐達戰於保安州，敗績。也速攻古北口，不克。

二十九年春正月丙申朔，頒新曆於高麗。庚子，諸王晃火帖木兒將兵入衛，封晃火帖木兒爲威定王。甲辰，命也速率所部屯全寧州，爲上都屏蔽。擴廓帖木兒爲中書右丞相。高麗國遣使貢方物。

二月庚辰，也速圍通州，不克。

三月庚子，明兵陷奉元路，御史桑哥失里、三原縣尹朱春俱死之。丙子，明兵陷鳳翔府，李思齊奔臨洮。

夏四月乙丑朔，詔晃火帖木兒、也速分道趨京師。辛未，也速攻永平路，不克。乙亥，明兵陷鞏昌，總帥汪靈、真保等俱叛降。忽都帖木兒爲上都留守。丁丑，李思齊以臨洮叛降於明。己卯，明主遣使齎手書來。

五月甲午朔，日有食之。辛丑，張良臣以慶陽叛降於明。

六月丁卯，也速與明將常遇春戰於全寧州，敗績。甲戌，明兵陷大興州，執中書右丞脱火赤。乙亥，車駕幸應昌府。河南王普化、中書平章政事鼎住等留守上都。丁丑，晃火帖木兒與明兵戰於新開嶺，敗績，晃火帖木兒死之。己卯，常遇春陷上都，河南王普化、中書平章政事鼎住俱死之。辛亥，擴廓帖木兒部將韓札兒復原州，遂復涇州。

八月癸亥朔，詔脱列伯、孔興攻大同以圖恢復。丙寅，脱列伯、孔興敗績於大同，脱列伯被執，孔興爲部將所殺。

九月癸巳，詔擴廓帖木兒入衛。丁酉，哈剌章加太保。戊戌，郡王阿憐吉歹統五投下部衆屯會州。

冬十月丁未，明主復遣使齎手書來。

十一月庚寅，擴廓帖木兒攻蘭州，不克。

十二月丁酉，帝不豫。

三十年春正月壬辰，帝疾瘳。癸巳，明將徐達、李文忠、湯和分三道來伐。三寶奴齎手詔徵擴廓帖木兒入衛。

二月，李文忠陷興和，進至察罕腦兒，平章政事竹貞敗績。

夏四月乙丑，擴廓帖木兒與徐達戰於沈兒峪，敗績。丙戌，帝崩於應昌，在位三十七年，年五十有一。太尉完者、知樞密院事觀音奴奉梓宮葬於起輦谷。羣臣上廟號曰惠宗皇帝，國語曰烏哈圖汗。明祖以帝能順天命，退避而去，上尊謚曰順帝。

昭宗皇帝諱愛猷識理達臘，惠宗長子也。母曰完者都皇后。至正十三年，册立爲皇太子。二十八年，從惠宗奔上都。

三十年夏四月，惠宗崩於應昌，皇太子即皇帝位。五月丁酉，李文忠敗太尉蠻子、平章政事沙不丁、朵兒只、八剌等於白海子之駱駝山，進次開平，平章政事上都馬等叛降於文忠。太尉買驢與明將孫興祖戰於落馬河，兵敗，死之。辛丑，李文忠趨應昌，未至百餘里，獲使者，始知惠宗已崩。甲辰，應昌陷，帝以數十騎奔和林。文忠窮追至北慶州，不及而還。既而擴廓帖木兒至和林，帝以國事任之，改元宣光。

宣光元年，明太祖洪武四年也。遼陽行省平章劉益及王右丞以金、復、海、蓋等州降於高麗。十月，高麗兵陷五老山寨，樞密副使哈剌不花爲所獲。

二年春正月，明大將徐達來伐，由雁門趨和林。三月，明將藍玉敗擴廓帖木兒於土拉河。夏五月，擴廓帖木兒大破明徐達兵於嶺北。自是明兵不復渡漠。

三年二月，遣伯都帖木兒、玉山不花使於高麗，以璽書賜高麗王曰：「頃因兵亂遷於北，今以擴廓帖木兒爲相，幾於中興。王亦世祖之孫也，宜助朕復正天下。」是時高麗稱和林爲北元。伯都帖木兒等入境，王欲殺之，羣臣以爲不可。於是王夜見伯都帖木兒，託言目疾，恐明人知之也。使還，附苧布以獻。

四年夏四月，擴廓帖木兒遣兵攻雁門，不克。十一月，擴廓帖木兒自將攻大同，亦不克。

五年夏四月，明將藍玉陷興和，敗國兵於白酒泉。五月，帝徙帳於金山，丞相擴廓帖木兒卒。七月，明將李文忠敗國兵於大寧高州。初，明人陷應昌，獲皇子買的里八剌，明太祖封爲崇禮侯，至是遣歸，並以手書通好。

六年春，伯顔帖木兒攻延安，爲明將傅友德所敗，降於明。

七年秋八月，有番僧自和林至高麗，謂高麗人曰：「帝將以瀋王孫爲高麗國王。」高麗人執之，後知其妄，釋不問。

八年夏四月，帝崩於金山，羣臣上廟號曰昭宗皇帝，國語曰必里克圖汗。

弟脱古思帖木兒嗣，惠宗第二子也，改元天元。在位十年，國語曰烏薩哈爾汗。自脱古思帖木兒以後世次，詳《宗室世表》。

史臣曰：惠宗自以新意製宮漏，奇妙爲前所未有。又曉天文災異。至元二十二年，白氣起虚危，掃太微垣，臺官奏山東應大水。帝曰：「不然，山東必隕一良將。」未幾，察罕帖木兒果爲田豐所殺，其精於推驗如此。迺享國三十餘年，帝淫湎於上，姦人植黨於下，戕害忠良，隳其成功。迨盜賊四起，又專務姑息之政，縻以官爵，豢以土地，猶爲虎傅翼，恣其搏噬。孟子有言：「安其危而利其災，樂其所以亡者。」嗚呼！其帝之謂歟！然北走應昌，獲保餘年。視宋之徽、欽，遼之天祚，猶爲厚幸焉。昭宗以下，文獻無徵。惟宣光八年之事間存一二，故附載於本紀云。

【校勘記】

〔一〕「建德門」，上文及《元史》卷四六本紀第四十六《順帝九》作「健德門」。